Paco Cepero: repasando mi vida

FRANCISCO CUARESMA

Paco Cepero: repasando mi vida

ALMUZARA

Primera edición: febrero de 2025

Editorial Almuzara • Colección Flamenco
Editora: Rosa García Perea
Maquetación: Miguel Andréu

www.editorialalmuzara.com
pedidos@almuzaralibros.com - info@almuzaralibros.com

Editorial Almuzara
Parque Logístico de Córdoba. Ctra. Palma del Río, km 4
C/8, Nave L2, n.º 3. 14005 - Córdoba

Imprime: Black Print
ISBN: 978-84-10527-09-6
Depósito legal: CO-380-2025
Hecho e impreso en España - *Made and printed in Spain*

A mis hijos, Francisco y José Manuel,
porque se lo merecen todo.

Índice

AGRADECIMIENTOS 11

INTRODUCCIÓN 13

1. MIS PADRES 19

2. FORMACIÓN ACADÉMICA 25

3. TRABAJO, INGLÉS Y GUITARRA 31

5. NO TIENE COMPÁS. LOS GITANOS DE JEREZ 43

6. ANTES DE MADRID 53

7. EN AQUELLOS TABLAOS DE MADRID 79

7. PERSONAJES A LOS QUE HE CONOCIDO 91

8. ANÉCDOTAS SUELTAS 117

10. LOS ARTISTAS FLAMENCOS. MIS COMPOSICIONES 135

FOTOS DE PACO CEPERO EN DISTINTAS ETAPAS DE SU VIDA 189

11. MIS GUITARRISTAS PREFERIDOS 247

12. AUTORES LITERARIOS DE MIS CANCIONES 261

12. MIS OPINIONES EN GENERAL 271

14. MI VISIÓN DEL PANORAMA ACTUAL 285

15. MIS DÍAS CON CUARESMA 305

16. CONOCIENDO A PACO CEPERO 315

17. LO BONITO ES PODERLO CONTAR.. 329

ANEXO I. POESÍA DE PACO CEPERO
Y LETRA DE CANCIONES 333

ANEXO II. DISCOGRAFÍA COMO SOLISTA COMENTADA......... 349

ANEXO III. PREMIOS OTORGADOS Y FOTOS DE
ALGUNOS PREMIOS OTORGADOS 373

EPÍLOGO.. 379

Agradecimientos

Para escribir esta obra, he contado con la valiosísima colaboración de mi gran amigo y paisano, Miguel Ángel Fernández Borrero, periodista, el cual, me ha ayudado en todas las galeradas y errores sintácticos, de los cuales estaba plagado el texto. Además, en un momento en que estaba perdido, me sugirió una idea brillante para salir de mi atolladero y rematarlo.

Agradezco por sus entrevistas al también amigo de toda la vida, Manuel Bohórquez, que fue quien llevó a mi hijo José Manuel a casa de Cepero tras la mortal pandemia que padecimos en 2020.

Pero mi mayor agradecimiento ha sido al maestro, por haber estado disponible para mí durante cinco meses prácticamente las veinticuatro horas del día, lo llamaba, grababa sus entrevistas, cuando tenía dudas lo volvía a llamar y así constantemente, no sé cómo ha tenido paciencia para aguantarme, además, en las ocasiones en que he ido a su casa, nos ha abierto sus puertas de par en par, me ha invitado a comer todos los días durante la primera quincena de julio a mí y mi familia, aparte de otras muchas ocasiones puntuales, no escatimando conmigo un ápice.

INTRODUCCIÓN

El día 9 de marzo de 2024, un día cualquiera, pasado por agua para más decir, me dirigía a Jerez de La Frontera acompañado de mi esposa y mi José Manuel, el menor y más rebelde de los dos tesoros que me dio la vida. No iba de turista con la Nikon colgada del cuello como tantas otras veces, en verdad, tampoco hice ninguna fotografía aquel día, sí iba a cuestas con mi ecógrafo portátil y los cuatro utensilios básicos de mi trabajo. Vamos a dejarlo aquí por el momento, pues al final de esta presentación ofreceré al lector información de cuánto tenía planeado para ese día, pero por el momento, cierro los ojos y retrocedo la friolera cifra de cuarenta y seis años antes.

Mi infancia trascurrió en Sevilla con más pesares que placeres, desde los seis añitos hasta los treinta y tantos. Tuve experiencias muy desagradables en la ciudad de la Giralda, que después me flechó cual Cupido, porque resultaría estar hecha de la masa más flamenca de la historia, para quien le guste el flamenco claro, lo cual no era mi caso. El flamenco en el cante, para mí no era más que un buen señor quejándose todo el tiempo sin que su soniquete incendiara el corazón de un niño pre púber como yo, a finales de los años 70. Llegó el verano de 1978 cuando me gasté los veinte duros que solía tener en el bolsillo de cuando en cuando en una cinta de Chiquetete, escogidas de esos muestrarios metálicos de cintas de casetes que se exponían en la barra de los bares, escogí Chiquetete por el motivo de que era un cantaor flamenco, y en la carátula había leído «solcares», y esa fue la palabra mágica, la que me atrajo al flamenco, la que había leído en el colegio de los textos de Federico García Lorca, de modo que compré la cinta titulada *Gitano yo he nacío,* y entre las canciones había una soleá de Triana, que así ponía la carátula, y los guitarristas eran Paco Cepero y Enrique de Melchor. Cuando escuché varias veces el tema, la cinta terminó por partirse de tanto rebobinar atrás para escucharla otra vez, *«Cada vez que considero, que me tengo que morir...»*. Señor Santo, ¡cómo tocaba aquel hombre! Porque se distinguía aún en aquellos aparatos de cascos que era la primera guitarra la que arrastraba a la otra, qué sones con más acometida, cómo cerraba el último tercio, daba tres tonos, con tres fuertes golpes en la madera y las cuerdas a la vez, ¿cómo se podía hacer eso? qué barbaridad aquello era la pura magia de un arte, que ya había echado su semilla en este por entonces joven corazón.

Qué desbordamiento aquel Paco Cepero, o aquel otro Enrique de Melchor. Hubiera dado lo que tuviese en el mundo para hacer esa cadencia de acordes, ¿qué posturas podían ser...? Me preguntaba en mi más pura inocencia de un niño que aún no había alcanzado la pubertad.

En 1978, se cambiaron las tornas y mi sensibilidad hacia la música, y el flamenco, de ser una música monótona y sin sentido pasó a ser para mí una auténtica religión y hechizo a la vez, era como una posesión. Esas sensaciones que un día turbaron mi joven espíritu de entonces habían llegado sin billete de vuelta. Los siguientes fueron unos años en los cuales tuve la inmensa dicha de estar en contacto, de paladear, de empaparme musicalmente de un mundo melódico sin par, un género revestido de tal magia, que solo se deja escrutar por quien rebosa un especial sentimiento humano y una cierta sensibilidad musical; era como una hermosa y voluptuosa mujer que solo la seduce quien ella elige. Aquel flamenco detestado por la mayoría de la gente joven de la época, no solo me empezó a gustar, sino que progresivamente pasó a invadir y a hurgar en lo más profundo de mis entretelas, a regalarme un mundo de misterio en el que recolocar mis pasiones, deseos, vivencias y esperanzas. Aquello era mucho más que una música, era todo un dogma de fe, y Sevilla y mi época de estudiante fueron el escenario de esa posesión, porque poseso fui desde entonces y sin deseo de exorcismo. Ahora doy gracias a Dios porque me había abierto las puertas de mi madurez, y esta había nacido en la ciudad odiada de mi infancia: Sevilla, dije basta de sufrir, allí había mucho que rebuscar en aquel egregio mundo recién descubierto para mí.

Con el tiempo aprendí a darme cuenta de que ese tal Paco Cepero que yo había oído por primera vez con catorce años, era el guitarrista que mejor acompañaba a cada uno de los contrafuertes que con el cante —la mayor expresión del flamenco—, sostenían ese inmenso mar de melodías que me habían sentenciado a muerte sin la suerte de llegar a conocer cada una de sus variantes, pero, para empezar, ya tenía más que suficiente.

Además de sonar de una forma totalmente distinta, como le ocurría a Paco de Lucía o al Niño Miguel, lo hacía de una forma contumaz. Si se escucha una melodía de Sabicas, puede que la persona poco avezada dude si se trata de este guitarrista navarro o Víctor Monge Serranito, cuando se oye Niño Ricardo, por la misma regla de tres, puede que se dude si se trata del genial sevillano o de don Ramón Montoya, y por poner ejemplos más modernos en el tiempo, se suele titubear entre Enrique de Melchor, Pedro Peña, Pedro Bacán, siempre hablo del aficionado no muy entendido. Ahora bien, cuando toca Paco Cepero, no deja lugar a especulaciones ningunas sobre su toque, sobre la autoría de sus falsetas, sobre la capacidad de encajar los silencios en el acompañamiento de un ritmo colmado de tiempos como puede ser la bulería.

Estableciendo una antítesis entre el gran genio de la guitarra flamenca y mundial, Paco de Lucía y nuestro protagonista, podemos afirmar que ambos estaban dotados de una genialidad paralela.

La diferencia se estableció desde el instante en que Paco de Lucía fue un niño que tuvo que estudiar diez o doce horas diarias por imperativo de su padre pues en su casa casi se llegó a pasar hambre, porque aquellos tiempos fueron muy duros, y cada miembro de la familia tuvo que aportar su grano de arena para la economía familiar, de esa forma, y como también era un niño superdotado, hubo una mezcla de esfuerzo y genio, todo ello se tradujo en la aparición de un toque revolucionario pero inaccesible, no desprovisto de cierto daño a la guitarra flamenca del presente, al querer imitarlo todos los guitarristas actuales, sin embargo, otro caso muy diferente fue el de nuestro protagonista, el cual, no tuvo que tocar por necesidad, ni tampoco estudió ese maratón diario de horas, y como portador también de gran genialidad, nació un toque precioso y más sencillo, accesible a cierto número de aficionados. En él claudica la dificultad técnica y se delimita la belleza de la música sin que todo sea virtuosismo, inigualable, con un sello personalísimo.

Así es famosa la anécdota que suele contar cuanto cierto día hablaron los dos guitarristas.

—Tú tienes la culpa de que se esté desvirtuando el toque de guitarra flamenco hoy en día —le dijo Cepero.

—¿Por qué?

—Porque to el mundo quiere ser Paco de Lucía, pero yo he tenío una gran suerte.

—¿Cuál?

—Que me quedé en Paco Cepero.

—Qué listo eres.

El diálogo, así de escueto, es digno de analizarse, y nos viene a confirmar lo anteriormente expuesto. La música de Paco Cepero está mucho más al alcance de los aficionados al toque, por su sencillez, y por su belleza no deja de ser en exceso atractiva para ser aprendida y reproducida, especialmente los toques que mayor compás requieren.

Yo tenía un amigo en el colegio al que también le gustaba el flamenco y le encantaba Cepero. Era un guitarrista que transportaba seguridad al público en los escenarios, que acompañaba maravillosamente porque le servía la guitarra al cantaor como plato del mejor gusto, a su elección. Que a la postre era no solo un magnífico solista ejecutor de una música instrumental, sino que le estaba componiendo canciones a los artistas más afamados y con más caché de toda España. Como mi amigo decía: es un todo terreno, toca falsetas preciosas y no muy difíciles, pero cuando quiere, se luce como el mejor de los guitarristas, no hay otro que acompañe igual, y además tiene una sensibilidad exquisita para crear, menudo elemento, y cómo pica, igual de rápido que aquel otro que era considerado el mejor, el inmortal Paco de Lucía.

Con el paso del tiempo, perdí de vista para siempre a mi amigo del colegio, terminé medicina y empecé a ejercer, vinieron los niños, y detrás de ellos, la tecnología que infiltró los entresijos de todos los trabajos, hogares y, hasta las personas me atrevería a decir. Ahora, a las puertas de mi senectud, a punto de cumplir los sesenta vi en *YouTube* algunas entrevistas hechas a ese singular guitarrista de Jerez, afincado en Madrid tantos años, compositor y productor, ya toda una figura histórica del flamenco y la música de España, que de forma increíble se mantenía en pie, y con más sensibilidad que nunca. Hasta que un día mi hijo el menor, José Manuel, solicitó su amistad y la tuvo. Además, iniciaron un vínculo hermoso a pesar de la diferencia de edad.

Fue un milagro de Dios que aceptara de buen grado su amistad, e incluso lo llegara a apreciar. Así la cosas, quedé en almorzar con el maestro en Jerez, de modo que, en un día muy especial para mí, me iba a encontrar con aquella campana del barrio de San Miguel, el cual, tras recorrer el mundo entero, había vuelto a su Jerez natal donde vive con Chari, su encantadora esposa.

La excusa para pasar un día con él era que le iba a ver un dolorcillo lumbar de los que estoy tan acostumbrado a tratar después de más de treinta años, y cumplida mi parte, creo que es merecedor, además de los premios que ostenta de tener una biografía que le haga justicia como su dignidad merece. De modo que, no podía dejar de intentarlo al menos, y sin perder más tiempo que el descanso de un ir y venir a Jerez desde el mismo centro de la provincia de Huelva, me puse manos a ello.

Tengo que advertir, que en la presente obra se entremezclan declaraciones de Paco Cepero (entrecomillados) con fragmentos narrativos de mi autoría, espero que ello no despiste al lector.

Francisco Cuaresma

1. MIS PADRES

El nombre completo de Paco Cepero es Francisco López-Cepero García, nació en Jerez de La Frontera el día seis de marzo de 1942, en la calle Encaramada, la misma calle en la que vive en la actualidad.

«Mi *pare* era Francisco López-Cepero Pizones, nacido en 1910, cuyo oficio fundamental fue chófer, fue taxista en Jerez con un vehículo en propiedad que le compró mi abuelo materno.

Mi *mare* se llamaba Dolores García Zarzuela, nació el 24 de mayo de 1912, era una persona acogedora, cariñosa, caritativa; trabajaba como ama de casa y también en la tienda de ultramarinos de mis abuelos. Repartía a veces el dinero del cajón con más generosidad de la cuenta. Yo he *sacao* muchas cosas de mi *pare* y de mi *mare* más, por ejemplo, en la forma de hablar y en la forma de ser me parezco muchísimo a mi *pare*, a mi *mare* me parezco porque a esta le entraban unos sudores fríos, le lagrimeaban los ojos, *toas* esas cosas las he *sacao* yo de mi *mare*, la gordura también es más de mi *mare* que de mi *pare*. Mi *pare* tenía muchos conocidos, porque por entonces, el que tenía dinero en el bolsillo solía tener muchos amigos, y él era un tío que cuando salía a la calle se lo gastaba *to*, vamos, que se comió *to* lo que le había *dejao* mi abuelo.

Yo tuve un hermanito que murió con dos años y medio, porque el médico se equivocó, tenía tuberculosis, y el tío no supo vérselo y lo trató por otra cosa, y se murió. Yo tenía dos años más que mi hermano, mi hermano era un fenómeno y yo era un hijo de la grandísima. Así que siempre me he *criao* solo.

Durante los primeros días de mi vida, aparecieron en mi lengua signos distintos, concretamente letras, sí, cada día presentaba grabada una letra con un surco rojizo en el dorso de la lengua. Las vecinas le decían a mi *mare*

—Dolores, apunta las letras, que eso quiere decir algo, que este niño trae algo especial.

Es cierto que al principio tuve cierta incomodidad causada por la pobreza, sin embargo, en cuanto me di cuenta de la forma de ganar dinero, pues, atesoré muchísimo. He tenido la mejor mujer del mundo para mí y mi relación ha sido totalmente estable.

Cuando yo pude, me llevé mis padres a Madrid, pero antes, la primera casita que compré, cuando yo gané dinero, se la hice a mi *pare* aquí en Jerez, antes de tener yo ningún piso ni *na*. Era en Picadueña Baja, al *lao* de la bodega Domecq, en La Puerta de Rota. Se trataba de una casa nueva, puesto que yo lo ayudé todo lo que pude. Se la hizo un albañil bajo la dirección de un arquitecto, y allí vivimos unos cuantos años. A aquel lugar le dicen junto al «Pozo La Víbora». Sin embargo, yo nací en la calle Encaramada, donde vivo en la actualidad y después me mudé a la calle Santa Clara. Mi *pare* pegó un braguetazo en aquella época porque se casó con una niña que los padres tenían perritas. Eran dueños de un almacén de comestible y mi abuelo dejó en mejoría a mi *mare* dos o tres casitas y dos o tres finquitas. A mi *pare* le compró un coche *pa* que tuviera un taxi con el que ganarse la vida, de forma que el tío escapó bien. Mi *mare* era de su casa, se dedicaba a sus labores y trabajaba en el almacén también, una tienda de ultramarinos en plena época de los cupones de racionamiento. De esa forma, en mi casa no se pasó hambre ninguna, al revés, a mi casa siempre venían familiares míos y vecinos porque había comida y en esa época, con que se le diera a alguien *pa* comer y algo *pa* la casa podía estar bien *agradecío*.

Estuve con mi *pare* seis meses en la Clínica Puerta de Hierro de Madrid, hasta que los médicos me dijeron, mira Paco, llévatelo a tu casa porque le quedan solo varios días de vida, y así fue, me lo llevé a mi casa y allí murió de un mieloma en una vértebra lumbar a los ochenta y tantos años de vida. Mi *mare* murió en mi casa también, pero fue ya aquí en Jerez, muchos años después, a los noventa y tres años. Yo a mi mujer le tengo que hacer un monumento porque mi *pare* se murió diciendo Chari, y mi *mare* se murió también diciendo Chari. Mi mujer lavaba a mi *pare* y le decía

—Paco no se preocupe usted, no tenga usted vergüenza que yo le lavo sus partes como si fuera a mi padre.

Y a mi *mare* la tenía también como una reina, puesto que tenía Alzheimer y llegó a no saber dónde estaba, haciéndose sus necesidades encima. Están enterraos los dos en Jerez. Eso tuvo mucha gracia porque un día fuimos al entierro de un amigo suyo que era guarda allí en la Urbanización Las Lomas, allí en Madrid, en Boadilla del Monte, y me dijo mi *pare* a mí:

—Paco, el día que yo me muera no me vayas a enterrar aquí que este cementerio es *mu* feo, este pueblo es *mu* feo.

De modo que, cuando se murió me lo traje *pa* Jerez. Los enterré en Jerez a los dos aquí, donde está *toa* mi familia».

Cuando Paco Cepero acompañó a su padre en su tramo final en la clínica Puerta de Hierro, su pasado pasaba por su pensamiento de forma veloz. Paquito había sido un niño avezado en sus labores escolares, su padre se sentía orgulloso de él, pues era lo más que amaba en este mundo, había demostrado ser capaz de todo. Lo había engendrado garantizada ya la paz, cuando aquel maldito pronunciamiento tocó a su fin, lo miraba ahora, ya profesionalizado, ya hecho un artista consagrado y afamado, y sentía una mezcla de dolor y opresión en su espina aplastada por aquel nefasto mieloma que no respetaba ni siquiera el tiempo mínimo entre las inyecciones de morfina que le administraban. Allí estaba su hijo, el cual lo miraba con ojos exaltados, sus labios sensuales y su expresión cariñosa, con el pelo pegado a su cuero cabelludo y peinado a cada lado de una perfecta línea, según una moda que se impuso durante un tiempo, pero que el artista siguió con ella durante toda su vida. Cuando sentía venir el espasmo de dolor pedía la morfina a voces, pero las enfermeras le decían que el médico no la había autorizado antes de las seis horas, y solo habían transcurrido cuatro. Sentía el sudor en su rostro y un extraño ardor le nacía en su seno y alcanzaba como un nudo contumaz su cuello, hasta ascender y salir por sus húmedos ojos. Solo la visión del hijo artista lo calmaba, sí, aquella persona era ahora importante y tenía un nombre, ya había en los tendidos del arte un sitio para él, pero hubo un tiempo en que llegó a dudar de su porvenir. Los gitanos de Jerez le decían que el niño era espabilado, pero le faltaba mucho que aprender, muchas mañanas que amanecer, muchas fiestas, muchos señoritos pesados que aguantar, mucho dolor en sus manos, muchas tajadas y muchas resacas.

Paquito se sentía acomplejado, porque no tenía compás, pero lo aprendería, todo tiene remedio, todo no, aquello que tenía su padre no le gustaba. Había comenzado con un dolor de espalda, había cogido un par de pulmonías a renglón seguido y sangrado al afeitarse, algo que nunca le había ocurrido antes, sin embargo, no perdía la esperanza, se curaría. Se encontraba muy lejos de su barrio de San Miguel, en una de las clínicas más prestigiosas de Madrid, porque Paquito lo había dispuesto todo ¡Qué cojones ha tenido este niño mío!, ¿por qué me tuvo que faltar su hermano?, ¿por qué se lo llevó Dios tan chiquitito? Maldito médico aquel que se confundió y no supo diagnosticar una tuberculosis que a lo mejor hubiera tenido cura, pero eso ya pasó, de eso hace mucho, ahora tengo que curarme yo. El hijo sostenía su mirada y le sonreía afectuosamente con la mano cogida entre las suyas, aquellas manos que tan elegante y genial música sacaban del ciprés o del palo santo, aquel guitarrista que tanto se disputaban los cantaores, por algo sería…

Francisco Cepero «El Chófer», como le decía Tío Borrico en aquel Jerez de los cincuenta. Era un hombre afable y trabajador, una persona entrañable e inofensiva, que jamás se metió con nadie, ni siquiera sacaba bríos para no tolerar a quien no era de su agrado. Era aficionado al cante como buen jerezano y llegó a cantar algo, siendo las saetas su palo fuerte. Estuvo seis meses allí encamado en la clínica Puerta de Hierro de Madrid, con la compañía inamovible de su único hijo Paco, o Paquito para él, quién no le abandonaría por nada del mundo.

2. FORMACIÓN ACADÉMICA

Tras el dolor producido por el triste final de su hermano Antonio, sus padres quedaron destrozados, sin embargo, no tuvieron más remedio que reponerse y mirar hacia delante. Entre tanto, Paco Cepero había alcanzado ya la edad escolar y lo apuntaron a un colegio situado en la calle Barja de Jerez,

«Yo fui aquí a un colegio en la calle Barja en Jerez, que está pegao a donde yo vivo ahora, era un colegio de monjas, yo era un parvulito. Después ya me fui al colegio Soto Flores, que estaba allí al *lao* de la calle Santa Clara, el cual era un colegio nacional donde se cantaba el «cara al sol» a diario y *toas* esas cosas. Más tarde, entré en la academia Santo Tomás de Aquino, que está en la calle San Agustín, y de ahí ya me llevaron al colegio de la Salle Mundo Nuevo que está en la calle Ventura Misa de Jerez. Ahí no se hacía bachiller en esa época, había seis clases, primera, segunda, tercera, cuarta, quinta y sexta. Después me prepararon para entrar en la Escuela Profesional de Comercio, donde hice hasta cuarto, faltándome el quinto y la reválida. Entonces fue cuando le dije a mi *pare*: yo no estudio más papá».

Son muy vagos los recuerdos que él tiene del colegio de la calla Barja, regentado por mujeres que vestían con hábito; solo que la enseñanza era dura, y como él era un niño avezado, inteligente y perspicaz, aprendió rápidamente a las tareas de la primera y segunda cartilla en el curso de parvulito. Cuando llegaba a casa, les enseñaba sus tareas con ilusión a sus padres, la proeza que había desarrollado en la clase de las monjas, lo cual satisfacía el alma de aquellos dos pobres desdichados que todavía guardaban luto por la desaparición de su segundo hijo. Él trataba de compensar esa pérdida con su rendimiento escolar y la excelente conducta que adoptaba en el colegio de las monjas.

«Había una monja que a mí me quería mucho, sor Encarnación, la cual ha muerto hace dos años, murió con noventa y tantos años y se acordaba de mí. Estaba en aquel mismo colegio, donde hoy tengo a mi nieta».

Su madre sentía satisfacción por el progreso que experimentaba. Sin embargo, no continuó en aquel colegio religioso, sino que ingresó en otro llamado Soto Flores.

En él ingresaría a la edad de ocho años y llevó a cabo el curso 1950-51. La severidad en este último colegio era superior al primero, algo lógico también al tratarse de un curso por encima.

Como colegio público y nacional, era gratuito y en aquella época solo de niños. Allí la disciplina era férrea, muy estricta en los contenidos docentes, y adoptaba una severidad desproporcionada sobre los niños que les daban por hacer el canelo o llevar a cabo alguna gracia contraria a las normas. Era un colegio donde el guitarrista aprendió las operaciones más elementales de cuentas, como sumar y restar, además, también fue perfeccionando su caligrafía.

Cuando Cepero entró en Soto Flores, tenía ya casi nueve años, y a pesar de ser un colegio masculino ya le gustaba mirar a las niñas que solía ver. La mayoría de ellas, especialmente las educadas en instituciones religiosas, eran ariscas y frías en esa época, pues su instrucción y adoctrinamiento inhibían su personalidad e impregnaban su conducta de cierta tendencia al aislamiento respecto al mundo exterior.

Concluido el curso escolar 1950-51, para el siguiente curso (1951-52) lo matricularon en una academia llamada Santo Tomás de Aquino, situada en la calle San Agustín. En ella completó su primera etapa escolar y le sirvió para dar el salto a la institución donde llevaría a cabo toda su educación en general, la cual comenzó en el curso 1952-53, se trataba del colegio de La Salle Mundo Nuevo del Sagrado Corazón, situado en la calle Ventura Misa de Jerez.

En La Salle Mundo Nuevo, el número de alumnos en cada clase era de unos cincuenta más o menos y en algún curso, la clase de los pequeños, la sexta, cuyo profesor era don Manuel Durán, llegó a tener cien alumnos.

En ese colegio comenzó a estudiar verdaderas asignaturas que se pretendían esenciales para su futuro, pero la que de verdad influyó en Cepero fue la música.

«Las notas las daban cada semana, lo máximo era cincuenta y cuarenta y cuatro era notable, cuarenta y cinco era ya sobresaliente, y de ahí ya, iba subiendo. A mí me ponían un poquito menos *pa* que me aplicara. Una vez que me pusieron notable le tiré un tintero a un hermano encima, con esos prontos míos, cuando llegué a mi casa había *llamao* el hermano a mi *pare* y le dijo:

—Paco mira lo que ha hecho tu hijo delante de toda la clase.

Yo es que era así, tenía mucho genio. Yo me acuerdo de que mi *pare* saltó el mostrador de la tienda y me dijo:

—¿Tú que has hecho?

Y me pegó, me pegó en el culo, porque mi *pare* nunca me pegó en la cara, mi *pare* me pegaba siempre en el culo.

En aquella época ya había *perfeccionao* muchísimo mi caligrafía, aparte de la caligrafía inglesa, escribía en redondilla y gótica, y no teníamos una falta de ortografía. Hoy en día hay jóvenes con la carrera terminada que cometen mil faltas, porque el corrector del ordenador te lo hace *to*. Yo tenía hasta hace poco por ahí cuadernos con unos pergaminos y unos dibujitos preciosos. Cuando era aritmética, los tenía con cuentas, cuando era gramática, con dictado y *toas* esas cosas. Yo no creo que tenga faltas de ortografía».

Nuestro personaje cuando niño, tenía una voz prepuberal, limpia y diáfana, capaz de alcanzar unos tonos altísimos en la escala natural de la música, por lo que estando allí, en La Salle Mundo Nuevo, lo incluyeron en el grupo de cantores por su voz fina y timbrada, muy propicia para ser componente de un coro, y también por su sensibilidad para la música. Perteneció al coro de niños de La Salle, y eso le educó también bastante el oído. De esa forma, inconscientemente, se iba dotando de gran agudeza auditiva, tan apropiada para coger tono y para la creatividad musical.

«Yo era cantor solista también y eso me educó a mí el oído. Desde entonces yo he *cantao* y mis composiciones las he hecho siempre así, por ejemplo, Chiquetete tenía el mismo tono mío, aunque su voz era más bonita, claro, pues yo componía la canción y le decía cómo la tenía que cantar. Intenté aprender solfeo y me dijo un músico, ni se te ocurra, porque hay muchas cadencias en la música que no se pueden escribir en un pentagrama, ya que son prohibitivas en el mundo de lo clásico, de esta forma yo compongo cantando y así le doy las canciones a los intérpretes, los cuales las copian de mí».

Un año se acercaba la fiesta de fin de curso, cuando Paco Cepero contaba con once o doce años. En ese momento se pretendía formar un conjunto de músicos y cantores que hicieran sonar instrumentos como el laúd o la bandurria. Sin embargo, un compañero le había dicho que faltaban guitarras para completar los componentes de aquel grupo. En esos momentos a Paco Cepero le estaba pasando por la cabeza algo que sería transcendental en la historia de su vida, simplemente, debía aprovechar esa circunstancia para tocar una guitarra ante los demás.

«Yo de siempre supe que iba a ser guitarrista, yo veía una guitarra y aquello me atraía enormemente. Estando yo en el colegio La Salle, llegó un músico extraordinario que sabía tocar casi *to* los instrumentos, se llamaba don Francisco Galán, y llegó pidiendo un componente que quisiera tocar la guitarra *pa* formar una rondalla. Este hombre nos dijo: a ver niños, quiero voluntarios que toquen la guitarra *pa* formar un grupo y hacer una tuna, ¿quién de vosotros quiere participar?, y el primero que levanté la mano fui yo. Ya ahí empecé a aporrear la guitarra».

Con el paso del tiempo dejó de entusiasmarlo aquella música coral y las canciones de los niños, pues ya había oído cantar flamenco. Había escuchado el acompañamiento de guitarra, y eso era lo que le produjo un gran afán de acercarse a ese contexto. Sin embargo, le decían a su padre que no era un mundo de fiar para una persona joven.

«Cuando acababa la clase, sobre *to* los jueves por la tarde que no había, cogía una guitarrita que tenía en mi casa, pulsaba una cuerda y la pisaba con el dedo hasta que sonara como mi voz. Así fui cogiendo el tono que me daba el hermano en el colegio, pero no sabía ningún acorde. Sin embargo, ya comprendía que se había *sembrao* en mí la semilla de la guitarra y lo primero que aprendí fue una falseta por tientos, por los medios, que no se me ha *olvidao.* Me la puso un primo mío que tenía once o doce años. El abuelo era un guitarrista de Jerez, Morales, y el niño con esa edad conocía *to* los toques de la guitarra, me puso la falseta y eso fue lo primero que yo toqué.

Así transcurrió un día y otro, y otro más, y yo le dije a mi *pare* que quería aprender a tocar la guitarra.

—Tú estudia..., tú estudia..., déjate de guitarra..., tú aprueba, que después ya veremos.

Y también mi *mare,* la cual, me insistía en que lo más importante eran los estudios, y después lo que hiciera falta. ¿Y qué es lo que me hacía falta?, ¿qué es lo que me pedía el cuerpo y la cabeza?, ¿con qué cosa estaba *obsesionao,* de forma que no me la podía quitar de la mente? Si hubiera tenío que elegir cómo obtener la mayor felicidad ¿qué tipo de cosa hubiera *escogío*?»

Había una respuesta para todas estas preguntas: la guitarra. Sí, la guitarra, esa era la solución a todas sus inquietudes, le encantaba, lo tenía embelesado, fascinado, él tenía que ser *tocaor* de guitarra, si su padre no quería, ya vería el modo de conformarlo con algún trabajo primero, para después hacer el trueque, pero Paco Cepero lo tenía clarísimo, si hay algo de lo que estaba seguro, y no dudó en ningún momento que no se iba a equivocar, era que quería ser tocaor de guitarra.

«A mí me dio dos o tres clases Javier Molina, que era entonces el brujo de la guitarra, le tocó a Manuel Torre y a *to* los cantaores de la época. El Niño Ricardo venía a escuchar a Javier Molina, que fue el primero que hizo la alegría en sol, y me regaló una cejilla que había hecho a mano con una navaja.

—Toma niño, *pa* que tengas un recuerdo mío.

Y esa cejilla se me perdió. Yo le pedí a mi padre que me llevara a Rafael del Águila y accedió a ello estando yo trabajando en la bodega, como se comenta más adelante.

Yo estuve en la Escuela Profesional de Comercio tres años, hice ingreso, primero y segundo y tercero, hice tres cursos, los aprobé. Dejé cuarto a la mitad, me faltaba el quinto y la reválida.

—Papá yo ya no estudio más —le dije a mi *pare.*

—¿Pero tú estás loco? –me decía.

—Eso es mentira —le respondía yo.

Fue en esa época cuando yo me aficioné a las bicicletas siendo un niño. Con los años, el primero que tuvo una Mountain Bike en España fui yo. Era una persona que andaba mucho, yo he *andao* mucho *toa* mi vida, cuando estoy andando poco es ahora. Siempre me hacía una hora y media o dos horas de andar, cuando estaba en la playa, me andaba la playa de punta a cabo, además a una velocidad increíble. Yo me he *venío* andando desde Valdelagrana, que está en El Puerto de Santamaría a Jerez, no una vez ni dos, sino muchas veces. En ese aspecto siempre he sido muy deportista».

3. TRABAJO, INGLÉS Y GUITARRA

Con Javier Molina, don Francisco Galán y Rafael del Águila Aranda, con el que se llevó casi dos años, ya tenía él los suficientes conocimientos para estudiar, componer y tocar la guitarra por su cuenta. El aprendizaje del compás y el toque flamenco pertenecen a otro capítulo de su vida.

Le salió trabajo en una oficina y comenzó a ganar dinero con tan solo quince años, lo que le ayudó a tomar la decisión de dejar los libros. Se colocó durante unos meses en una gestoría, situada en la calle Larga. Allí atendía con diligencia cualquier asunto que surgiera, sin embargo, ese trabajo duró poco y sería transitorio. Un amigo lo recomendó para un empleo mejor remunerado, en la oficina de una importante bodega. La exportación de vino al extranjero era enorme, miles de litros de vino eran vendidos a todos los países del mundo, y allí estaba él colocado de «meritorio», a la prematura edad de quince o dieciséis años.

«Yo me coloqué en una gestoría que se llamaba Vidal de Lema, allá por 1955. Estando en ese trabajo, fui avanzando más y me coloqué en la bodega de Palomino y Vergara, y fue cuando comencé con Rafael del Águila. Ahí estuve tres años, ganando trescientas setenta y cinco pesetas al mes. De ese sueldo, yo pagaba setenta y cinco pesetas al profesor de inglés, que era un señor que estaba allí en extranjería, un tío que hablaba doce idiomas, el señor Martín, entonces yo hablaba con él inglés como podía, eran clases diarias».

Rafael del Águila había sido barbero hacía años, pero por entonces se ganaba la vida enseñando a tocar la guitarra a una veintena de alumnos. En ocasiones, y siempre en Jerez, le había tocado a algún artista importante, como a Manolo Caracol. Por él pasaron todos los guitarristas de Jerez, como José Luis Balao, Paco Cepero, Juan y Manuel Fernández Molina «Parrilla de Jerez», Pedro «Periquín» y Antonio Carrasco, Diego Carrasco «El Tate», Juan Santos, Pepe Ríos (al que Agujetas decía «Borrull»), Fernando Moreno, José María Molero, Manolo Lozano «El Carbonero» (otro docente imprescindible en Jerez), Pepe Moreno, Alberto San Miguel o Gerardo Núñez por citar algunos de los más conocidos[1].

Era una persona totalmente excéntrica, con manía persecutoria, se había aislado del mundo y apenas salía de su casa. Javier Molina había dejado de dar clases por puro envejecimiento e incapacidad, pobrecillo, el brujo de la guitarra, admirado por Niño Ricardo, había perdido todas las facultades que se han de tener para enseñar.

—Papá, llévame a Rafael del Águila. Papá, llévame a Rafael del Águila.

Le había dicho Paquito más de mil veces, pero Rafael del Águila cobraba una importante suma en aquella época y ya había demasiados gastos en la familia, sin embargo, desde el punto de vista económico, Paquito estaba ya emancipado, se ganaba por su cuenta sus perritas. Había encontrado trabajo en la gestoría, y después en la bodega, ya ganaba casi cuatrocientas pesetas al mes, de modo que, ahora reivindicaba la docencia de Rafael del Águila con más derecho, y tampoco era cuestión de quitarle al niño todo cuanto ganaba, ya estaba bien que diera una parte de su salario para gastos en la casa. Antes de que Paquito fuera a ver él solo a Rafael del Águila y este le sacaras las asaduras, prefirió acompañarlo para regatear el precio sin embargo, Rafael del Águila no

1 https://loscaminosdelcante.com/2016/07/21/con-nombre-propio-rafael-del-aguila-la-catedra-de-una-fuente-escondida-2a-entrega/comment-page-1/

cedió ni en un céntimo, no era de esas personas flexibles con las que se puede llegar a un acuerdo, su propia personalidad parecía fija como la misma muerte.

Rafael del Águila aparentaba unos sesenta años, quizá algunos menos, tenía los cabellos escasos, la frente y la parte anterior de la cabeza despoblada, y en la región posterior le nacía un pelo frágil que tenía aplastado sobre el cráneo sabe Dios con qué. En la calva descubierta tenía manchas claras y otras más oscuras, pequeñas y entremezcladas como salpicaduras de sal y pimienta, las cejas eran muy pobladas, negras por el centro y canosas a ambos lados. En su cara se advertía una barba blanca de varias semanas, detrás de los cristales de las gafas, de bastante aumento, se advertían unos ojos diminutos, intrigantes y desafiantes, que dotaban su mirada de desconfianza y prevención. Aquel hombre te miraba como si lo fueses a tratar mal de antemano, con una actitud expectante y en guardia por si se diera el caso de que la persona que hablara con él fuera un impostor, su nariz era ancha, con irregularidades en la piel. Mientras guardaba silencio mantenía oculta la dentadura por unos labios largos y delgados, cerrados herméticamente encima de una barbilla con un ángulo bastante pronunciado, de manera que su expresión adoptaba una forma triangular con vértice en la punta del mentón, ensanchándose su semblante a la altura de las orejas. En definitiva, no era una expresión precisamente acogedora la de aquel guitarrista, o maestro o lo que fuera, y se confirmó cuando le dirigió a Cepero la palabra.

—Buenas tardes, ¿qué se les ofrece?

—Vengo a pedirle si puede dar usted clases de guitarra a este muchacho.

Se hizo el silencio por algunos minutos, y Rafael del Águila siguió abstraído haciendo sus cosas, de ese modo, padre e hijo permanecieron en silencio a la espera de que el maestro se dirigiera nuevamente a ellos.

—¿Él sabe tocar algo la guitarra?

Iba a tomar la palabra Paco Cepero, cuando su padre se adelantó.

—*Algo sí sabe, le ha dado algunas clases Javier Molina, y también tocó hace años, en un grupo que organizó don Francisco Galán, cuando iba al colegio*

Respondió y tomó nuevamente la palabra el del Águila

—Javier Molina fue quien me enseñó a mí la guitarra flamenca, y también conozco al profesor Galán. Habiendo *tenío* tan buenos maestros sabrás tocar *mu* bien, ¿no? —inquirió del Águila dirigiéndose al muchacho, el cual si tomó la palabra para responder.

—*Mu* bien, *mu* bien, no es que sepa tocar, mire usted, sé *mu* poquitas cosas, porque Javier Molina solo me dio tres clases, y el profesor Galán me puso el acompañamiento de varias canciones de tuna *pa* una rondalla, y ya está

—De modo que solo conoces algunos acordes ¿no?

—También punteo una falseta por tientos que me enseñó un primo mío, el nieto de Morales, el guitarrista, y pare de contar.

—Está bien, con esa base quizá pueda dedicarte algún tiempo, por lo menos no tendré que empezar de cero, lo cual, me resulta de lo más *pesao.*

Tomó la palabra Paco Cepero, padre, el cual, intentó regatear el precio con Rafael del Águila sin éxito alguno. De modo que, acordaron que cobrara setenta y cinco pesetas al mes.

—No se hable más, mañana estará aquí.

Paco Cepero agarró a su padre por el brazo y ambos salieron de aquella casa, cada uno con un parecer, el padre casi molesto por el trato poco afable del guitarrista; el hijo, eufórico tras conocer la aprobación de su padre, para él, aunque le hubiese pedido el doble, lo habría consentido gustosamente. Su padre había hecho ya el cálculo mental de los gastos que le estaba ocasionando su niño. Sin embargo, no era menos cierto que lo estaba ganando con su trabajo.

—Anda niño, que entre las clases de inglés y las de guitarra, se te van a ir treinta duros cada mes, verás cuando lo sepa tu madre.

Había dicho eso, pero en el fondo sabía que la guitarra era todo para él, aunque le hubiese gustado mucho más que hubiese terminado el grado en comercio en lugar de haberse mal colocado. Con el trabajo, Paco Cepero, pues, exoneró a su familia de tal gasto, colocado ya en la oficina de la bodega, tenía la suficiente holgura para pagarse tanto las clases de guitarra como las de inglés. Su madre en cambio, se mostró conforme a que Paco diera clases de inglés, pero todo lo contrario respecto a las clases con Rafael del Águila.

«Ahora que ha salido el tema, voy a contar una anécdota que me pasó con José Cepero, con motivo de una actuación que tuvo lugar en el teatro Villamarta, de la cual hay algunas fotos en el apéndice correspondiente.

José Cepero vino a Jerez con Juanito Varea, en la última compañía que este cantaor tuvo. Mi padre me llevó a verlo y estando con él, me echó el brazo por encima en el centro de Jerez al *lao* de donde está El Gallo Azul, que había una tiendecita que se llamaba Casa Mena.

—Sobrino, tú nunca te vayas a dedicar a esto, que esto es una ruina — me dice yendo de camino *pal* Villamarta.

Se conoce que el hombre aquel tenía visión por los *cojones*. La opinión de mi *mare* coincidía plenamente con la de José Cepero, papá había hecho su composición de lugar, de forma habitual solía discutir con mi mare por *to*, cariñosamente, le gustaba llevarle la contraria y hacerla rabiar, era una costumbre que tenían desde que eran novios, de modo que una vez más mi padre quiso discutir a cuenta del precio de las clases de guitarra.

Tú no ves lo del inglés, lo veo yo productivo, pero la guitarra, tinguilín, ti lín…, no sé yo —decía mi *mare* a mi *pare*.

—¿Sabes qué estoy pensando Dolores? —decía mi pare.

—A ver…

—Que la guitarra y no el inglés, va a ser nuestra salvación.

—¡Hombre, y qué tú ibas a estar de acuerdo conmigo!

A mi *mare* le daba coraje dar los quince duros *pa* la guitarra, mi *pare* tuvo una visión mucho más certera, supo anticiparse a lo que sería mi vida en el futuro».

«Me presenté en casa de Rafael del Águila con la guitarra que tenía de Telesforo Julve, el cual, no es que fuera un mal lutier, sin embargo, aquella guitarra era mala a buen decir, era durísima, tenía las cuerdas casi a medio centímetro de altura sobre el diapasón, y me costaba la misma vida poner acordes presionando aquellas cuerdas tan separadas».

En verdad Cepero no tuvo suerte con sus primeras guitarras, pasado cierto tiempo, su padre le compró otra del lutier Reyes, la cual, también le salió bastante adusta y molesta de tocar, de modo que, aprovechándose de la firma del constructor, no tardó en endosársela a otra persona a cambio de la misma cantidad que a su padre le había costado.

Rafael del Águila enseñaba, como se ha dicho, a una veintena de alumnos más, aparte de Cepero. Pronto habría alumnos suyos que se ganarían la vida con el instrumento, como Lorenzo Aparicio, el cual, estaba trabajando de guitarrista en aquella época nada más y nada menos que en Japón.

Daba las clases en un cuarto no muy amplio, donde tenía un par de guitarras en sus correspondientes estuches, también había allí un banquillo para apoyar el pie derecho y un atril con algunos pentagramas sobre él. Tenía sobre la pared, enmarcadas numerosas fotos que se había hecho con alguno de sus alumnos a los que había enseñado, y algunas otras con aficionados al cante de Jerez, a los que había tocado.

«Me preguntó qué sabía tocar, yo le hice el *rajeo* que había *aprendío* con Javier Molina, con las manos algo temblorosas por el nerviosismo, al principio, toqué durante unos cinco o seis minutos y el del Águila interrumpió mi música para enseñarme algunos ejercicios».

Cepero reprodujo con dificultad los ejercicios, pero conforme lo iba practicando, iba ganando velocidad en dicha técnica y se le iban abriendo los dedos. De la torpeza inicial, pasó tan solo en un par de días a dar el acorde con una limpieza más que aceptable. Como Rafael del Águila vio que era bastante espabilado, le puso obras clásicas y algunas falsetas por los distintos palos del toque flamenco, cada vez más avanzadas. El maestro leía música, sabía leer partituras, hacía en aquella época un toque algo avanzado respecto al que hacían los tocaores de aquel tiempo: Ramón Montoya,

Niño Ricardo... La primera obra clásica que le puso a Cepero fue *Serenata andaluza* de Joaquim Malats, también le enseñó *Recuerdos de La Alhambra* de Francisco Tárrega, *Asturias* de Albéniz, entre otras melodías que correspondían al clasicismo.

Practicaba esas mismas composiciones en su casa con tal entusiasmo que pasados algunos días las acabaría ejecutando perfectamente. Así las cosas, exigía a su maestro que le enseñase técnicas más avanzadas del flamenco, otras clases de arpegios más densos que él intuía por su oído, el trémolo de tres y de cuatro notas, el arpegio doble, el picado, y todas las técnicas posibles habidas y por haber que aquel maestro podría enseñarle. Aprendió hasta técnicas personales del profesor que no estaban difundidas en el mundo de la guitarra flamenca, tal como era la horquilla, que consistía en dar varios bajos alternando con pulsaciones de índice, anular y meñique, lo que entraba perfectamente por malagueñas y otros toques libres de compás.

Con el paso de los días notaba que aquella persona entrada ya en años no era normal, pues su estado de ánimo era muy versátil, fluctuaba de un día para otro, y lo mismo estaba de buen humor y accedía a enseñar cuanto se le pidiese que, por el contrario, se sentía mal y apenas se le podía hablar.

En los rasgos de aquella persona se intuía una extraña sugestión de temor, de miedo a algo inconcreto, no establecido, era una persona solitaria que apenas salía. Cepero le sugería que saliera, pero siempre se encontró con la negativa del maestro. Además, cuando sentía ese extraño temor se le desfiguraba el rostro, sus pelos se erizaban, fumaba más y sus ojos se volvían más perspicaces. En ocasiones, se encontraba somnoliento durante el día y no parecía hacer caso, hasta que un día le dijo a Cepero que solía acostarse muy tarde observando las estrellas. Aquel enigmático señor no parecía un mal tipo, pero era evidente que algún trastorno mental debía de sufrir por su expresión, su conducta y sus actitudes extrañas.

Cuando Cepero inició sus clases decía Rafael del Águila que cogía la guitarra mirando al techo y él le apercibía.

—La guitarra hay que sentirla en el estómago.

Era un hombre con unos grandes conocimientos por todas las obras que sabía, y al ponerle obras clásicas, surge el Cepero músico que se percibe en algunos toques diferentes como por ejemplo en Capricho, y otros temas compuestos que no son tan flamencos, ahí se advierte en la forma de pulsar la influencia del clasicismo.

Era un hombre con una buena dosis de sabiduría musical y conocía numerosas piezas clásicas, en definitiva, le gustaba casi más la guitarra clásica que la flamenca, pero siempre se negó a enseñar falsetas de guitarra flamenca mediante el pentagrama. Todas las falsetas que ponía o enseñaba las debía aprender el alumno de memoria, nada de música escrita, no se sabe si por motivos personales egoístas, para no difundir su sabiduría a través del papel, o bien porque la enseñanza del solfeo aburriría a los principiantes.

Fuere lo que fuere, la realidad es que aquella negativa constituía una rareza más de aquel hombre, algo extraviado de la cordura y que había traspasado los límites de la normalidad.

Prueba de ello es que jamás salió de Jerez, incluso en varias ocasiones le habían ofrecido grabar un disco y habiendo dudado bastante, accedió a subirse al tren para ir a Madrid, pero una vez acomodado en el vagón, en cuanto el tren se movió algo, sintió tal temor que hizo que el tren se parase nuevamente para bajar y volverse a su casa por el mismo camino por el que había ido a la estación.

«Rafael del Águila era un musicazo, tenía muchos conocimientos guitarrísticos, era un hombre que tenía una enfermedad, esa que le dicen manía persecutoria, tenía la sensación constante de que le iban a hacer algo malo, él no salía ni de su casa.

En el fondo él conocía perfectamente la guitarra, leía la música y me puso muchas obras clásicas y eso me despertó también mucho la percepción melódica. Todo se añadió a la educación musical que tenía por haber sido cantor solista, pero el flamenco no tiene *na* que ver con el clásico. Él me consideraba un alumno *aventajao*, porque me ponía una falseta y la cogía rápido, entonces le decía

—Rafael, póngame usted otra.

—No, no, con esa ya tienes bastante, estúdiala —me respondía.»

Entretanto Paco Cepero trabajaba de lunes a sábado, mañana y tarde en la oficina de la bodega. No era más que un mandado, o un muchacho de los recados, como era de suponer por su escasa edad y experiencia. Franqueaba la correspondencia, mecanografiaba, hacía facturas, llevaba recados a los sitios necesarios, era en definitiva un ayudante. El franqueo de la bodega estaba pagado de antemano, pero para eso había que estampar un sello en el sobre otorgado por el Servicio Oficial de Correos, y la forma de hacerlo era con una máquina que usaba pintura roja como material fungible.

Uno de aquellos días, Cepero se puso a cargar la máquina con pintura nueva, y mientras manipulaba las piezas de aquel artilugio, soltó la brocha empapada de pintura en un recipiente. Ese día estrenaba un traje que su padre le había mandado hacer a medida, y así vestido, se hallaba manipulando la máquina de franquear con autosellado de pintura roja. Mientras manejaba las piezas, un compañero cogió la brocha de tinta roja que había dejado sobre una lata, y al verlo tan elegante, no se le ocurrió otra cosa que decir en tono amigable y bromista,

—¿Qué? Traje nuevo, ¿no?

En dicho instante, tomó en su mano la brocha impregnada en tinta roja y se le fue más de la cuenta, pues, pensaba hacer un gesto de amenaza y Cepero levantó el brazo hasta chocar con la pintura sin querer, de modo que le refregó con ella una manga del traje que había estrenado, así las cosas, al ver una gran mancha color bermejo en su manga, cogió un palo que había por allí y le asestó con todas sus fuerzas tal golpe en la espinilla, que el compañero sintió un enorme dolor en la pierna que lo tornó inestable, se enredó y cayó con tan mal pie que resultó con una fractura de la tibia y del peroné. Ante un asunto de tal calibre no dejaría de intervenir el gerente de la bodega, el cual, cuando tuvo delante a Paco Cepero, lo amonestó con severidad.

—¿Se puede saber qué ha pasado esta mañana?

—Mire usted señor, es que me manchó de tinta el traje nuevo que mi *pare* me había *regalao.*

—¿Y por eso se merece que le parta usted la tibia y el peroné?

—¿Qué... ? No fue mi intención..., se lo juro...

—Fuera o no su intención, no me queda más remedio que suspenderle durante tres meses de empleo y sueldo, botarate, esas no son formas de zanjar una simple broma.

De estar ganando trescientas noventa pesetas al mes pasó a no ganar nada con la edad de quince o dieciséis años, los cuales, teniendo en consideración la época, era ya como ser un medio hombre, aunque menor de edad, sí con la suficiente madurez como para ganarse la vida sin depender de los padres. Su madre, que no había perdido la esperanza en que hiciera carrera en los negocios, a pesar de todo, se alegró de saber que se gastaba todos los meses setenta y cinco pesetas, las mismas que él le daba al señor Martín, para que lo enseñara a hablar en inglés.

El señor Martín era un andaluz de exquisitos modales y un gran coeficiente intelectual, se decía de él que sabía diez idiomas: inglés, francés, alemán, ruso, árabe, japonés, y otros tantos, que entre los que dominaba a la perfección y, otros de los que sabía solo lo esencial, se perdía la cuenta, entonces él pensaba: «A mí con que me dé clases de inglés tengo bastante, no quiero más idiomas, el inglés debe ser una lengua transcendental, es el más *hablao* en el mundo, es el lenguaje del comercio, de los negocios. El señor Martín me daba clases *to* los días, pero me hablaba constantemente en inglés y yo no me enteraba de *na* por lo que me desesperaba».

A pesar de la dificultad, en el fondo no le disgustaba dar clases de inglés, además, el señor Martín era un gran profesor. Decía los números con la mayor soltura en ruso y en japonés, en chino y en todas las lenguas, era un superdotado, era un hombre tocado por la gracia.

«Dios mío, si yo no sabía ni pronunciar de forma correcta —sentía admiración y complejo— ¿cómo Dios le puede dar esas gracias a determinadas personas y a mí no me ha *dao* ninguna?, ¿y la guitarra? Era lo que más me gustaba, había oído decir que Javier Molina había muerto. Aquel pobre hombre qué *cansao* estaba ya cuando me dio las clases, ni siquiera sé de dónde sacó fuerzas *pa* tocar aquellos tientos, aquel fandango, y *to* lo que le escuché tocar. *Demasiao* hizo con ponerme los acordes y un rajeo sencillo, es normal que no me pusiera apenas falsetas. Con los años se pierde *to* y se vienen abajo *to* los defectos y *toa* las virtudes, y con ellas también la paciencia».

Respecto al compañero que le había manchado el traje, el remordimiento no lo dejaba tener la suficiente paz interior, y se decía en su fuero interno:

«No sabe ese hombre cuánto lo siento, con el pronto que yo tengo, ahora me doy cuenta de que no era *pa* tanto, le he hecho mucho daño. Maldito palo que estaba puesto allí a la mano *pa* que yo le golpeara en la espinilla, porque esos huesos, soportan el peso de una persona me han dicho, y se los he *partío* de un tajo, que me perdone. No quería partírselos, lo que pasa es que cuando uno está con ese pronto, es uno capaz de hacer cosas de las que después te arrepientes. Menos mal que le di el golpe en la pierna porque si se lo hubiera *dao* en la cabeza lo hubiera *matao* y me habría *buscao* una ruina. No se podía andar así por la vida, no, no… ».

5. NO TIENE COMPÁS. LOS GITANOS DE JEREZ

Después de haber aprendido a tocar la guitarra con el maestro Rafael del Águila.

«Yo me fui mu pronto porque me peleé en la bodega y a mí me castigaron. Cuando el castigo de la bodega, Jerez estaba sin guitarrista y entonces El Batato[2], que era mu amigo de mi *pare*, Tío Borrico[3], El Troncho, El Sordera, El Sernita, Fernando Terremoto, Paco Laberinto y varios personajes locales más, le dijeron a mi pare: "—Déjanos al niño que se venga con nosotros".

Entonces salí por las noches a buscarme la vida con ellos. Allí estaban to los gitanos del barrio de Santiago. Por entonces yo tocaba la guitarra de oído, de lo que me habían puesto, pero yo no estaba muy ducho, no tocaba a compás. Ahí empecé yo a amar el flamenco y los conocimientos míos del cante, porque los que yo tenía a la vera cantaban mu bien y como yo era *mu* estudioso, el compás me lo metí en los cinco sentíos, fíjate si es así que yo me busqué la vida durante un par de años con ellos en las fiestas que los señoritos daban en Jerez, gracias a ellos ahora no me pierdo ni debajo de agua».

La vida transcurría monótona y rutinaria, la cotidianidad de los días deparaba un vivir al día tranquilo y sosegado,

---

2 El Batato, una figura flamenca desconocida - Patricia_moreno.pdf (Archive.org).

3 Candil : boletín de la Peña Flamenca de Jaén. N.º 15, 5/1981. Página 12.

sin turbamiento alguno que pusiese en peligro el bienestar familiar. Paco, el padre de Cepero, de vez en cuando salía por las noches, recorría varias tabernas por la Colegial, por su barrio de San Miguel y el Barrio de Santiago, donde se asentaban familias gitanas desde el siglo XVIII que habían fracturado su coraza hermética, el círculo de costumbres y labores vernáculas como el trasiego de ganado, las fraguas, o la venta de productos baratos en mercadillos como medios para ganarse la vida.

En sus vidas cotidianas se cantaba por tonás, deblas y martinetes cuando no disponían de guitarra, situación más frecuente de lo deseable, y a veces, con palmas, hacían el compás de las bulerías, que en Jerez había tomado unos matices inconfundibles. Algunos hombres tocaban algo la guitarra, y en sus fiestas, lo que más practicaban eran las bulerías, perfectamente recortadas, estrictamente cerradas, con tercios cortos y una gracia inconfundible.

La seguiriya era un palo que dominaban a la perfección; antaño hubo figuras como Paco La Luz, Manuel Molina, Joaquín La Cherna, Diego El Marrurro, con unos arcos melódicos impresionantes, especialmente se hizo famoso el estilo del Marrurro, por la transmisión de un sentimiento trágico, por las facultades que era necesario tener para ejecutarlo y por sus múltiples quejidos, que lo hacían paradigma de la seguiriya gitana, convirtiéndose en su estandarte melódico por excelencia. El estilo de Joaquín La Cherna era algo parecido, en el primer tercio el gitano se guardaba un silencio, como si se hubiese tragado y retenido una palabra, para soltarla después con un brío desbordante. El estilo de Paco La Luz era más reposado, como si el intérprete caminara por una vereda, un pasadizo de sonidos flamencos donde el cantaor dejaba caer sus frases o tercios, que se descuelgan y se desparraman como alfombra que enseña un vendedor, eso era el estilo de Paco La Luz, y ese mismo estilo, pero mucho más conciso, más apretado y más breve era cantado por tío José de Paula.

Los payos jerezanos habían hecho suyos los cantes por seguiriyas creadas por los gitanos, ya que había habido un importante intercambio. El cante había pasado de ser escuchado en la intimidad a ser exhibido al público en los cafés cantantes. Por aquella época ya habían desaparecido dos jerezanos considerados como los mejores cantaores de siempre: Manuel Torre y don Antonio Chacón, ambos emigrados de Jerez a Sevilla, donde había más facilidad para ganarse la vida. Uno gitano y el otro payo.

Ahora en Jerez existían importantes aficionados gitanos y payos, y una serie de personajes que, fueron los que despertarían en Paco Cepero la afición al flamenco, la cual no tardaría en convertirse en una verdadera pasión que le duraría para el resto de sus días.

Su padre, Cepero "El Chófer", como decía Tío Borrico, había prosperado bastante económicamente, pero ese mismo perfil social sería el culpable de que se gastara todo el dinero de la herencia que le correspondió al morir su suegro. Como Paco —el padre del guitarrista—, ostentaba el permiso de conducir toda clase de vehículo, quiso dedicarse a la conducción de los mismos y su suegro le regaló un modelo propio para el servicio público del taxi.

Corría el año 1958 aproximadamente, Paco Cepero había terminado de dar sus clases con Rafael del Águila, puesto que consideraba que ya sabía lo suficiente para valerse por sí mismo. Su padre conocía a numerosos profesionales y aficionados al flamenco, cantaores locales, casi todos gitanos, que iban a las fiestas que tenían lugar en distintos parajes. Cepero contaba con la tierna edad de dieciséis años, estaba en una adolescencia ávida de conocimientos, hambrienta de matices, de falsetas, de aires nuevos, su cerebro era una auténtica esponja que se empapaba de todo lo exterior, todo le encantaba y todo lo quería aprender. Sin embargo, estaba virgen de contenidos.

Sabía las técnicas fundamentales de la guitarra, los arpegios sencillos y dobles, el trémolo de tres y de cuatro notas, los picados, si le decían que tocase por soleá tocaba, y por bulerías, alegrías y prácticamente todas las modalidades del flamenco, sin embargo, tocaba libre, no llevaba compás alguno, ni tan siquiera ritmo, se detenía en mitad de una falseta, la reanudaba cuando lo creía oportuno y volvía a pararse.

Ya Paco había acumulado muchas de esas falsetas, si a muchas se le puede llamar veinte o treinta, que le había enseñado el peculiar Rafael del Águila, sabía tocar por todas las modalidades del flamenco: seguiriyas, soleá, bulerías, tientos y tangos, alegrías, y también por los cantes libres, pero lo hacía a su manera.

Los cantaores aficionados, especialmente los gitanos, le decían que el niño era espabilado, pero le faltaba mucho que aprender, muchos mañanas que amanecer, mucho licor, muchas grietas y callos en los dedos, muchas uñas laceradas por un lado antes de partirse. Había escasa fuerza en sus manos, y una firmeza floja en su entendimiento del toque. Antes que el dolor no lo dejara pensar, miraba aquella guitarra que su padre le compró y que pagó en plazos de cinco duros al mes durante veinte y tantos meses en la «dita», en el crédito jerezano. Era más dura y adusta que el tronco de una encina, la cual, el aspirante a guitarrista aporreaba sin ton ni son, aunque con algo de ritmo, pero sin sentido del compás.

Le había dicho Tío Borrico: «El *Chavá* es *lijto* pero *tié* mucho que *aprendé, po* no toca bien, *ni a compá* y como no *sej pabile...*» ¿Quién podría enseñarle a tocar a compás?, ¿qué respuesta podía dar cuando alguien le preguntó si el compás de la soleá era idéntico al de las alegrías, incluso al de las bulerías, y que era el ritmo lo que las hacía diferente? Eso no lo entendía el niño y se agobiaba, no llegaba a comprender que una bulería es una soleá rápida con el compás de amalgama, ¿de qué?, ¿qué es amalgama?, y qué explicaciones podía darle él, que no había trasnochado en su vida.

Paco Cepero se sentía acomplejado, sufría el desacato moral que los gitanos le propiciaban. Sentía sana envidia cuando escuchaba en la radio a Melchor de Marchena tocarle a Caracol o a Mairena, o Diego el del Gastor tocar a su cuñado Joselero, ¿cómo podía tener compás la seguiriya, un cante tan largo, con tan poquito ritmo?, pues decían que lo tenía, distinto del de la soleá, pero lo tenía. Había quien decía que la soleá era como un toro de Miura y la seguiriya, como un toro manso[4], para dar a entender que, si bien se podría relajar en la seguiriya, en la soleá no podía fallar. Pero él colocaba los dedos de la forma que le habían explicado y acertaba a dar los tonos, hacía las falsetas que le enseñó Rafael del Águila. Pero aquellos gitanos decían que eso no servía para nada porque no estaba a compás, no entraba en el tiempo establecido, maldito compás, maldito flamenco... Pero lo peor es que era bello y sensual al oído, era como una hermosa mujer que te guiña el ojo, pero opone resistencia en el juego del amor, qué rabia de gitanos, ¿por qué se atribuirían los cantes más bellos?, ¿y por qué un payo no podía hacerlo igual?, ¿acaso hay algo que no pueda aprenderse salvo el coraje y la forma de ser?

Aquel guitarrista que años más tarde se disputarían todos los cantaores, que tanto triunfaría en el mundo del flamenco, cuando terminó las clases no tocaba a compás, y estaba desesperado. Lo volvían locos aquellos aficionados, qué *cojones* tenía Tío Borrico, así rechoncho y calvo, con el poco pelo que tenía echado atrás, más chulo que un ocho él. Pero decía que el compás nacía del vientre de *las* mares, que había que *nacé pa* eso, que si uno no había *nacío pa* eso ya podía *tené lo mejore maejtro to lo día* que era *pa na..., ¡y na más!*, pues con Paco Cepero se equivocó, se dio de bruces con una piedra, qué zoquete. Si no es por el compadre Luis que se dio cuenta que tenía una voz muy buena para cantar y se lo lleva al cabaret *La Espiga de Oro,* ni se da cuenta que servía para cantar. Y había escuchado a Frijones, pero sin guitarra, quizá por eso sabía tanto de compás, porque él decía que, con guitarra, cuando él era joven solo cantaban los artistas, que él hacía el compás con los nudillos, con un vaso, con la mano, claro, el Tío Borrico. Se le quedó ese mote porque don Alfonso Domecq y González, el hijo de don Juan Pedro Domecq, cuando lo escuchó cantar le dijo: «¡Qué tío

4 Pepe el de La Matrona. Memorias de un cantaor Sevillano. J.L. Ortiz Nuevo.

más bestia! ¡Qué voz de borrico tiene!», el tío botarate, y se le quedó para los restos. También su padre cantaba por soleá y seguiriyas, y era hermano de Juanichi «el manijero», siendo también otro manijero del campo.

Tío Borrico se había criado al amparo de los cortijos, toda la vida recogiendo la aceituna, vendimiando, talando olivos, hasta que en un bautizo le dieron cuatro mil reales y ya no quiso trabajar más. Se hizo viejo cantando, habiendo escuchado a los mejores: a Manuel Torre, El Gloria, Juanito Mojama, así claro, la mejor escuela.

De don Antonio Chacón no hablaba bien, porque lo vio en la plaza de toros ya muy viejo, menos mal que dijo que cuando nuevo era un zapatero remendón y que era tan jerezano como Manuel Torre. Claro que no era gitano, quizá por eso no le gustaba tanto, él estaba acostumbrado a la gente de su raza: gitanos ancestrales como Frijones, El Loco Mateo, Manuel Torre, tío José de Paula, *Juaniquí* de Lebrija y sabe Dios quien más. La mayoría cantando a palo seco, sin guitarra, como su padre, al que le decían «El Tati», el cual se quedó pasmado cuando al hijo le dieron cien duros en un bautizo. ¡Ay!, Tío Borrico, en el fondo no era mala persona, con creencias *mu* fijas, muy de campo, pero nada más. Con Paco Cepero se equivocó de forma rotunda, creía que no iba a tener nunca compás porque no lo había «*mamao* en el vientre de su *mare*» como él.

«Criticaba al Turronero, y a todos los cantaores nuevos, decía que solo se cantaban cuplés hoy día ¡Qué coño se va a cantar cuplés! Se canta como hay que cantar, con guitarra, el flamenco a palo seco es de los tiempos de María Castaña. Pero qué pena, ganó dinero con el cante y no trabajó en ningún campo más, no fue manijero más en la vida. Pero después, de viejo, casi se muere de hambre en un rincón».

¿Y el Batato? Pobre desgraciado, qué polifacético era, así tan chiquitito, lo mismo te bailaba que te tocaba la guitarra, que te cantaba una soleá o una seguiriya, ése si enseñó a Cepero a acompañar.

Se llamaba Juan Domínguez Pereira, inseparable de Tío Borrico y del Troncho. Le enseñó a dar cuatro patadas a Lola Flores por bulerías y en una ocasión, entre él y Tío Borrico tuvieron que coger una sábana para que la Lola Flores se cambiara y se pusiera el traje donde estaba una cochina paría.

«Qué ojos tenía *pa* los talentos, cantaba un poquito peor que Tío Borrico, pero tenía su gracia, y el pobre murió *asfixiao perdío.* No pudo ni grabar un disco, ni triunfar en los escenarios, cuando llegaba el invierno y la humedad ya estaba con esa falta de aire que le entraba, y eso que trataba de cuidarse, pero no pudo ser, qué personaje, ese sí me dijo que yo llegaría lejos tocando la guitarra».

Igual que Fernando Terremoto, qué forma de quejarse por seguiriyas, qué metal más recóndito. Paco Cepero lo cogió en su mejor época, cuando tenía una voz que hacía que el cante te doliera, se marchó pronto, pero lo poquito que vivió fue para gloria del flamenco.

Han existido pocos cantaores como él, llevaba en su grito todo el sufrimiento de su infancia, toda la necesidad de la postguerra, todo ese dolor hecho grito, ¿cómo no iba a transmitir?, ¿cómo no iba a doler? Si su misma voz era un gesto de dolor, sus pies eran tambores tribales que reclamaban a sus muertos. Gitano de la Calle Nueva, más gitano no se puede ser, más sentimiento no se puede resumir en una voz.

Cuando cantaba en las fiestas estaba pletórico de júbilo y de sangre, sus ecos eran la revancha de los perseguidos, su quejido era la réplica a la opresión, la sentencia herida de los pobres, el reclamo de los desvalidos, el sustento de su raza, mejor apelativo no pudo tener, porque todo él era un seísmo que hacía vibrar a los más inamovibles. Ante su seguiriya se derrumbaban los corazones más firmes, ante sus fandangos se compadecían las mentes más depravadas, lo que hacía ese hombre no era cantar, no era bailar, no tenía nombre porque se acercaba más a lo sobrenatural que a lo humano.

No fue cantaor, ni bailaor, lo fue todo en el flamenco, el mejor y mayor maestro de Cepero, su voz se la grabó a fuego en la piel. Fernando Terremoto, nadie le puso ese apelativo, había nacido misteriosamente llamándose así, todo él era un misterio, por eso se marchó tan pronto, porque tenía una parte que no era un componente de los vivos, quizá fuera un ángel, o quizá un demonio, ¿qué más da? Fuere lo que fuere, pertenecía a otro universo.

Fue precisamente Paco Cepero quien le tocó en Ronda la noche del 6 de septiembre de 1981, momento en el que se sintió indispuesto y vino a Jerez para irse de este mundo.

Con todos estos y también con Manuel Sánchez, El Troncho, o el bailaor Paco Laberinto, acudían a las fiestas en las fincas de los señoritos, otras veces, ellos las organizaban siendo lugares frecuentes de reunión La Pañoleta, La Venta Maribal, La antigua Vega, la finca La Peñuela, la venta Benjamín, o bares como La Fábrica, la Cruz Vieja, las Piedras Negras, el Club del Polo... Serían los escenarios donde muchos amaneceres le dieron a Paco Cepero con esta caterva de cantaores gitanos.

Era la época que Paco no podía trabajar por la sanción impuesta en la bodega, por tanto, su padre, cuando no lo acompañaba, le daba permiso para que les tocase la guitarra a todos estos personajes, nacidos, crecidos y curtidos en el más rancio compás, no el de una guitarra, sino el de los nudillos, el de las palmas, los taconazos, o los golpes con el culo de un vaso en una mesa. Habían oído tantas y tantas veces el llamado compás de amalgama que no solo es que lo supieran, sino que formaba parte de ellos, como forma parte de una paloma el arrullo o de un ruiseñor sus trinos, o como forma parte del águila su elegante vuelo.

Eran cantaores de compás más por naturaleza que por aprendizaje, sin embargo, nuestro personaje no nació con el compás en la sangre, tal vez, a diferencia de esta gente, pero todo en la vida se aprende, todo, excepto la creatividad, como suele decir en muchas ocasiones Cepero, que la técnica se aprende, la velocidad se consigue con la práctica, la soltura también es consecuencia de muchas horas de ensayo, pero la creación es un don que Dios ha dado tan solo a algunos seres humanos. Muchos filósofos aseguran que es lo que diferencia al hombre de los animales: la creatividad. Todos los animales se mueven, todos tienen su lenguaje, su instinto, todos se alimentan y todos se reproducen, pero ninguno excepto el hombre es capaz de crear algo. Desde el momento en que un Ser Humano es autor de una creación ya se le confiere un alma, a diferencia de los animales. Nuestro guitarrista no nació sabiendo, como nadie nace, pero a la postre, tampoco nació con compás, sino que fueron innumerables saraos, juergas y vino, del bueno y del malo, noches de cante en los tugurios, manos con marcas negro verdosas de las cuerdas de una guitarra que ha sido acariciada y embestida durante horas y horas, las que fundamentaron los cimientos que Paco Cepero tuvo. Como él mismo dice, para que un edificio perdure tiene que tener buenos cimientos, y sus cimientos fueron de lo mejor, ¿acaso se puede eso dudar?, ¿puede imaginarse circunstancia más favorable y con más flamenquería que aquellas reuniones? En ocasiones, cuando se encuentra con aquel desdichado que tuvo roto los huesos de la pierna del ser humano le recuerda a Cepero.

—Tú eres artista gracias a mí.

A lo que responde Paco.

—Desde luego. Si no me llega a castigar el gerente de la bodega no se hubiera sembrado en mí aquella semilla que tanto me sirvió para el resto de mis días.

Esa era la gente que tanto hicieron sufrir a Paco Cepero, eran los gitanos que se burlaban de él, que le decían (para darle un estímulo) que no tenía compás y que no servía para tocar flamenco.

Fueron dos años de vida intensa nocturna, dos años de soportar fatigas y gozar euforias, de dolor y callos en la punta de los dedos, junto a la satisfacción del compás conseguido, de cambiar el día por la noche con el júbilo de la vivencia juvenil, de plena e inamovible nocturnidad, de tabaco, de garitos, de saraos, de meretrices que se ganaban la vida y ayudaban a los artistas con argumentos a los señoritos. Dos años donde se construyeron los cimientos del edificio que sería después Paco Cepero, el cual terminaría conociendo el cante flamenco a la perfección, porque no se podía cantar mejor que cantaron aquellos gitanos.

Y fueron gitanos, y no payos los protagonistas de aquellos días, por eso Paco refiere ser medio gitano de condición, porque, aunque por sus venas corre sangre gachona o paya, sí fueron gitanos aquellos maestros ocasionales y gratuitos, que Dios, el destino, el azar, o lo que sea, quiso que estuviesen a su lado para forjar una de las guitarras con más compás que ha dado el flamenco.

6. ANTES DE MADRID

Los mismos gitanos anteriormente citados, concretamente Tío Borrico, Terremoto y El Sordera, le propusieron ir a una feria de Sevilla.

«Eso me puso loco de contento, yo pensaba: allí habrá *parné* que vaya de mano en mano de señoritos, verás cómo voy a escapar bien. Pero *na* más llegar a la feria, me dejaron solo con Romerito de Jerez y estuvimos dando bandazos, de un lado para otro, con más hambre que otra cosa. Al final, Romerito lo llevó a una venta conocida por el nombre de Casablanca. Allí estaba Paquito Antequera, que era un guitarrista de aquella época. Romerito se quitó de en medio y poco después llegó un barbero de Bornos, nos invitó a una botella de vino y me pusieron a tocar a mí y a Paquito Antequera, hasta hartarnos; al final nos dieron veinte duros a cada uno y esa fue mi feria de Sevilla. Qué cara más dura tenían los tíos, siempre me la pegaban, cuando no a la entrada, a la salida».

Cepero reconoce que hubo un tiempo donde los artistas pasaban necesidades y dieron muchísimos tumbos de un lado para otro.

«Y aguantado a señoritos como don José Canto Ropero, de aquí de Jerez, lo más *pesao* que he *conocío,* ese mismo me llevó en una ocasión a Sevilla a tocarle a Pepe Torre. Poco después me regaló una guitarra de Esteso el viejo, el tío de los hermanos Conde, que se quedó la viuda de Faustino con ella, y por mucho que le insistí y se la pedí, no me la devolvió nunca: la perdí. ¡Qué cara más dura también!».

Todos los artistas se tenían que examinar en un sindicato propio que otorgaba el carnet de profesionales del arte.

«Yo me examiné para obtener el carnet de artista en el Patio Andaluz, un tablao ubicado en la Plaza del Duque de La Victoria en Sevilla. Allí estaban de jurado Manuel Vallejo, Pepe Pinto y su esposa, Pastora Pavón. Yo era por entonces un muchachito *mu* inocente y tierno, y había oído hablar de las tendencias sexuales de Manuel Vallejo, el cual me daba ánimos y me decía que no tuviese problema que yo iba a aprobar. Sin embargo, a mí no me agradaba la idea de que aquel señor me diese una puntuación alta, porque después a lo mejor quería otras cosas que yo no estaba en absoluto dispuesto a darle. Prefería que se quedara con el carné»

Por encima de cualquier oficio o menester digno de sustentar o generar cualquier fuente de ingresos, Paco siempre sintió una gran atracción por la guitarra flamenca. Siempre su vida se basó en la guitarra; era el caso de un ser humano nacido para un elemento inanimado, de esos que a veces no están totalmente desprovistos de vida. El arte en sí encierra ciertas parcelas de la vida, una vida que solo el ser humano puede crear y constituye el santo y seña, la clave oculta e indispensable para que la música sea disfrutable, que esté revestida de cierta vitalidad. El arte mismo tiene como finalidad exaltar los sentidos de la persona, procurar un gozo del espíritu mediante su contemplación, el arte es compañero de viaje de todos los sentimientos sublimes, especialmente del amor, y no existe mayor pábulo que el enamoramiento a la hora de crear arte, ni peor pronóstico para el retorno a la cordura del enamorado que tener una vena artística. La belleza así expresada carece de actividad biológica material propiamente dicha, no se trata de células que viven o crecen llevando a cabo rutas metabólicas propias, entes que se reproducen o mueren, no es propiamente una vida biológica sino espiritual, excelsa e inapelable. Para las personas sensibles a otras facetas de la creación humana puede que haya algo palpitante en cualquier manifestación artística, aunque no sea musical.

«Una pintura o una escultura no me dicen lo mismo que la música. *Pa* sentir esa vitalidad y esa fuerza que yo siento con la música, en una pintura, la persona tiene que tener un *sentío* especial que los músicos y aficionaos a la música no tenemos. Hay gente que goza contemplando una pintura, yo reconozco la belleza que tiene, pero no me hace vibrar como la música».

Por eso son pocas y privilegiadas las mentes que gozan con este tipo de artes plásticas, personas con un sentido que es inexistente e inadmisible para el resto de los mortales, percepción capaz de avizorar una mínima inquietud en el tiempo y el espacio en estas áreas de un arte estático.

«Pero la música es diferente, la música, una vez compuesta, cada vez que se ejecuta adquiere una energía propia y *pa* algunas personas, la máxima expresión de esa energía está en el flamenco, este es un arte polivalente y desigual, no solo respecto al resto de las músicas, sino relativo a sí mismo».

Teniendo en cuenta los patrones clásicos: las soleares de Triana, Cádiz, Jerez, Utrera, Lebrija, etcétera; las seguiriyas de Cagancho y todas las de Triana, Paco La Luz y todas las de Jerez, El Planeta y todas las de los Puertos, El Viejo La Isla y todas las de Cádiz, y todo ese elenco de nombres propios, esos mismos y tan variados estilos, hay que decir que no siempre están asignados ni rescatados de forma correcta. Siempre han estado ahí, pero nunca han sonado ni van a sonar igual, todos se mueven en una escala de valores que van desde un duende imperceptible a una brutal sacudida del alma, un seísmo de misterio que lleva a los hombres a romperse las camisas y volcar mesas de platos y bebidas como simbología de un máximo impacto en la percepción del oyente. Se trata de exteriorizar la violencia porque la misma violencia es conducida en las ondas sonoras que llegan al receptor en el mundo del flamenco. La música permanece esporulada hasta su expresión, está encriptada de forma constante y reclamable total o parcialmente, se concentra o se diluye a voluntad del artista o quien aspira a serlo.

«El compás lo tienen sobre *to* la soleá y la seguiriya, que son los dos grandes cantes que laten dentro de mí. Yo me manejaba como bien podía, al principio eran como un rompecabezas, pero yo lo fui perfeccionando hasta tocar con la guitarra la melodía que yo sentía dentro, yo canturreaba y me acompañaba solo, por los medios y por arriba, por tarantos y granaínas también, hasta metía las falsetas que me enseñó Rafael del Águila, incluso alguna de Javier Molina, hacía ya mucho tiempo».

En consecuencia, con lo dicho anteriormente el amor acompañó a Paco Cepero y fue su gran acicate, un amor de los de verdad. Detrás de un gran hombre suele haber una gran mujer, eso es un dicho clásico muy antiguo, pero en la creatividad flamenca esa afirmación se hizo más certera que nunca, mientras sonaba la voz de Antonio Cortés Chiquetete, «(...) Allá donde redoblan las campanas, dame tu querer que solo quiero enamorarte; yo te quiero a ti, solo quiero acariciarte (...)», ¿qué otro tipo de música podría componer un joven enamorado de una jerezana que rebosaba hermosura y elegancia por los cuatros costados? Además, un amor de una vez, de los que cuajaron con el primer flechazo y que dura hasta el presente. Resulta mágico contarlo y verlo a través del tiempo, un amor que comenzó varios años antes de su boda, continuó en el éxodo a Madrid, cuando fue a buscarse la mismísima vida en el seno de la pobreza, y siguió después, bajo la bendición mágica y absoluta del romanticismo que soporta un amor eterno.

«Yo he compuesto cientos de canciones, muchas de las letras de ellas no son mías, pero otras sí, y tienen como tema el amor y el desamor, igual que los poetas románticos. Pero en el caso de las canciones siempre hacen referencias a amores pasajeros y desengaños, en absoluto se refiere a un amor eterno, para toda la vida, tal y como fue el mío».

Mientras el artista que hace letras de amor y desamor suele triunfar con estos temas, la mujer que es objeto de este tipo de canciones no sale bien parada. Se convierte muchas veces en algo que está hasta feo decir, aunque con la ideología actual tal vez se vislumbre un cambio, en épocas pasada no ha sido así. La mujer era denigrada en las letras de las canciones hasta las más sórdidas simas. Esta circunstancia tenía su máximo exponente en las letras de fandangos, que siempre culpaban a las mujeres de todo, cuando era un hombre quien las cantaba, claro.

En lo que a creatividad literaria se refiere, el hombre que enferma por este tipo de sentimiento suele ser un individuo con la sensibilidad a flor de piel, enamorado de la misma belleza, y por tanto víctima de las sutiles formas femeninas corporales y faciales. Claudicante ante la constante mirada de una diva, su sonrisa, o el roce de su cuerpo como sintaxis de un lenguaje inequívoco de atracción que tuvo lugar cuando el mismo romanticismo estuvo de moda, pero que se disuadió y sufrió menoscabo cuando socialmente la mujer fue liberada y comenzó a tomar la iniciativa en los escarceos. El sentimiento natural del hombre víctima del enamoramiento es tan legítimo que constituye el sello de una pasión sagrada. Se convierte en un sentimiento tan de verdad que, si la mujer amada se dejara seducir por otro hombre, esta se tornaría en un objeto deplorable. Ni que decir tiene que, en palabras de Ortega y Gasset, el enamoramiento es un estado de imbecilidad transitoria, como no puede ser de otra manera, además es una enfermedad con cura, y la sanación implica siempre la destrucción de los venenos del mal.

Pero en el cerebro humano hay otros muchos sentimientos, y por difícil que parezca, existe el que se podría tasar como la unión más noble entre un hombre y una mujer: es el amor en sentido bíblico, o al menos evangélico, que dictan las leyes divinas. Hay un mandamiento que dice: «Amarás a tu prójimo como a ti mismo», y el acto de infidelidad, tan frecuente en tantas canciones y letras flamencas, vulnera ese mandamiento.

Todas estas premisas son quebrantadas por las letras poéticas de las canciones de moda, pero en el caso de nuestro guitarrista, el sentido del amor y desamor ha seguido en pie como si hubiera tenido lugar en la misma fundación del mundo.

«Mis canciones suelen tener como tema central siempre aspectos románticos, generalmente el tipo de atracción que yo percibo a diario en los distintos estratos de la sociedad. Yo soy *mu* observador, y me doy cuenta de *to* lo que pasa a mi alrededor, soy capaz de darme cuenta de hechos, mensajes, miradas, expresiones, y otras cosas que dicen mucho de los sentimientos de cada uno. Yo analizo *to* eso, lo digiero y después lo regurgito hecho música e incluso hecho letra, casi siempre en octosílabos. Yo conocí a mi esposa, Rosario, Chari, en una academia de baile de Jerez».

Quien ha conocido a Chari con ochenta y cuatro años, y a pesar de los estragos naturales de la vida, observa que retiene un importante recuerdo de belleza en su rostro, en su expresión, su forma de hablar, su don de gente, etcétera. A esas edades un rostro acumula miles de circunstancias, atesora para sí multitud de alegrías y sinsabores. Chari llevó una vida independiente hasta los veinte años, desde entonces, Paco Cepero nos cuenta:

«*Na* más verla quedé *marcao* por su forma de mirar, era guapísima, valiente, simpática, amiga, yo quedé trastocado desde ese mismo instante. Aquella mujer morena, dicharachera, más jerezana que un *palo cortao,* más flamenca que la mar, me quitó el sentío *pa* siempre. No hablé más de diez minutos con ella, cuando quise quedar antes de que se fuera, pero ella me cortó y me dijo:

—Bueno hasta otro día si nos vemos.

En ese momento no sabía que viviría junto a ella el resto de mis días».

El culto a la familia no ha dejado de estar presente en gran porcentaje de artistas del flamenco, quizá por el carácter gitano tradicional que aún impera por estos lares, pues hay muchos ejemplos de artistas gitanos que han sido un ejemplo como padres de familia. Mencionar ejemplos nos llevaría a perjudicar desaforadamente los olvidos.

«Mi cariño a Chari no ha *sío forzao,* sino natural, a estas alturas de mi vida estoy orgulloso de haber *sío* un buen esposo y padre. Al principio se mostró coqueta, de esas chavalas que primero te dan calabaza y después uvas. Desde que la vi hasta despedirse no hubo compromiso alguno, tampoco yo tuve muchas esperanzas con ese comportamiento que mostraba. Lo que sí sé es que cuando la vi me quitó el *sentío,* y a estas alturas de la vida, no he *perdío* nada del amor, a pesar de *to* los años, de *to* los días, de lo cotidiano y de lo *acostumbraos* que estamos, mientras en otros matrimonios esas cosas queman la pasión de los comienzos, en el mío no ha sido así. La quiero con *to* el romanticismo del mundo, y siempre veo en ella una sorpresa que dar, un velo que destapar, vaya como si hubiese sido ayer después de sesenta y cuatro años entre noviazgo y matrimonio».

Cuando dos jerezanos se hablan de tú a tú, parece que siempre existe una especial unión, da la impresión de que los une un vínculo ancestral, con sus declamaciones y su ceceo. Invaden sus interiores mutuamente teniendo lugar tal humor y unificación, que parecen siempre ser hermanos.

Él era algo más joven que ella, conocía de siempre a la amiga de la mujer de sus sueños, aquella que la había acompañado hasta una academia de baile. No recordó ver criatura con más atributos físicos en su vida.

En la España tardo franquista, que se vino a llamar esa época, tenían lugar las bodas a los veinte años. Los dos años como mínimo de noviazgo eran preceptivos para que la pareja núcleo de la familia que iba a formarse, se conociesen, descartaran sus incompatibilidades, limaran sus asperezas y pasaran la prueba a modo de examen que los considerara aptos para una convivencia que había de durar toda la vida. Porque así estaba establecido por uno de los mayores poderes fácticos de la dictadura a la que España vivía subyugada: La Iglesia. «Yo conocí a Chari solo durante un decir y salir, en la academia de baile de Cristóbal El Jerezano, donde yo tocaba entonces la guitarra. Ella disfrutaba de un par de semanas de permiso. Solo recuerdo que sentí que alguna sensación extraña me invadió cuando tuve ante mis ojos a esa mujer, la única mujer a la que he querido de verdad. Me la habían presentado en aquella academia de baile, pero un buen día dejó de ir por allí. Transcurrieron dos semanas y no volví a saber de Chari, no la vi por *to* Jerez, no encontraba facilidad alguna *pa* contactar con la que había *sío* como un *flas* que me había *trastocao*. Chari, con su amiga, trabajaban a la sazón en casa del alcalde de Jerez, don Tomás García Figueras.

Por cierto, recuerdo que José Luis Balao tenía una novia que era bailaora y estaba con Cristóbal en esa misma academia, el tío no quería tocar la guitarra delante de mí, no le fuera a coger algunas falsetas, a él también le dio clases Rafael del Águila».

Con la energía pujante de los veinte años, y las ilusiones volantonas de una mente hiperactiva y hasta agresiva, el músico jerezano, evocaba la mirada de aquella mujer encantadora, como hecha y dirigida para él, con algunos centímetros menos de estatura. Su talle fino era como una pieza tallada en ébano de alto valor, fuerte y frágil al mismo tiempo, es decir, una jerezana cuya cintura era un placer acariciar a sabiendas de cometer un daño irreparable si se te iba la mano.

«Aquella mujer se cruzó en mi vida no sé a cuento de qué, yo nunca había *estao enamorao*, sí había oído hablar del enamoramiento, que se puso *mu* de moda en las novelas de la radio. Se leían relatos de amor en las revistas de Corín Tellado, que tanto les gustaban a las mujeres, las cuales se prestaban los números unas a otras y hablaban de los ligues chapados a la antigua en cada uno de sus números, nosotros nos reíamos de esas revistas, y si un hombre las leía era tenido por mariquita».

Paco Cepero había perdido de vista aquella mujer que tanto lo iluminó, y por la que sintió más que una curiosidad, la necesidad imperiosa de verla nuevamente y seguir hablando. Él no era precisamente un don juan, tampoco había sentido nada parecido por ninguna otra mujer. Pensó que estaba literalmente loco, pues no era habitual despertarse y que lo asaltara el pensamiento de aquella desconocida, como por supuesto, irse a dormir con la persona de marras en el pensamiento. Sintió tal pasión como silencio, no comentó con nadie su estado de ansiedad por así llamarlo, demasiado se habían burlado de él respecto del maldito compás como para que siguieran haciéndolo a cuento del mal de amores que, si bien él no había sufrido nunca, sí tenía conocimiento de otras personas. Algo así le había parecido siempre ridículo en contraste con la razón. Como persona inteligente que era no podía considerar un estado saludable aquello por lo que estaba pasando, ni amores ni santo de amores. Obsesionarse con una persona que no presenta cualidades fuera de la vida ordinaria no correspondía a una encrucijada lógica ni inteligente. Más bien era un cuento ficticio de aquellos que narraban las letras de las canciones, las letras del flamenco, aquellas letras que él canturreaba para acompañarse a sí mismo con la guitarra.

«En el flamenco había muchas letras de cuando una mujer daba calabazas al hombre, yo apenas sufrí eso, o fue por poco tiempo. Había veces que imaginaba que me rechazaría, y me sentía el más infeliz del mundo, pensaba que estaba haciendo de un grano de arena una montaña. Con la edad que tenía no era propio ese sentimiento. ¿Y si tenía ya novio? Me acordaba de letras de soleá: «hasta la fe de bautismo la he *perdío* yo por tu querer, ahora vas y me abandonas, que te castigue *Undevel*». «Como no puedo vengarme de lo que has hecho conmigo, hablaré con *Undevel pa* que te mande un castigo». ¿Y si su padre la tenía ya prometida?, ¿y si no me quería su madre?, pensaba en *to* porque me lo recordaban las letras del flamenco, como decía otra soleá: «me voy por la otra acera, porque le temo a tu *mare*, que tiene *mu* mala lengua».

El agravio que le produciría la falta de correspondencia no tendría calificativo, y en el flamenco la palabra *Undevel* es sinónimo de Dios todopoderoso, el que, si bien es buen pagador, mejor cobrador es aún, porque la infracción de su amor no estaba ni siquiera contemplada en los peores designios.

De todo había en el flamenco para dar respuesta a su locura, además fue cuando más tiempo cogió la guitarra, cuando más letras de soleá y seguiriyas, de fandangos, malagueñas, granaínas, tarantas y todo el universo de los cinco octosílabos creó y recreó. La literatura había puesto ya su parte, faltaba lo principal, el momento más íntimo, la realidad más cruel o lo contrario, fuere lo que fuere, la parte más inolvidable estaba por venir: ni más ni menos que la aceptación o el rechazo de aquel gran amor, la prueba mayor. Y vino con el tiempo, pero se hizo de rogar, menos mal que la amada dejó una puerta entornada que daba a entender, «si me quieres, tienes que ganarme», por fortuna para Cepero, quiso y supo ganársela para el resto de sus días.

La mañana había despuntado sin matices especiales, con un cielo indiferente grisáceo que prometía una jornada adusta y poco conmovedora, un día de ripio como tantos otros en la vida de las personas, en los que se desiste de dar una valoración extraordinaria porque se sabe de antemano que nada nos sacará de la rutina. Sin embargo, nadie podía atisbar el caprichoso juego del azar, el destino contumaz.

«Entré como cada día en la oficina y *na* más sentarme, me entregaron un paquete *pa* que lo llevara a casa del alcalde, que era don Tomás García Figueras. Allí trabajaba de sirvienta Chari y su amiga, yo me puse contento porque supe que era una oportunidad *pa* verla. Cuando llegué a la casa y entregué el paquete a alguien del servicio, bajó por unas escaleras la amiga de ella, nos miramos, y tan solo en la cara debió vislumbrar mi pensamiento.

—Oyeeeeee ¿cómo estás? —no tardé en decirle.

—Yo bien.

—¿Y Chaaari?

—Aquí está conmigo, ¿quieres que la llame?

—Claro.

Yo me puse *to* nervioso mientras Chari bajaba despacio y dudosa por la escalera. Se paró apoyada en el pasamano.

—¿Y para esto me mandas a llamar? —dice *na* más verme.

Se dio media vuelta y me dejó *plantao*. Pero yo ya había *movío* la primera ficha, aquello no tenía mala pinta, la suerte estuvo de mi parte, porque después ya sí comenzamos a salir.

Desde entonces fuimos la pareja más bonita y más estable del mundo, además Chari para mí fue portadora de la mayor inspiración. Y hasta hoy.

Después tuve que hacer la mili, la hice en aviación, en la base de La Parra, donde está ahora el aeropuerto de Jerez. Hice la instrucción durante cuarenta y cinco días y después el servicio en la base, pero me perdí durante toda la mili. El coronel se llamaba don José María Paternina Iturriagagoitia, pero quien me tenía un especial aprecio era el teniente coronel mayor, que se llamaba don Jesús Grande Pérez, el cual, mandaba más que el coronel porque le había *salvao* la vida a don José Rodríguez Díaz de Lecea, que fue ministro del Aire con Franco. Este don Jesús me enchufó porque le dijeron:«¿Tú sabes que tú tienes ahí a un buen guitarrista?. A Ceperito».

—¿Sabe usted montar a caballo? —va y me dice un día.

—No señor.

—Pues vas a tener que aprender, porque te vas a venir con nosotros al Rocío.

Y aquel camino del Rocío fue lo más grande, me dejaron *pa* que montara un caballo ya entrado en años. Al atravesar Doñana, el animal se fue *pa* un charco y digo yo, querrá beber el pobre. Sin embargo, cuando llegamos a la altura del agua, aquello resultó ser un lodazal donde el caballo se revolcó poniéndome bonito de fango. Cuando me sacaron de aquella ciénaga hasta las narices de lodo, me montaron en la mula del *aguaor*. Caminaba montado sobre ella lentamente cuando pasó a mi *lao* una recua de caballos galopando, lo que provocó que la mula se asustara y Cepero y la guitarra fueron al suelo los dos.

Cuando llegué al Rocío, estaba allí un señorito de Jerez, uno de los Domecq que tenía un caballo negro azabache precioso con el sello de Concha y Sierra.

—Qué caballo más bonito —me dice— ¿quieres montarte?, es *mu* mansito.

—Trae *pa cá*.

Se conoce que el caballo era frágil de *bocao*, porque en cuanto le tiré un poco de las riendas, el animal se empinó de mano y se mantuvo con las patas de atrás, mientras yo estaba muerto de miedo. Esas eran las bromas que gastaban los señoritos de aquella época, bromas *mu* pesadas. Más tarde estaba yo con Juanito Guardiola y Antonio Rey, cuando fuimos a la casa de un señor cuyo nombre no voy a mentar. No me acuerdo a cuento de qué se puso como un energúmeno con estos dos amigos míos, y le tuve que decir:

—Don Fulano, con qué mala leche se ha *levantao* usted esta mañana, algo que estuvo refiriendo por to el Rocío.

—Hay que ver, dice Cepero que con qué mala leche me he *levantao*…

Aquel año fui con ellos al Rocío, pero yo me tenía que quedar con los caballos y dormir en el suelo, en condiciones penosas. Los señoritos tenían duchas y todas las comodidades, pero yo tenía que coger agua de un pozo con un cubo y lavarme como buenamente podía. Echaba sangre por las manos de tanto tocarle a uno y a otro. Si querían cantar un fandango.

—¿Dónde está Ceperito?; una sevillana, ¿dónde está Ceperito?

Y yo tenía las manos ensangrentadas de tanto tocar. En esos momentos juré que no volvería al Rocío hasta que yo pudiese disfrutar de aquella fiesta como Dios manda. Con el transcurso de los años tuve casas en el Rocío y todas las comodidades que tenían aquellos señoritos.

Estuvieron en el servicio militar conmigo don Juan Pedro Domecq, su hermano, y otra gentecita de Jerez. Juan Pedro Domecq era *mu* místico y me acuerdo de que llevaba fiambreras con bistés *empanaos* y dejaba la mitad de ellos diciendo que no tenía más hambre, por lo que me cedía a mí casi toda su comida. También había un chaval de *Algodonales* cuya madre le enviaba unos polvorones caseros que quitaban el *sentío,* de modo que, entre unos y otros mi condumio estaba siempre más que *servío.*

Cuando mi capitán, que era de apellido Coira, supo de mi preparación como administrativo me llamó a los despachos, puesto que yo sabía *escribí* a máquina, sabía de contabilidad y *toas* esas cosas.

—¿Tú qué haces aquí? —me dijo el teniente coronel mayor, don Jesús, cuando me vio en el despacho.

—¿No te he dicho que tú eres analfabeto? Que no te quiero ver más por aquí, que tú eres analfabeto.

Realmente quería que pasara como un analfabeto a la vista del Capitán Coira con la intención de librarme de esas obligaciones, para que me perdiera.

De todos los recuerdos del servicio militar, hubo uno especialmente desagradable para mí, fue cuando un sargento llamado Cordero me encajó un golpe por detrás en la nuca. El dolor se me irradió a los oídos y estuve a punto de perder el conocimiento, sentí un zumbido en los oídos, perdí las fuerzas de tal forma que me costó trabajo mantener la postura y me oriné encima. Estuvo tan fuera de lugar aquello que al sargento lo castigaron un mes en los calabozos. *To* ocurrió porque le faltaron reclutas *pa* ayudar a limpiar en la jura de bandera, entonces uno de los que pertenecían a un grupo de interior se burló de nosotros, que pertenecíamos a los de afuera y tendríamos que limpiar sin más remedio.

—¡A pringarla, a pringarla!

Nos soltó aquel recluta en tono de cachondeo, pero finalmente resultó que, corría tanta prisa la limpieza que tuvieron ellos que intervenir también. De este modo yo le devolví la mofa a aquel *soldao*.

—Toma ya, a pringarla vosotros también…

Ese fue justo el momento en que el sargento vino por detrás y me asestó tal golpe en la nuca que casi pierdo el conocimiento. Más tarde, acabado mi servicio con este sargento, él me preguntó dónde iba yo *destinao* y cuando mi respuesta fue que, con el teniente coronel mayor, se le puso la cara blanca. Cuando volví a Jerez de Madrid, este sargento aún estaba vivo, tenía ya casi ochenta años, pero estuve buscándolo *pa* recordarle aquel daño que me hizo. Sin embargo, no lo encontré.

Estando en la mili, le dije al teniente coronel.

—Mire don Jesús, que yo me tengo que ir con Manolo Caracol a abrir Los Canasteros a Madrid.

—Cepero vete a tomar por culo —fue su respuesta, en tono de broma.

Tuve una gran suerte porque me perdí y solo volví para entregar la ropa y recoger la cartilla militar. El día que fui a entregar la ropa a intendencia de aviación, había allí un militar que era íntimo amigo de mi *pare*, el brigada Lozano. Mi *pare* era taxista y la ropa de aviación era *mu* bonita, de color azul oscuro, similar a los uniformes de taxista, además, yo apenas la había *usao*, de modo que mi *pare* se dirigió a él.

—Oiga usted, a mí esta ropa me viene *mu* bien.

—Toma Cepero, toma la ropa, toma la cartilla e irse a tomar por culo los dos —bromeó.

La verdad es que mi servicio militar fue *privilegiao*, porque solo estuve los cuarenta y cinco días de instrucción y otros tantos en la base. Me perdí y volví a los seis meses cuando *to* mis compañeros estaban ya *licenciaos*. Entretanto, yo había *participao* en la inauguración de la parrilla del hotel Pez de Espada de Torremolinos junto con Carmen Carrera, una bailaora que fue novia del Güito, y Chocolate como cantaor.

Además, Chari —que trabajaba en casa del alcalde que he *mencionao*, don Tomás— me consiguió el pase de pernocta, algo que no lo tenía cualquiera en aquella época, sino los señoritos, eso me permitió pasar los escasos días de servicio militar sin tener que dormir en la base.

Tras estos acontecimientos comenzaría su andadura en el mundo del flamenco, a principio de los años sesenta ya contaba con unos cimientos impresionantes en el mundo de este arte, como sabemos, en las fiestas de señoritos, les había tocado a aquellos gitanos jerezanos que se mofaron de él porque no tenía compás. Pero era necesario despegar de Jerez y comenzar a correr mundo. Ganarse la vida a expensas del flamenco a mediados del siglo XX no era empresa fácil para ningún artista, y mucho menos para un veinteañero jerezano que se iniciaba en la guitarra. Jesús Antonio Pulpón, corredor de los principales contratos del flamenco desde aquella época, le había facilitado algún que otro trabajo.

En 1960 le salió un contrato en Gibraltar. Su padre le dio trescientas pesetas para el viaje hasta Tánger, no obstante, tuvo que esperar en Algeciras durante tres días hasta recibir el visado que le permitiría embarcarse al otro lado del Estrecho. Sin embargo, tres días en aquella ciudad portuaria liquidarían la donación de su padre, de forma que, llegó a Tánger con apenas unos duros en el bolsillo.

Tánger era una ciudad internacional que nada tenía que ver con la España franquista; allí se hablaban todos los idiomas, había fieles de todas las religiones del mundo, había gente de todas las razas y costumbres, tiendas donde se vendía absolutamente todo, especialmente artículos que no se encontraban en España: relojes, transistores, piedras de mecheros, allí se podía percibir un aire de libertad del que carecíamos en España. Tánger era un verdadero emporio de culturas, en aquella ciudad invertían su capital accionistas de todas las naciones, allí había españoles cuya presencia no les estaba permitida en la península. Aquella ciudad era caldo de cultivo del contrabando, podías conseguir de todo en su inmenso zoco.

En su viaje a Tánger había hecho amistad con un albañil, que sería compañero de sus andanzas en la ciudad magrebí.

«Los dos caminábamos por el zoco de Tánger y vimos un edificio con un rótulo donde se leía: "Hotel Jerez". La referencia a mi ciudad me tranquilizó: allí habría personas de Jerez, con lo cual, el apuro económico sería por poco tiempo. Así, tal cual lo pensé, se lo dije a mi compañero y nos dirigimos caminando entre los puestos ambulantes de frutas exóticas, frutos secos, aparatos electrónicos, relojes, radios, televisiones pequeñas, discos y de *to* lo habido y por haber. Fuimos en dirección a aquel extraño hotel, que tanto apaciguamiento interior me había *dao*. Pasada la puerta principal, la recepción estaba *toa abandoná* y yo observaba el trasiego de personas *mu* raras en el interior de aquel edificio».

No tuvo que pasar mucho tiempo para caer en la cuenta de que allí no había nadie de Jerez, no había escuchado ni por asomo ningún acento andaluz, solo veía personas con chilabas, turbantes y gorros fez de todos los colores en la cabeza.

«En el ambiente se olían que habían *quemao* especies dc hierbas de por allí, y también venían hasta mí aromas de comidas que no eran a las que yo estaba *acostumbrao,* estaba claro que aquel hospedaje lo único que tenía en común con Jerez era el nombre. Aquello estaba lleno de marroquíes, las habitaciones despedían un vaho de sudor y cierre permanente, había en ellas tantos chinches como en una zahurda. Los nativos paseaban por los pasillos, tomaban té en alguna mesa mal colocada en las encrucijadas de las galerías, en rellanos que había entre las habitaciones, muchas de las cuales tenían las puertas abiertas y se veía desde fuera un movido trasiego de personal que entraba y salía de las mismas, y un murmullo *provocao* por su forma de hablar, con ese deje que tiene los moros hablando».

Inmerso en aquel ambiente rarificado, se arrepintió de haber parado en aquel extraño hospedaje, ni que decir tiene que aquella noche que pernoctó en él ni siquiera pudo conciliar el sueño, sentía un temor indefinido, como una extraña sensación de congoja cada vez que llamaban a la puerta de su habitación, algo que ocurrió en varias ocasiones tal vez por confusión. Ello era debido a su condición de persona frágil, pusilánime y a la legendaria crueldad y sadismo de las harcas rifeñas que tanto se había propagado por los pueblos de Cádiz desde la Guerra Civil. Claro que eran otros tiempos, pues fue una época negra y trágica de la historia de España, en la que habían protagonizado los actos más crueles inimaginables, desde las lejanas guerras en el Protectorado hasta nuestra sangrienta Guerra Civil.

Había sido absurdo pasar por Tánger para viajar hasta Gibraltar, pero así lo determinaban las leyes en aquel tiempo. Gibraltar era a todas luces territorio extranjero y al obtener el visado en Algeciras no había ninguna combinación directa hasta Gibraltar, sino un barco hasta Tánger y de ahí a la colonia británica. El hotel *Queens Hotel* de esa ciudad había sido fundado algunos años antes, en 1954, dicho hotel constituía una importante empresa dedicada al turismo. Estaba dispuesto de cierto bar salón ornamentado con arcos tradicionales y rematado con un techo de vigas de madera bajo el cual, se celebraban actuaciones todos los días, especialmente de cante y baile flamenco.

«El mánager Jesús Antonio Pulpón se había *acostumbrao* a que cuando facilitaba espectáculos flamencos a los cruceros de Ybarra, el guitarrista, además de tocar, solía también cantar. Él sabía que yo hacía mis pinitos cantando, de modo que, por un mal *entendío*, cuando me proporcionó el contrato en el hotel *Queens* de Gibraltar, pasó por alto advertirme de la necesidad de que yo cantara y, cuál no sería mi sorpresa cuando me vi en el trance de tener que cantar, además de tocar la guitarra.

—Haga usted la salida de los caracoles —me dijeron cuando iba a tocar, y yo comencé por ese palo.

—Que haga usted la salida de los caracoles.

—¿Pues no te la estoy haciendo?

—No, la queremos cantada.

¡La mare que parió a Pulpón! los tíos se ahorraban el cantaor, y era el propio guitarrista el que tenía que cantar, y tuve yo que hacer la salida de los caracoles, y también recuerdo que canté una caña: "Carmona tiene una fuente" y *to* cuanto hizo falta.

Ahí me la dio *doblá* Jesús Antonio Pulpón, pero después, he de reconocer su mérito y su ayuda a los compañeros artistas. Referir que con frecuencia te lo encontrabas en los festivales de verano en la década de los ochenta, con una carpeta bajo el brazo y haciendo cuentas sobre ellas con un bolígrafo. Pues iba a los festivales a abonarnos nuestros honorarios, él se llevaba un porcentaje fijo de nuestro caché. Fue una persona a la que se lo debemos todo, hizo muchísimo por los artistas, quitó mucha hambre en el mundo del flamenco. Estableció los festivales de verano, que cada pueblo organizaba con su peña flamenca y su municipio, con lo cual, nos dio a ganar mucho dinero. En la actualidad, desde que desapareció, nadie lo recuerda apenas, no se le reconoce nada de eso. Les compró a muchos compañeros un piso, dándole las entradas e incluso ayudando a pagarlos».

Parte del hotel *Queens* había sido un cementerio, lo cual era lógico dada su ubicación en la calle Boyd, entre el cementerio de Trafalgar y los jardines botánicos de Gibraltar.

«Cuando la colonia pertenecía todavía a España parte de este cementerio se extendía hasta el suelo donde estaba construido el hotel, de modo que sabe Dios si yo estaba allí actuando por encima de restos humanos.

Yo me alojaba en los sótanos del edificio, y había allí una habitación *mu* grande que tenía un piano viejo que yo aprendí a aporrear sirviéndome eso *pa* familiarizarme con las notas del *teclao.* Todo en la vida te sirve, y la familiaridad con aquel teclado viejo, también contribuyó a enseñarme algo más de música.

El *Queens Hotel* de Gibraltar, *mencionao* a sí mismo como "el único hotel económico de Gibraltar" estuvo abierto al turismo durante sesenta años, y allí estuve yo viviendo medio año como huésped, en 1958».

Pero Gibraltar estaba lejos, demasiado lejos para entroncar allí la carrera de un músico hiperactivo como era Paco Cepero, de modo que transcurridos esos seis meses volvió a Jerez trayendo en su cabeza un inglés fluidísimo, pues además de la base que tenía, durante su estancia en Gibraltar, intensificó sus conocimientos de inglés, porque el hotel *Queens* era un hotel británico.

Al volver a Jerez a renglón seguido, por intercesión de su padre, el cual trabajaba en la base norteamericana de Rota, Paco Cepero acabaría, tocando también en el club de oficiales de dicha base otros seis meses. Ya consolidada su relación con Chari, iba y venía a diario para verla en una motocicleta, echaba a rodar por una carretera que acortaba el trayecto entre Jerez y Rota, la cual acabaría siendo la carretera principal, pero en aquella época era un camino atroz repleto de baches que se convertían en charcos sucios cuando llovía. Sin embargo, Cepero no perdía puntada y venia incluso los días de aguacero, en los cuales, entre salpicones y saltos, acababa empapado hasta el tuétano.

A pesar de ese rodaje por Gibraltar, el primer contrato legal, es decir, el primero de todos, lo firmó juntamente con Manolo Sanlúcar a través de un intermediario, Agustín Vega, y tuvo lugar en el Real Club de Tenis de San Sebastián, muy cerca de la playa de Ondarreta, donde se lucían los primeros bikinis de la época.

"Recuerdo que dormía con El Sernita en una habitación con cama doble donde me costaba dormir y el *lavao* de ropa veinticinco pesetas. Comía y cenaba en una casa llamada la Mami, que consistía en un bodegón, este me costaba cuarenta y cinco pesetas, cuando yo ganaba entonces trescientas pesetas al día. Yo era menos estudioso de la guitarra que Manolo y prefería mirar las mujeres que se paseaban por la playa en bikini, fíjate tú que eran los primeros bikinis que se vieron en España, cuando en las demás playas las mujeres estaban *toas tapá,* Manolo siempre ha *sío* un estudioso empedernido de la guitarra.

—Ven que te voy a poner "Recuerdos de La Alhambra" —me decía.

—Yo me voy a ver tías, qué coño voy a coger ahora "Recuerdos de La Alhambra".

—No te gusta la guitarra.

—Que sí me gusta, *joer,* pero yo prefiero ahora ver gachís.

Después al año más o menos, a finales de los años cincuenta, La Paquera se quedó sin sus guitarristas Juan y Manuel Morao. Se fue *pa* Jerez deseando encontrar un guitarrista, y allí en Jerez se hizo una fiesta y Paco Caeta, que era pescadero, Gabriel Cuñado, que tenía una gestoría y don Luis Carvajal que tenía una tienda de electrodomésticos en Jerez llamada Quicar, le dijeron a La Paquera.

—¿Por qué no hablas con el chiquillo de Cepero?

—¿Quién es?

—Ceperito, el hijo de Cepero, que le ha *tocao* a to los gitanos cantaores de Jerez y también ha *actuao* en Gibraltar y Rota, toca *mu* suelto, y acompañando es el mejor.

Entonces fui *contratao* en la compañía de La Paquera, llamada "España por Bulerías", la cual se dedicó a hacer una gira por toda España, allí coincidí con Juan Peña El Lebrijano. Juan vino de guitarrista hasta que La Paquera lo escuchó cantar y lo puso a cantar. Éramos un espectáculo ambulante que nos recorrimos *to* los pueblos y ciudades de España, venía Luisita Capmany, Niño de Córdoba, Barrilito, figuras del baile como Pepe Ríos de Morón y Pepe Alcalá y la pareja Andrés y Lina. Se iban agregando otros como Chocolate y su *cuñao* Farruco el viejo, los Hermanos Toronjos, que estaban en todo su apogeo y otra gente más.

No eran tiempos fáciles pa los artistas, viajábamos de un pueblo a otro en un autobús, recorriendo *to* los días un montón de kilómetros, con lluvia, nieve, y de *to*. Una vez tuvimos que estar en Ávila una semana por una nevada que cayó. Se nos acabó la madera de la estufa en la pensión. —¡Qué frío Paquera, qué frío! —le decíamos.

—¿Frío? —contestó ella— aquí hasta los ratones tienen chaleco.

Cuando llegábamos a los pueblos nos poníamos en contacto con las autoridades *pa* que nos dieran el permiso *pa* el espectáculo, y La Paquera arrendaba el local donde se iba a actuar. En una ocasión llegamos a un pueblo de Sevilla y teníamos que actuar en un local en donde no había ni una silla en el patio *pa* el público, se lo dijimos al alcalde y nos respondió: no os preocupéis, lo que pasa es que en este pueblo cada uno se lleva su silla a los espectáculos.

Aquella situación no era sostenible, y fue solo durante unos meses cuando yo fui con dicha *tournée* por nuestro país, pasando Francisca al año siguiente a actuar en la sala de fiestas madrileña York Club, momento en que yo entré a formar parte de otra compañía, la del veterano e insigne cantaor Manuel Ortega Juárez, Manolo Caracol».

Este gran exponente del cante formó pareja artística con Lola Flores, en 1943, dando lugar al espectáculo *Zambra,* el cual perduraría durante varios años y le granjeó tanta fama a la pareja que incluso se llegaron a filmar dos películas protagonizadas por ellos: *Embrujo,* en 1947 y *La Niña de la Venta,* en 1951. Ese año se deshizo la relación entre ambos artistas, y en ese momento, Caracol formó su propia compañía, donde llevó consigo a la bailaora Pilar López, y que hizo una gira por América hasta 1958, cuando vuelve a España y estrena el espectáculo, *La Copla Nueva,* en el cual, presenta como cantaora a su hija mayor, Luisa Ortega esposa del pianista flamenco Arturo Pavón.

Durante la existencia de este espectáculo, son los guitarristas Juan y Manuel Morao los que ahora se van de la compañía del maestro sevillano para actuar con Antonio Ruiz Soler «El Bailarín». Ambos estaban emparentados con Cepero.

«Y gracias a esa cercanía, me llamaron *pa* que los sustituyese tocándole a Manolo Caracol, el cual, me probó en una estancia en Algeciras, porque ellos abandonaron la compañía. Me mandó a llamar Juanito el Morao.

—Paquito vente *pa cá* que te vas a ir con tío Manuel, tú vas a ganar igual que yo —y aquello se me quedó a mí grabado.

—¿Cuánto ganas tú?

—Cuatrocientas veinticinco pesetas.

—Vale

Entonces me dio mi *pare pa* irme en el autobús a Algeciras. Caracol estaba en el teatro donde yo, con *toa* la humildad tuve que ir *pa* que me probara. Me sentía como alguien que se iba a examinar *pa* ver si era apto o no apto. Pensaba Dios mío, si me dice que no dejo la guitarra y me dedico a otra cosa. No se trataba de un cantaor cualquiera, por algunos estaba *considerao* el mejor, era el más grande de los artistas, y ahora había vuelto de recorrer el mundo. Yo me sentía insignificante a su *lao* y ahora era ese super hombre el que iba a determinar si valía o no *pa* el mundo del arte. Aquello era una decisión tremenda, era mi gran prueba. Cuando me examinaron *pa* darme el carnet de artista fue un hecho insignificante *comparao* con esta prueba. Aquello no había *sío* más que un mero trámite, pero esto sí era gordo, y si era favorable podría respirar tranquilo el resto de mis días, podría darme por satisfecho, pero si me desestimaba como acompañante me hundiría *pa* siempre, porque el mejor cantaor que había iba a decir si yo servía *pa* acompañar el cante o no servía. No era cualquier cosa, intentaba tranquilizarme pero me recomían los nervios. Era superior a *to* lo anterior, era lo definitivo que o bien me lanzaría triunfante al mundo del espectáculo o bien me hundiría en mi fracaso definitivo. Manolo Caracol era un cantaor excepcional, un artista buenísimo, sabía cantar y *mu* bien por *to* los palos del flamenco. Era el único que lograba poner el vello de punta a muchísimos *aficionaos*, mucho más que Antonio Mairena incluso, porque no era un cantaor de estudio sino de plena inspiración, su cante no estaba ni mejor ni peor hecho, su cante te arañaba el alma, te revolvía las entrañas. Se había *desviao* algo del flamenco, quizá por la comercialidad *pa* darle al público no entendido algo nuevo y no aburrirlo, pero en el flamenco era un peso *pesao*, mucho más que eso, ¡era el mejor! Sus fandangos no tenían comparación, la bulería y la soleá, por seguiriyas era un monstruo, *pa* rabiar, mejor no se podía cantar en este mundo. Ahora se iba a apoyar en mí, el que lo iba acompañar, a darle los tonos que indicarían su eco, el compás en el que se tendría que mantener *pa* rematar sus soleares, sus bulerías. No sé ni como era capaz de presentarme ante esa eminencia, pero la vida era intentarlo *to* o morir, si no tenía lugar aquella prueba ya podía irme directamente a la calle, a la fuerza tenía que dar a mostrar mi valía. Estaba claro que la alegría de que el maestro diera el visto bueno no tenía comparación con la tristeza que me esperaba si no me cogía, fuera lo que fuera tenía que salir cuanto antes de aquel atolladero. Estaba en una estancia solo, cuando apareció el yerno del maestro, Arturo Pavón, un auténtico músico, el cual había *acompañao* también al artista en numerosas ocasiones.

—¿Tú eres Cepero no? Pues acompáñame te va a probar Tío Manuel — me dijo *na* más verme.

Lo acompañé hasta la presencia del maestro. Yo lo conocía de haberlo visto en fotografías de carteles, de haberlo oído en la radio, pero era la primera vez que tenía esa leyenda de figura frente a frente. Casi no quedaron fuerzas *pa* sujetar el estuche de la guitarra, pero no cesaba de repetirme a mí mismo "tú tranquilo Paco, tú asiéntate en tu sitio, no pierdas tu autoestima, compórtate como lo que eres: un verdadero artista, no te vengas abajo por *está* ante nadie ni por nada".

—Toca un poquito por soleá —me dijo directamente.

Hablaba así ronco y pasota..., hice el cuerpo de la soleá y un par de falsetas.

—Un poquito por seguiriyas.

No abrió la boca a cantar, era de esos cantaores que daban por *sentao* que el que toca bien solo la guitarra, debe saber acompañar.

—¿Sabes carcelero? —prosiguió.

Le reproduje la música punteando...

—Ahora hazme las cuarenta.

También le hice la música de la canción.

—Ahora a ver, hazme un poquito por bulerías

—Ok —me dice Caracol con ínfulas anglosajonas.

Acto seguido se marchó sin tener ni siquiera la cortesía de decirme si le había *gustao* o no con actitud chulesca. En aquel momento me sentí totalmente confuso, pero *pasaos* unos minutos, me generé fuerzas *pa* hacerle frente, y si antes pensé que su negativa sería como echarme del mundo del flamenco, ahora pensaba que dijese lo que dijese me iba a mantener inamovible. *Pasaos* unos quince minutos vino nuevamente Arturo Pavón.

—Mira, que le ha *gustao* mucho a tío Manuel y te vas a quedar con nosotros, tú *va* a ganar doscientas cincuenta pesetas —me dijo.

Eso tocó el límite de la humillación, y entonces fue cuando me repetí: "No pierdas tu autoestima...".

—No, yo voy a ganar cuatrocientas veinte y cinco pesetas, igual que mi primo Juan —tal y como lo pensé se lo solté.

Aquella circunstancia *pa* mí era un despropósito tras de otro, y no estaba dispuesto a achantarme, ni ante Manolo Caracol ni ante nadie. Se fue Arturo Pavón sin decir nada, yo me quedé esperando lo peor, pero ya me daba igual, hacía solo unos minutos había *sufrío*, me había *echao* por tierra a mí mismo ante aquel gigante del mundo del arte, pero su actitud considerándome como una mierda me dio valor *pa* resolver lo que fuera. Pasó a darme igual que me contratara o que no me contratara, y así le endosé aquel mensaje a Arturo Pavón consecuente con las circunstancias que fueran. Arturo Pavón debió darle aquella razón al maestro, que molesto y adoptando nuevamente una actitud de despotismo abrió la puerta del camerino.

—Niño te voy a decir una cosa, tú le tenías que dar la gracia a tu primo Juan, porque yo soy Manolo Caracol. —me dijo con toda su soberbia.

—Pues si usted es Manolo Caracol, yo soy Paquillo Cepero —le solté sin pensármelo dos veces.

En ese momento, se pegó dos guantazos en la cara.

—¡No lo he visto más *desahogao*!

Y me fui con ellos en su compañía donde pasaría dos años de mi vida recorriendo escenarios de toda España y el mundo».

En el año 1963, se disolvería la compañía y pasa a fundarse en Madrid el tablao "Los Canasteros", situado en la calle Barbieri número 10, y siguiendo la inercia de su trabajo ambulante, y estando Caracol satisfecho con su proceder con la guitarra llevó a Paco Cepero a su nuevo negocio.

Recién abierto Los Canasteros y asentado en Madrid, ya Cepero se hizo a la idea que aquel trabajo sería indefinido, además, después de haberle tocado la guitarra a tamaña figura del flamenco como era Manolo Caracol, supuso que no le faltaría trabajo, y menos en la capital de España. A Madrid todo el mundo acudía para ganarse la vida, allí a diario se daban espectáculos flamencos para los turistas que acudían y fue en Madrid, donde Cepero decidió formar una familia estable.

«Yo me casé el 13 de abril de 1963 en la Iglesia Colegial de Jerez, un Sábado de Gloria, con *to* los santos *tapaos*. Chari con un vestido que le hizo su hermana, el gorro lo alquiló en un sitio donde los alquilaban. Lo único que tenía de ella, era el ramo de flores que se lo regaló mi *compare* Joaquín. Yo me casé con el único traje que tenía, que parecía un espejo del barniz de la guitarra. Después de la boda, nos reunimos mi pare, mi *mare*, mi suegro, mi suegra, Chari y sus hermanos. Abrimos una botellita de vino, nos tomamos unas aceitunitas, una tapita de chorizo y una tapita de queso, y ese fue *to* el ágape. En 2013, celebramos las bodas de oro, y como ya podíamos más, ella tenía un vestido precioso y yo también me vestí con un hermoso traje. Acudieron mis hijos, nietos, toda mi familia y amigos. Lo celebramos por *to* lo alto.

Así comenzó mi carrera artística, bendita la hora de la reyerta en la bodega, bendito brochón de tinta roja en aquel humilde traje de pobre. Si yo no era más que un mandadero, ¿por qué aspirar a más?».

Las frases del políglota Señor Martin, ¿el interés simple o el compuesto con que desplumar a un cliente mediocre?, ¿no tenía mayor esencia la voz del Batato, el Serna o tío Borrico?, ¿no dolía mucho más la voz de Terremoto?, su trabajo le había costado, pero por fin había ganado más apremio y exactitud en el compás. Las horas amargas en las cuales se le había caído la cara de vergüenza por no acompasar bien ni la soleá, ni la seguiriya, ni por supuesto, los variados cantes con compás común: la bulería, la bulería por soleá, las alegrías, los mirabrás, las romeras, etcétera. Esas horas ya pasaron.

Qué misterioso el arte que modula la voz del que embiste de un día a otro a cualquiera, sin que se mueva una nota con la guitarra, qué misterio el de la guitarra que para una misma melodía admite tantas variaciones y todas encajan como guante que se amolda a una mano. Qué voluptuoso un arte que recorre un bucle por distintos caminos pero que siempre cierran de la misma forma. Qué diferencia entre las voces dulces y la rancias o negras, qué baño de júbilo, que impregnación sale de una garganta dulce como la del Niño Gloria como la de Manuel Vallejo, El Sevillano, o el mismísimo Camarón y qué dislate, qué herida con más muñones sangrantes las voces de Caracol, Fernando Terremoto, Tío Borrico, Tía Anica La Piriñaca o Fernanda de Utrera. Había ensayado el compás de la soleá a diferentes velocidades. Las había practicado cuando memorizó las soleares de Frijones y de Utrera, las de Cádiz, las soleares de inicio con las que el cantaor comenzaba en su andadura flamenca tras el ayeo. Al principio intentó acompañarse un trasunto del mismo que había pillado de Tío Borrico, pero no era exacto,

«Tío Borrico era un cantaor más irregular, tan anárquico que no te hacía dos veces iguales el ayeo, y por más que yo prestaba atención al oído *pa* quedarme con la copla, nunca mejor dicho, se me enredaban las sílabas de salida y no conseguía cuadrarla».

Sin embargo, memorizó algunas melodías de inicio, pues, aunque inexperto, no era raso en la música, antes bien, había sido un alumno aventajado de Rafael del Águila, y no había mostrado previamente, menos adelanto en el par de clases que recibió del brujo de la guitarra, de manera, que a solas y con voz de falsete, entonaba «a la madre mi alma, lo que la camelo yo, porque la tengo presente, *metía* en el corazón», ese soniquete sí se le quedó en el oído, era más sensual que el otro que cantaban: «A quién le contaré yo, las penitas que estoy pasando, se las contaré a la tierra, cuando me estén enterrando», mucho más vasto y más terroso. La otra salida, que decían que era de Cádiz resultaba mucho más sensual, pero ¿qué más daba si las dos eran idénticas en el compás? Eso eran los misterios del flamenco.

7. EN AQUELLOS TABLAOS DE MADRID[5]

Francisca Méndez Garrido, la inmortal Paquera de Jerez, tenía formada su compañía a finales de los cincuenta y primero de los sesenta, sus guitarristas eran los Moraos, los cuales, optaron por irse a tocar con Antonio El Bailarín. En la compañía de La Paquera, entre otros artistas bailaba Farruco, un bailaor heterodoxo, de inspiración, que con su cintura transmitía éxtasis y autenticidad, criado en las más arcanas raigambres del pueblo gitano, y de este pueblo, portaba en sus rasgos sus atavismos, su honra, su norma, sus inalterables costumbres, pero también su extravagancia y su violencia, rasgos dibujados en su semblante, arrastrando consigo una leyenda de la que no siempre salió bien parado, pero fuese como fuese, nadie duda de su buen hacer en el baile flamenco.

«Yo era todavía un niño, me llamaban Ceperito, y comenzaría con esta compañía un buen día de 1958 en el teatro Falla de Cádiz, a la edad de dieciséis años, ahí comenzó a forjase mi figura guitarrística que daría mucho que hablar décadas después».

A mediados del siglo XX, Madrid era el mayor emporio del arte flamenco, en una época en la que España estaba

5 Hace 50 años... Los tablaos históricos de Madrid. Estela Zetania. Revista DeFlamenco.com

resurgiendo de su decadencia en la postguerra, del hambre de víveres y de venganza. Madrid representaba la insignia de una nación aperturista al resto del mundo, donde tendría lugar una cálida acogida al turismo de la época, bajo el eslogan: «España es diferente». Madrid se convirtió en uno de los símbolos de la hospitalidad española al extranjero de a pie, ofreciéndose en rica gastronomía del país, acompañada siempre de folclore.

El Ministerio de Información y Turismo se encargó de subvencionar la apertura de más de una decena de locales o tablaos flamencos en la capital de la nación. A ellos se llevaba por las noches al turista después de una programada ruta por el Museo del Prado, El Palacio de Oriente, La Plaza Mayor, El Escorial o el Valle de Los Caídos.

Los tablaos se convirtieron así en santuarios flamencos donde el artista ofrecía el holocausto de su buen hacer, dando a probar el gusto por las voces más palpitantes de una tierra que les quedaba lejana: la Baja Andalucía. Era una época en la que caer bien en el extranjero interesaba más que difundir la cultura andaluza, por eso tuvo lugar un éxodo desde Andalucía a Madrid, desde el origen al centro de una nación en la que hacía poco más de veinte años, nos habíamos matado los unos a los otros. De esta forma, aunque no interesaba solo al turista, era una preferencia ofrecer el flamenco a este, el cual tendría prioridad sobre la afición española, por eso los tablaos se ubicaban en Madrid y no en Triana, Jerez o Cádiz; no en tierra nativa, salvo honrosas excepciones. Fue como una embajada de Andalucía clavada en plena Castilla, de esta forma se ahorraba al visitante desplazarse hasta el Sur para darle una muestra de la intimidad y la pureza que se cocían aquí abajo, con la chirriante deferencia de mostrársela en el centro del reino, y de esa forma, se amputó el tramo que conducía hasta el sur, teniendo lugar a cambio, el éxodo de los legítimos portadores del arte al epicentro geográfico del país. Ahora Madrid era el núcleo del flamenco en esos años, porque la tierra nativa del flamenco, Andalucía, que es la madre, no era tenida en cuenta. Eso hoy no pasa por la ubicuidad de esta cultura. Sin embargo, si existe un desamparo por los organismos oficiales acerca del flamenco, del cual, presumen que es *Patrimonio de la Humanidad,* no obstante, no arriman para nada el hombro en lo que a su conservación respecta. Paco Cepero nos refiere:

«No hay derecho a que eso sea *generalizao,* habría que cuidar a artistas que no tienen *pa* comer, eso tendría que estar *regulao* por los que mandan, sean los gobiernos del color que sean, tendrían que ayudar a los artistas, puesto que en la actualidad son las peñas flamencas las que están manteniendo al flamenco. Son los socios, con sus cuotas, no existe otro tipo de ayuda».

Los tablaos fueron el punto de inflexión que redirigió al flamenco de los espectáculos a las peñas flamencas y los festivales veraniegos, que, con mucha más legitimidad, sí tendrían lugar en el terruño. Resulta curioso que un flamenco ideado como efímero entretenimiento al turismo, como resorte de una economía que empezaba a resurgir en el país, se convirtiera sin que nadie lo planease en una especie de servicio militar obligatorio por donde todo artista flamenco que se valiera de serlo tuviera que pasar.

El tablao en aquellos años resultó ser mucho más que la fuente de ingresos que mitigaba el hambre del artista, más que una inyección de capital para el sector de la hostelería y en última instancia para el Gobierno y la nación. El paso por los tablaos fue una etapa imprescindible que acrisoló los mejores veneros del arte flamenco, un rodaje que tendría como consecuencia una de las épocas más doradas del gran arte gitano-andaluz, como diría Antonio Mairena.

«*Mu* por encima del cante y del baile, *pa* mí los tablaos fueron la clave *pa* conseguir técnica y adiestramiento para la música, dotándome de cualidades que me hicieron un guitarrista con experiencia y, por tanto, contribuyeron a abrirme un sitio en la composición de la música española en los años siguientes».

A todos los profesionales del cante, el baile y la guitarra, que se atrincheraron en aquellas noches, no hacía falta pedirles el santo y seña, ni siquiera examinarlos para dilucidar su validez en este arte, pues se presuponía que, si habían sabido sobrevivir a aquel hosco y desabrido ambiente, se podían dar por aprobado. Aquella circunstancia sirvió de cribado para desechar, por cuestiones poco esclarecidas, a muchos de sus mercenarios y seleccionar a otros. Tras una o dos décadas de ampuloso prestigio, aquellos páramos de jornaleros del arte pasarían también de moda, sepultando para siempre a muchos miembros de su cofradía por no estar a la altura, por falta de sabiduría, afición, imagen, o sabe Dios qué cosas. La verdad es que, hubo una interminable lista de nombres que desfilaron y dieron su gracia entre aquellas paredes que desaparecieron para siempre sin motivo aparente. Nombres como el Indio Gitano, Curro Fernández, Adela La Chaqueta, El Yunque, Juan Cantero, José Salazar, El Boquerón, Chaleco, Dolores de Córdoba, Manuel el Flecha, Martín Revuelo, Talegón de Córdoba, Perico Sevilla, Cancanilla de Marbella, El Boina, Calderas de Salamanca, La Bronce, Javier Cortés, Fernando Gálvez, Gitanito de Vélez, Enrique el Extremeño contados así de memoria, sin profundizar mucho, fueron liquidados del panorama flamenco del país para siempre, en clara oposición a otro grupo, compuesto por cantaores como Juan Villar, El Turronero, Chiquetete, El Lebrijano, Camarón de La Isla, Pansequito, Fosforito, Meneses, Enrique Morente, Paco Toronjo, y tantos otros que pasaron a la historia como artistas consagrados, los cuales fueron artífices de aquella caterva de cantaores de la penúltima y riquísima era del flamenco en la última mitad del siglo XX. Hasta ahora hemos hablado solo del cante, pero lo mismo se podría decir de los y las profesionales del baile o de la guitarra, siendo esta última la que con más severidad se sometería a la gran prueba: el compás y la capacidad de acompañamiento por encima de la técnica depurada.

Casi de forma involuntaria al abordar el tema, siempre sale a la palestra el nombre de Paco de Lucía, el cual es paradigma y espejo en el que se miran todos los jóvenes que quieren dedicarse al toque flamenco. La figura de Paco de Lucía y la vertiginosa información de las redes, han hecho que absolutos noveles comiencen a tocar la guitarra aprendiendo cualquier falseta del maestro de Algeciras, cuyas tablaturas están en todos los rincones de *YouTube,* debajo de las mismísimas manos en directo del guitarrista.

Antiguamente, y para gloria del flamenco, esto no pasaba.

«Yo recomiendo a *to* el que se inicie en la guitarra flamenca que comience a tocar la guitarra después de aprender una o dos falsetas de los maestros antiguos, que escuchen muchas veces cantes como la soleá y la seguiriya. Después, que toquen primero sin voz siguiendo el compás, más tarde, que escojan a alguien que les cante para acompañarlo. Cuando sepan los tonos y el compás de cada cante, que practiquen el compás común de la soleá, bulería por soleá, bulería, alegrías, después del de la seguiriya que, aunque es más lenta, también tiene su compás y eso lo hacen hoy día pocos. Los cantes con ritmo como los tangos no son tan difíciles, y por último están los cantes libres, donde el compás no existe».

A lo que podríamos añadir que, si no tienen nadie a quien acompañar, que pongan grabaciones que existen para tal menester. Eso se llama comenzar a construir el edificio por los cimientos, primero hay que dominar el acompañamiento y el compás, y después aprender todas las falsetas que hagan falta, no a la inversa.

«Eso fue lo que yo hice en los tablaos durante dieciocho años».

Paco Cepero estableció un diálogo íntimo y oculto entre su musicalidad y el sonido de aquel ambiente madrileño, entre aquellas paredes, se sintió libre en ese palpitar nocturno que arrancó de él las arras de la creatividad, su armonía, sus picados, sus silencios, en definitiva, sus inminentes cortes melódicos que más tarde se desplegarían en el abanico de toda su música.

Trasladada la cuestión al mundo artístico, muchos que han sido primeros premios en diversos concursos tanto de guitarra, como de cante en general, se han visto privado de ese entrenamiento inicial con el que aquellos artistas fueron impregnados entre aquellas tablas.

El trabajo, según declaraciones de Camarón, era duro. Cantaba para bailar tres cuadros por la tarde, dos para extranjeros por la noche, y un pase final, en él cantaba en solitario junto a la guitarra de Paco Cepero, en la madrugada, para un público de entendidos y profesionales[6]. Ahí estuvo de público Paco de Lucía muchas noches.

«Paco de Lucía me escuchaba con frecuencia, cuando yo estaba en el Duende; y cuando me fui a Torres Bermejas, venía a Torres Bermejas. Porque Paco era un genio al que yo le gusté tocando, y venía en numerosas ocasiones para escucharme y contrastar sus ideas. Esto lo expuse yo en una entrevista y me dieron la del pulpo…, yo no me pongo por encima de nadie, y menos de Paco, Dios me libre, pero soy un guitarrista con cierto soniquete, a Paco de Lucía le gustaba cómo yo acompañaba. Yo complejos no tengo ninguno».

La inspiración entra a formar parte del artista flamenco desde el momento en que claudica la técnica. Esa era la importancia de los tablaos, que extendía una alfombra sobre la que el tocaor se paseaba ganando capacitación y creatividad a la vez.

En los sesenta, en aquel Madrid circulaban gran parte del casi medio millón de coches que había en todo el país entre *Seat Seiscientos* y *Mil Quinientos,* niños yeyés, canciones de Los Beatles, y películas del agente 007, grupos de turistas que viajaban en excursiones programadas para degustar la rica gastronomía, acompañada de folclore por la noche. Traídos para mirar embelesados una España diferente, de peineta y de mantilla, de toros y pandereta, de guitarra, cante y baile. Madrid contaba con decenas de tablados: Zambra, Arcos de Cuchilleros, Los Canasteros, Las Brujas, El Café de Chinitas, La Venta del Gato, El Duende, Corral de La Pacheca, Torres Bermejas, Cuevas de Nemesio, entre otros… Paco Cepero estuvo tocando en los Canasteros, El Duende, Torres Bermejas, y en algunos más, eran locales en los que los artis-

6 Carlos Lencero - *Sobre Camarón* - La leyenda de un cantaor solitario. Pagina 31

tas ganaban lo sucinto para llegar a fin de mes, por eso, se erigían como señores de la noche, porque a veces se prolongaban sus actuaciones en las ventas de la periferia hasta por la mañana, e incluso hasta el otro día, según hubiera o no quien financiara el asunto.

Sus decorados eran exóticos a veces, como el escenario de Torres Bermejas, rematado por arcos arabescos que evocaban palacetes de reyes moros con harenes de mujeres confinadas, o paredes encaladas al estilo raso andaluz, cuál era el caso de Los Canasteros.

El público que asistía a las funciones no era todo lo respetuoso que era menester con este egregio arte, el mismo Curro Romero atestigua:

«En Torres Bermejas había un plantel de artistas *mu* bueno, y la gente acudía porque los artistas que había eran de categoría, entre ellos estaba José, el chiquillo (se refiere a Camarón). Yo lo pasaba *mu* mal porque allí se daba de comer, y había un jaleo de cuchillos y de tenedores y, de cuando en cuando se oía una voz: "¡un whisky o un de esto!", yo lo pasaba *mu* mal porque es una falta de respeto, yo creo que no se puede estar escuchando cantar a Camarón y tú estar comiendo allí al *lao*.

Cuando terminaba decía José, "¿vamos a tomar una copa por ahí?" Y nos íbamos a una venta hasta por la mañana, llegábamos a las tres o las cuatro y estábamos hasta por la mañana o hasta el mediodía del día siguiente».

En palabras de José Blas Vega, «Andalucía era la madre y Madrid la comadrona». Allí comienza a sentar cátedra el flamenco ortodoxo de Fosforito, o el más dado a la deriva de José Meneses con las letras de Paco Moreno Galván, y también el caso de artistas y empresarios que propusieron otras formas de dar a conocer el flamenco, tanto en España como en el extranjero. De esta forma, partiendo de los tablaos, el Festival Flamenco Gitano hizo varias *tournée* por media Europa y América, que incluía a artistas como El Lebrijano, Matilde Coral, Rafael El Negro, Farruco, Antonio Arenas, Enrique de Melchor, Paco de Lucía y Paco Cepero. Fue una idea promovida por los managers alemanes Horst Lippmann y Fritz Raü, que llegarían a grabar actuaciones de la compañía entre los que se incluían los solos de Paco de Lucía[7].

«Yo comencé a tocar a Camarón en Torres Bermejas, y hay muchas versiones en los libros de Camarón, de cómo se conocieron Camarón y Paco de Lucía, una de ellas dice que ni yo ni Paco de Lucía le quisimos tocar en una fiesta que dio alguien de la familia Domecq. Otra refiere que yo le presenté Camarón a José Rebolo, y este a su vez a Paco de Lucía[8], *to* eso es mentira. Sea como sea lo que sí es cierto es que yo fui el primer guitarrista de Camarón, y de ello tenemos prueba en los documentales que Velázquez Gaztelu hizo en *Rito y Geografía del Cante*, por entonces, Camarón era un muchacho y yo le toqué en una taberna de Madrid, estando allí también *sentao* a la mesa Turronero y Paco de Lucía, que no toca ni *na*, solo hace el compás, al menos en la mayoría de los cantes[9]».

Entre tablaos como Torres Bermejas, El Duende, El Corral de La Morería, Los Canasteros, Zambra, La Venta del Gato, El café de Chinitas, Villa Rosa, y otros tantos, comenzó de verdad la carrera artística de Cepero el cual se inicia tocando siempre atrás, es decir, para bailar. Arropado siempre por los tonos del otro guitarrista, Cepero fue perfeccionando aún más el compás, metiéndoselo en los entresijos del alma. También fue practicando escalas con rápidos picados siempre en la armonía de los tonos que se estaban tocando, para lo cual, hay que tener desde luego un oído privilegiado. Así persistió durante dieciocho años en un rodaje que, con los años lo hizo aflorar como un más que adecuado guitarrista para acompañar a cantaores flamenco de una época dorada. Desde ese trasero paseó su pequeña mano por el diapasón, en los picados, alternando con índice y medio cualquier cuerda siempre que estuviera en armonía, arrastrando y sin

7 Juan José Téllez. *Vida y Obra de Paco de Lucía.*
8 Carlos Lencero. *Sobre Camarón. La leyenda de un cantaor solitario.*
9 Camarón y Paco Cepero. YouTube

arrastrar en las subidas, ahí se paraba y volvía a retomar la melodía creando música con los silencios, esperando siempre al cantaor y sabiendo solventar con él. Fueron demasiados años paseando su mano izquierda arriba y abajo sobre el mástil, parando en seco los remates que terminaba después de meter el pulgar y los otros cuatro dedos, o los otros cuatro solos, de manera que creó sus conclusiones definitivas, cobijado, escondido del público, deslizándose por el diapasón con absoluta impunidad, como ladrón que esquiva las fuerzas del orden, como presa que burla su depredador. A veces con la valentía de quien se enfrentaba al público como uno se enfrenta a un toro, por eso, no se pone nervioso cuando toca acompañando a un cantaor, fueron tan inalterables sus soportes que jamás se puede derrumbar acompañando.

Con la clausura de la compañía de Manolo Caracol, tiene lugar la apertura del tablao Los Canasteros, ubicado en la calle de Barbieri n.º 10 de la Villa y Corte de Madrid, donde Cepero inició su carrera.

Así comenzó su primera etapa como artista flamenco y una de las más importantes, pues mantendría relación con la flor y nata de las voces más notables de este mundo sublime: Turronero, El Lebrijano, Juan Villar, Camarón, Sordera, Pansequito, por nombrar algunos así a vuelapluma.

El salario de los artistas, como se ha dicho, no era desbordante, Cepero observó cómo había otros guitarristas que ganaban más que él. Supo el motivo, y como no podía ser de otra forma, se las ingenió para no ser el más perjudicado, así que encausó su conducta según la escuela del hambre y la necesidad.

«Yo me acuerdo de que estaba en Los Canasteros y llamaban a *to* los guitarristas a *toas* las fiestas y a mí no me llamaban, digo coño, pero si yo toco mejor que ese, ¿por qué lo llaman a él y a mí no? Los llamaban porque cantaba rumbas, y ¿por qué no voy a cantar yo rumbas? Entonces empecé a entonar por rumbas fíjate, entonces ¿qué hacía yo? *Cogía* to los éxitos que salían de Armando Manzanero, Matt Monro, y en el tablao, los jaleos de entonces eran… «sardinita que ya no se escapa», y salgo yo a cantar: «quizá no supe hablar cuando debí, hay algo en tu mirar que nunca vi», y de esa forma me puse a cantar ese tipo de temas, resultando que, cuando ganaba Manolo Sanlúcar en Las Brujas quinientas pesetas y Serranito en el Corral de La Morería otras quinientas pesetas, ya ganaba yo dos mil quinientas pesetas en el tablao. Hacía dobletes y tripletes, me iba al *King Club*, que estaba un poquito más arriba que Torres Bermejas, o al Zaíro, y yo tocaba un popurrí como ese que está en *YouTube* donde toco el principio del *Concierto de Aranjuez* y la banda sonora de *El Padrino* en trémolo y esas cosas que yo me montaba. Me dice un día Paco de Lucía al verme:

«Como tú tocas la guitarra…, ¿por qué tocas esa mierda?».

Pero en cierta ocasión toqué eso mismo en El Zairo y detrás de mí, salía Lola Flores, cuando terminé y me fui, comenzó a decir la gente, «¡Otra, otra, otra… !», coño que se tuvo que meter Lola *pa* dentro, fíjate Lola como era, entrar ella y decirme…

«Anda niño, saluda y haz otra».

Me fui a trabajar a Madrid en 1963, primero estuve viviendo de pensiones. La madre de Julio Aparicio me buscó un cuartito en una pensión cuya dueña era una señora de Lepe, y no estando conforme allí, más tarde nos dieron otra habitación con derecho a cocina, después, nos fuimos a una pensión en iguales condiciones, cerca de Los Canasteros *pa* no tener que coger taxi ni *na*, en la calle Infanta de Madrid. Sin embargo, la dueña de esta última pensión, la gachí, cuando se quedó mi mujer embarazada nos dijo que teníamos que irnos no se fuera a manchar el colchón, de forma que nos echó de la pensión. Yo me fui llorando, y me vieron así de *apurao, mu preocupao*, los guitarreros, los de Conde Hermanos

—¿Qué te ocurre chico? —me dijeron.

—Me pasa que me han *echao* de la pensión.

En ese momento la madre de ellos estaba allí,

—¿Coño por qué no le dais el apartamento de Julito? —dijo.

El apartamento de Julito estaba en la calle San Raimundo, se trataba de una habitación con una cocinita *mu* chiquitita y el dormitorio. Cómo sería el dormitorio que el Cristo lo tuvimos que poner con los brazos *pa* abajo porque no cabía con los brazos abiertos. No teníamos baño, sino una simple caldereta de zinc y un estropajo. ¡Cómo en aquella época! Allí nos cobraban mil pesetas al mes de alquiler. Con posterioridad compré un ático en la calle Infanta Mercedes, ya *pegao* a la Castellana, y esa fue mi primera vivienda en propiedad. Más tarde, adquirí el ático colindante y uní ambos, obteniendo como resultado una media finca, ciento ochenta metros de terraza, con plaza de garaje. Y finalmente, cuando más dinero manejé, me compré una parcela con un chalet grandísimo, incluida piscina olímpica y jardín, estaba *ubicao* en la urbanización Las Lomas, entre Boadilla del Monte y Majadahonda».

En 1963, tras contraer matrimonio, Cepero marchó a Madrid junto a su esposa, cuando la vida no era nada fácil para un artista flamenco, cantaores como Manuel Soto El Sordera, Camarón, Juan Villar, etcétera, se vieron obligados a emigrar a Madrid porque en Andalucía no había vida. Muchos de los artistas asentados en la capital, convivieron en pensiones donde pasaban la mayor parte del día con sus respectivas familias, algunos de aquellos albergues han marcado parte del anecdotario de sus vidas.

"Existía la pensión llamada Iliturgi, en la calle Huertas, detrás de la plaza de Santa Ana, donde nos hospedábamos Chari y yo junto a otros artistas, como la familia de María Vargas, allí nos servían como almuerzo una sopa con cangrejos de ríos que a veces estaban tan crudos, que se salían de los platos y andaban por la mesa. La comida era tan escasa que yo le cambiaba a un estudiante de derecho canónigo los garbanzos por el postre. El hambre era tal que, a eso de las seis de la tarde, acudíamos a un local, La Suiza, en la calle La Cruz, donde tomábamos un vasito de leche con un trocito de brazo gitano *pa* mitigar un poco el hambre hasta la noche. El padre de María Vargas, sabía abrir el *candao* de la despensa, y cuando la dueña de la pensión no estaba le robaba *to* lo que podía.

—Si me faltan hasta las galletas, estos que se las llevan no son los ratones —decía la señora.

Y éramos nosotros, fíjate, nos poníamos *moraos* por la noche. Todavía en los años sesenta, se pasaba hambre en España. No existió cantaor en aquella época que no desfilara por aquel conjunto de tablaos y no estuviera *tocao* por la necesidad».

De esta forma Cepero recorrió todas las salas de actuaciones de España y quizá del mundo durante sesenta y seis años que se ha llevado de artista. Ha grabado ocho discos como solista e innumerables acompañando a grandes figuras del cante, ha compuesto en torno a ochocientas canciones, las mismas que tiene registradas en la Sociedad General de Autores Españoles (SGAE).

«Tengo que darle gracias a Dios por *to* lo que me ha *concedío*, pues en cada disco me ha dado un soplo nuevo de inspiración *pa* seguir componiendo. Tengo *to* los reconocimientos que ha de tener el mejor de los artistas. He *llegao* a tocarle a notorias personalidades del mundo, hasta el mismo papa Francisco, en un acto *mu* entrañable *pa* mí junto a María José Santiago, cosa que cuento en otro capítulo».

De todas las canciones que ha compuesto, al parecer, la mejor y más difundida de ellas ha sido la que hizo *pa* Lolita, la hija de Lola Flores, titulada: *Amor, Amor.*

7. PERSONAJES A LOS QUE HE CONOCIDO

DON PLÁCIDO ARANGO

Una persona que sentía gran admiración por Paco Cepero era don Plácido Arango Arias, el cual, llegó a ser presidente del premio Príncipe de Asturias, siendo más tarde vocal del Real Patronato del Museo del Prado. Fue filántropo y propietario de una enorme fortuna, donó valiosísimas obras y pinacotecas de su propiedad al Museo del Prado. Como actividad comercial, fue fundador junto con sus hermanos de la cadena de supermercados VIPS y Aurrerá. Dada su fortuna y afición al flamenco, Cepero estuvo con él en numerosas fiestas privadas y diversos eventos de todo tipo. Gracias a Plácido Arango el padre de nuestro guitarrista se jubiló con el cien por cien del reconocimiento de los años cotizados. Con una edad avanzada, setenta y cinco años, aún no tenía cotizados los años necesarios para jubilarse con todo el salario que le correspondía. Fue un favor que Cepero le rogó, con lo cual dio empleo a su padre para que cotizase el resto que le hacía falta, allá a principio de los ochenta. Nos lo narra de esta forma.

«Yo tenía mucha confianza con don Plácido Arango, mi *pare* tenía setenta y dos años y le faltaban tres *pa* jubilarse con una pensión completa, de modo que lo llamé reclamando su ayuda.

Este hombre daba fiestas, era riquísimo y a mi *pare* me lo colocó él porque mi pare todavía no había cumplido los setenta y cinco años.

—Niño habla con tu amigo —me dijo mi padre.

Entonces yo, tenía mucha confianza con don Plácido Arango y lo llamé reclamando su ayuda:

—Plácido, mira que yo te quiero pedir un favor.

—Tú dirás.

—Mira, que quiero que me coloques a mi *pare pa* que se retire como es debido.

—¿Qué edad tiene tu padre?

—Setenta y dos —hizo un gesto de extrañeza.

—Bueno, haremos lo que se pueda.

Entonces lo colocan y lo ponen de vigilante en los *supermercaos* de la cadena Aurrerá. Lo ascendieron y, como tenían confianza, él era quien recaudaba todas las cajas de *to* los Aurrerás y *to* los VIPS.

—Ea, yo me voy, que me den la cuenta que yo me voy— dijo mi *pare* cuando cumplió los setenta y cinco años.

De esa forma y con cierto recato se lo comuniqué al director de los *supermercaos.* Al poco tiempo me llama don Plácido.

—Paco, dile a tu padre que aguante un poco más, porque se quiere ir y de momento no encuentro a nadie que lo sustituya —me dice.

—Papá aguanta un poquito más hasta que te encuentren sustituto —le dije a mi *pare.*

—Que yo me voy, yo ya he *cumplío* setenta y cinco años y me voy ya.

Y tal como lo dijo lo hizo, pidió la cuenta y se marchó dejando su puesto vacante y sin cubrir, de forma que tuvieron que buscar con premura a otra persona que lo sustituyese.

De esta forma, mi *pare,* tras todos sus trabajos, consiguió retirarse con el máximo de años cotizados a la edad de setenta y cinco años».

En relación a su amistad con don Plácido Arango, decir que este invitó en ocasiones a Paco Cepero a unas playas privadas de su propiedad en México, en la ciudad de Acapulco[10], durante algunos días para pasar unas mini vacaciones.

Para orientar al lector sobre aquel ambiente debemos situarnos en lo que es aquella inmensa urbe. Acapulco es una ciudad portuaria turística, situada en la costa del Pacífico, cercana al estrecho de Panamá. En los ochenta, al igual que en el presente, era un hervidero humano turístico, donde se habían construido complejos hoteleros de alto nivel. Es como un caleidoscopio en el que se sucede lo excelso y lo ínfimo, la belleza y lo putrefacto, un emporio colmado de vendedores de comercio ambulantes, personal de servicio y pícaros, aristócratas y mendigos; personajes, lugares y circunstancias para todos los gustos. Hoteles de superlujo, y tugurios de mala muerte. Es una ciudad, un conjunto a modo de una vertiginosa espiral donde cabe todo, profesores y analfabetos, proxenetas y meretrices, guardaespaldas y ejecutivos, policías y delincuentes, mujeres que se pasean desnudas por la playa y tiburones en la orilla. Aquello está todo colmado de todo lo imaginable, es un bucle incesante, sin resuello. La confusión tiene lugar en cada entresijo de la vida y de la materia, estragos, violencias, desmayos, extenuaciones, jardines con hermosas plantas y muladares, y sus playas son el reflejo de todo cuanto se cuece mar adentro. Allí se encontraba Paco Cepero, desorientado, desnortado, expectante y extasiado ante todo aquel panorama totalmente nuevo para él, que apenas conocía otras playas que las de España, se alojaba en un bungaló que don Plácido le había cedido para que tuviera una estancia cómoda en aquella costa privada de Puerto Marqués. Observaba boquiabierto como las mujeres se paseaban desnudas con toda naturalidad por la orilla de la playa, indiferentes a los curiosos, porque no existían tales, sino que aquel sitio estaba destinado a personas pudientes, más que acostumbradas a todo cuanto se cuece en esa inmensa ciudad.

10 Ricardo Garibay. Acapulco. Prólogo.

Acapulco con el paso de los siglos terminó siendo un lugar para todo, donde todo tiene cabida, si hay un paraje en el mundo que lo admite todo es Acapulco. Con su clima tropical húmedo que da cobijo a un hervidero de gente, que nadie se pierda allí porque le costará salir aún con la ayuda de los mejores GPS.

Le habían dejado un carro de golf con un conjunto de palos de diferentes tamaños para que se entretuviera jugando lo mejor que supiera, golpeando con los palos a las pelotas y a veces, a la arena misma, donde dejaba un hoyo lineal por el golpetazo que daba.

«Yo ya sabía que Acapulco era una ciudad enorme con muchísima gente de todas clases, pero como iba *invitao* a una playa privada de don Plácido Arango en Puerto Marqués, no me importaba lo que pasara lejos de mí».

En un momento de aquella apacible estancia contempló el mar tranquilo, verdoso, cuando se acercaba a la orilla el agua estaba revestida de una cristalina transparencia y la temperatura debía ser excelente de acuerdo con aquel clima tropical.

«Cuando me invitó a una playa privada, de la bahía de Puerto Marqués, al llegar a Acapulco, estaba esperándome don Plácido en el aeropuerto.

—¿Paco tú conduces? —me dijo.

—Sí señor, conduzco.

Y me dio la llave de un *Beetle*, que era un *Volkswagen* escarabajo, lo seguí y me llevó a la playa, donde gocé de una estancia extraordinaria. Aunque pagué la novatada del cateto que se mete en un meollo como era aquello.

Fíjate tú, yo en aquella playa, a mí me dieron un carrito de esos de golf que son eléctricos, y le pegué tres o cuatro palos a la pelota, o a la arena, y yo me creí que estaba en Conil. Fíjate un cateto hace cuarenta y cinco años, yo allí con el carrito viendo las tías empelotas ¡Yo alucinaba! Entonces me digo, me voy a pegar un bañito, porque la orilla del mar estaba a menos de cien metros, y cuando me pongo cerca de la orilla escucho una voz: «¡Señor, señor!».

Digo será que me está llamando don Plácido Arango, cuando se acerca un guarda.

—¿adónde va usted? —me dice.

—Coño adonde voy a ir, a bañarme.

—Mire ¿no ve usted los letreros de que está prohibido bañarse?, ¿no ha visto usted las aletas de los tiburones a ras del agua?

En ese momento, caí en la cuenta de que el baño podría haberme *costao* la vida, me alejé con vergüenza y no se me ocurrió siquiera acercarme a la orilla.

Puerto Marqués es una extensa bahía que contiene playas privadas, puesto que en esa ciudad hay playas *pa* pobres y *pa* ricos.

Hubo otras ocasiones donde, mi viaje a México no fue directamente al aeropuerto de Acapulco, sino al de otra ciudad inmensa, la más grande del mundo quizá, la capital del país: el Distrito Federal.

En cierta ocasión en la que nos disponíamos a viajar desde el Distrito Federal a Acapulco me ofreció su avioneta.

—Paco vete a Acapulco en mi avioneta, junto a mi padre.

A mí no me hizo gracia eso en absoluto, aquello estaba *colmao* de gente, de coches, de barcos, de aviones y avionetas. No era de mi gusto montarme en una avioneta de esas endebles que con el mínimo defecto de su maquinaria se iban al suelo sin que se salvase ni un alma de los que iban volando. Además, yo no dejaba de escuchar noticias de estrellamientos de avionetas *to* los días, y con lo supersticioso que soy, pensé que iba a pasarme lo peor.

—Mira Plácido, yo te lo agradezco en el alma, tú me perdonas, pero sácame el billete pa el avión de línea y yo me voy a Acapulco en él, si no te causa mucha molestia —le dije sin titubear.

—Pero hombre, no digas esas cosas, no tienes nada que temer, si es que va mi padre, y ahí viajamos toda la familia.

—Sí Plácido, si yo te lo agradezco en el alma, pero yo te ruego por Dios que me dejes irme en el avión de línea.

Aquella vez coló y me fui a Acapulco en un avión de línea. Cuando llegamos dio una fiesta donde concurrieron importantes personas del mundo de las finanzas. Allí conocí a la mujer de Agnelli, el dueño de la FIAT, la cual se dirigió a mí en inglés.

—Where are you from?

—I'm from Spain, I play the flamenco guitar —le contesté.

En ese momento pasa don Plácido Arango por allí.

—Paco, ¡Qué buena pronunciación tienes con el inglés! —me dice

—Sí Plácido, si a mí lo difícil es entenderme en español —le respondí.

Y cuando terminó esa fiesta donde estaba esa señora, tenía que volver al Distrito Federal, y me dice don Plácido, Paco, aprovecha que va de vuelta la avioneta, que vas a ir solo en ella hacia el Distrito Federal. Esa vez me dio ya vergüenza y tragué. Mientras me dirigía en coche hasta el hangar iba con los nervios *destrozaos*, las rodillas apretadas y los dedos *entrecruzaos*, me acordé de todas las vírgenes y los santos que conocía. Paró el vehículo y antes de abrirse la puerta del hangar sentí una tensión que me hizo hasta temblar. Pero no he *sentío* nunca más alivio y desahogo que cuando me di cuenta de que aquello no era una avioneta, era un avión, un jet, que si estás de matarte te matas, pero con menor probabilidad, en comparación con las avionetas. Porque yo escuchaba en aquella época que se había *estrellao* el cantante Pedro Infante, al perder el control el piloto de la avioneta en la que viajaban, en Mérida de México, *mu* cerquita de donde yo estaba.

El avión privado tenía que viajar desde Acapulco al Distrito Federal y en ese momento iba yo solo de pasajero. Habiendo *despegao* del aeropuerto, me preguntó el piloto si había desayunado.

—Pues no.

Con lo cual, me ofrecieron un delicioso desayuno. Después me crucé de piernas en mi asiento, yo solo en todo el espacio de aquel aparato y me creí que era Onassis».

Paco Cepero nos refiere haberse desenvuelto en los estratos más altos de la sociedad de igual manera también en los más paupérrimos, sin ningún sentimiento de envidia a este tipo de personas que tienen tantísimo dinero. A don Plácido Arango le gustaba el flamenco y simpatizó muchísimo con Paco Cepero, además de hacerle el favor de colocar a su padre, tuvo muchísimas otras atenciones con él.

"Yo en México lo pasé *mu* bien, y don Plácido era un hombre que a mí me quería una barbaridad.

En otra ocasión me vio un día en un aeropuerto y se emocionó llorando, me dijo ¡Paco! Porque llevaba tiempo sin verme. A mí me apreciaban este tipo de personas porque, aunque era artista, no les conté nunca mis penas, ni he *sío* nunca mangón, ni pedigüeño, yo sabía tratarlos como se merecían y me comportaba como un señor. Ese carácter lo notan ese tipo de gente y por eso me daban un lugar entre ellos.

Recuerdo que, cuando estaba yo en México, me dispuse a irme pa Venezuela.

—¿Paco necesitas dinero? —me dijo.

Y digo, «deme usted algunos dólares *pa* hacer un *viajito*». El plan era irme *pa* Venezuela, donde estaba Palomo Linares *hospedao* en el hotel Tamanaco, en Caracas. Cuando yo iba a Venezuela solía hospedarme en el hotel *Caracas Hilton*. Sin embargo, esta vez me hospedé en el hotel Tamanaco, *confíao* en que apareciera por allí Palomo Linares, pero este ni estaba ni llegó a estar. Como yo me presenté como una persona allegada de él, de momento me hospedaron, sin embargo, yo contaba con que allí iba a estar el torero sin tardar. Pasó una semana y por allí no apareció nadie, habían *pasao* diez días y la cuenta del hotel había que pagarla y yo no tenía suficiente dinero.

Como uno conoce a mucha gente, siempre he *salío* de *to* este tipo de embrollos, esta vez fue gracias a una persona relacionada con el abogado de la familia Maestre, la que compró la Manga del Mar Menor, esta era una persona allegada a mí.

—Chico, ¿qué te pasa a ti? —me preguntó al verme tan *apurao.*

Le dije que no tenía dinero *pa* pagar la cuenta del hotel.

—Tú no tengas ningún problema, de eso me encargo yo —me dijo.

Se conoce que echó mano de algunos amigos a los que se dirigió.

—*Quillo* que, al Paquito, hay que ayudarlo.

Y organizó un almuerzo y recogió dinero de toda aquella gente, así pagué el hotel y me vine a España con dinero de sobra. Entonces, allí el bolívar estaba a dieciocho pesetas y solían darte mil bolos o bolívares como el que da una propina».

MOBUTU SESE SEKO

Cierto día dijeron en Los Canasteros:

—Hoy tenemos que suspender todas las sesiones porque tenemos un *invitao mu* especial, que viene con *to* su séquito.

Se suspendieron todas las sesiones, y a la hora de actuar, comenzaron a entrar personas de raza negra vestidas de forma elegante, que tomaron los primeros asientos, traían consigo un intérprete, pues hablaban en francés con cierto acento peculiar. Venían acompañados de dos señores españoles vestidos de forma impecable, que les deparaba toda clase de atenciones.

Tras ocupar sus correspondientes asientos, llegó un señor con un traje gris impecable con una caída casi a la altura de las rodillas. En el cuello tenía una pieza de tela blanca con lunares grises que hacía juego con otra idéntica que portaba en el bolsillo izquierdo. Su tez era de color negro, pero desvaído por el sol, por lo que su negrura era en cierto modo heterogénea, acentuándose a ambos lados de su cara. Sus labios eran carnosos y sensuales, era una persona de mirada atenta y solícita con una pincelada de simpatía y buena intención no lograda. Su círculo de personas no pasaba de una veintena, sin embargo, aunque lo disimularan, se notaba que había guardaespaldas, personas armadas, oficiales de alto rango vestidos de paisanos cuya supremacía era evidente por la premura con que eran obedecidas sus órdenes, por su actitud de superioridad y poder, por su arrogancia y expresión autoritaria.

Ocuparaon todas las mesas quedando medio local vacío. Cuando comenzó el cuadro de baile, Paco Cepero salió a acompañar con el grupo entero, en mitad del acompañamiento ejecutó un par de falsetas que les gustó a aquellos señores, según el jolgorio a que dieron lugar una vez concluidas. Para él, era un misterio todo aquello, las únicas personas que había de piel blanca eran los que trabajaban todos los días en el local. Aquel señor, fuese quien fuese, abría los ojos como queriendo engullirnos con ellos. Se conoce que lo que más gustó a aquella comitiva eran los cuadros de bailes, por el murmullo que formaban tras terminar la actuación y la cara de satisfacción que algunos adoptaban tras los espectáculos.

Ningún componente del grupo probó alcohol durante toda aquella noche, estuvieron todo el tiempo bebiendo zumos de frutas y refrescos, por lo que se mantuvieron totalmente serenos. Sobre algunos miembros del séquito de raza negra, era evidente que su función sería de servidumbre de aquel misterioso personaje, por su estado de atención, predisposición y diligencia. Sin embargo, los señores españoles que acompañaban a aquel grupo, también se mostraron todo el tiempo pendiente de ellos por si surgía alguna necesidad, aunque con mayor nivel de relajación.

Pasadas las seis de la mañana cerramos Los Canasteros y esa noche no hubo fiesta después de la única y prolongada función.

El líder del grupo, quiso convocarnos para saludar a todo el cuadro flamenco chapurreando un par de frases en castellano.

Al día siguiente colmado por la curiosidad y dada la imposibilidad de recabar información sobre la noche anterior Cepero le preguntó a Arturo Pavón.

—¿Quiénes eran los personajes que estuvieron aquí toda la noche?

—Gente *mu* importante, se trata del presidente del Zaire, en África, que está de visita oficial en España.

—Po se conoce que les gustó el flamenco porque estuvieron *toa* la noche *to embobaos*.

—Espérate que ahí no creo que quede *toa* la cosa.

—¿Qué quieres decir?

—Que Mobutu Sese Seko, que así se llama, ha hecho gestiones *pa* invitarnos los días que queramos ir allá al Zaire. Yo sí quiero ir, de forma que si tú quieres, te apuntas y te vienes.

Al principio Cepero se quedó absorto y pensativo, evocaba los paisajes de África que había visto en las películas como *Memorias de África*, muy reciente, las antiguas de Tarzán y todos los documentales que habían echado sobre el continente africano. Evocaba paisajes como la sabana, la jungla, las cataratas, los gorilas, las jirafas, los leones y elefantes, todos los sonidos exóticos que podría brindarles aquel continente. A través de la embajada se fijó una fecha para el viaje al continente africano. Cogieron un avión hasta Rabat, que hizo escala allí en Marruecos y acto seguido llegaron a Kinsasa, donde los recibió el protocolo de la presidencia para enseñarles el país entero.

Mobutu estaba podrido de dinero, su fortuna se calculaba en varios miles de millones de dólares, una de las más grandes del mundo. Sin entrar en temas políticos, conspirativos, dictatoriales o de otra índole, sencillamente reseñamos que el presidente del Zaire —antes y después llamado Congo—, se mostró agradable y acogedor con aquellos artistas, su mirada era apacible y atenta, aunque no estaba exenta de cierta impostura.

Aclarado lo anterior, es obvio que Paco Cepero y el resto de los invitados eran desconocedores de tales hechos, puesto que un personaje de esa calaña despide a una persona normal conocedora de todo su ámbito. Cepero y sus compañeros, aterrizaron en la ciudad de Kinsasa, para hospedarse en el hotel Intercontinental. A la entrada del palacio presidencial, les brindaron una exuberante bienvenida, consistió en una recepción con un grupo de niños y niñas. Las niñas eran unas pequeñas negritas que estaban vestidas con trajes de gitana, los niños, con pequeños trajes de luces, pero las monteras las tenían colocadas de atrás a adelante, no como se la ponen los toreros. Probablemente para conseguir aquellos atuendos, el Servicio de Protocolo habría gestionado a través de la embajada de España la compra de disfraces o trajes por encargo de gitanitas y toreros. Aquel gobernante había puesto en su mano todo lo posible por escenificar en su tierra las costumbres de nuestro país.

«En aquel hotel vi la primera vez de mi vida un pigmeo, resulta que oigo una voz, que parecía una radio de galena, y cuando me doy la vuelta, veo un hombre que me llegaba por debajo de la cintura, trajeado, qué cosa más rara, era una miniatura de hombre. Hablaba español de forma extraña, como si fuera un muñeco de juguete».

Se organizó el protocolo de la presidencia y se designó una compañía para conducirlos por todo el país, provincia por provincia, donde los recibían los gobernadores correspondientes. Recorrieron amplios páramos ecuatoriales, donde había tribus de pigmeos que al parecer habitaban allí desde cientos de años antes de Cristo, considerada la raza más primitiva que vivió en aquel país. Después, conocieron tribus de estatura normal, entre ellas estaban los *lingalas*, los *kikongos*, los *suajilis* y los *chilubas*, que vivían en primitivas cabañas, dedicándose a la caza. Se pasearon por todas las provincias y les mostraron las danzas rituales de cada una de las tribus que, por cierto, tras contemplar la danza de una de ellas, supieron que estos indígenas poco tiempo antes habían devorado a unos periodistas, es decir, eran caníbales.

Observaron las grandes extensiones de las sabanas, la hojarasca de las junglas con el sonido de las aves exóticas, las caídas de las bellísimas cataratas, las imágenes más insólitas imaginables, como la de un volcán en erupción en plena noche, el parque fotográfico Albert y un sinfín de paisajes naturales exóticos dignos de ser fotografiados por el *National Geographic.*

Al fin y al cabo, no pasó de ser una experiencia hermosa más. Tuvo lugar un programa de televisión que les mostró Mobutu para satisfacerlos y tener con ellos la máxima deferencia. Fue uno de los viajes más inolvidables de sus vidas, aunque no exento de susto, como fue escuchar justo al lado el rugido de los leones en plena noche, cuando se quedaron en unas cabañas nativas, con el aire acondicionado averiado.

«Al final les toqué por rumba un himno que ellos tenían, cuya letra decía algo *parecío* a "Mobutu leló, Mobutu lobí, Mobutu libela… ", y había allí una cantidad enorme de personas de raza negra participando en la actuación nuestra, y que contestaban a coro con esas palabras aludidas, en el idioma *lingala*».

MOULAY ABDELLAH

Paco Cepero llegó a tener una gran amistad con el hermano de Hasán II y visitó Marruecos en innumerables ocasiones en condiciones muy privilegiadas, dada la forma de vida de la familia real de Marruecos, cuyo capital, al igual que el del personaje anterior, ascendía a ser uno de los mayores del mundo.

Todo ocurrió a partir de un espectáculo de una cantante, La Polaca, a la cual Paco Cepero acompañó a principio de los años setenta, esta fue invitada para dar un espectáculo para Hasán II de Marruecos, cuyo hermano era el príncipe Moulay Abdellah, que trabó una hermosa relación con Paco Cepero.

«Yo iba tocándole a La Polaca y le caí bien porque yo le toqué Asturias de Albéniz que a él le gustaba mucho, él me la tarareó y yo se la hice con la guitarra. Por entonces, La Polaca era un cuadro entero, y el príncipe me llamó a mí porque la secretaria, la que estaba allí de vidente del rey Hasán, se llamaba Paquita, era de Marbella y conocida mía, así pues a través de ella contactamos. Entonces yo me iba *to* los fines de semana a jugar al golf con él y me hospedaba allí en uno de sus palacios, allí me sentía yo fenomenal. Yo cogía el avión de Madrid a Casablanca, y a la vuelta, él me mandaba en su avión privado *pa* Madrid. Era un tío guapísimo y vivía mejor que el hermano. No veas las posesiones que tenían esa gente, *to* el país era suyo, los caballos tan bonitos y los palacios que tenía. Un fin de semana a la vuelta, yo tenía que recoger un premio en Jerez, pero entonces no se podía aterrizar en Jerez, sino que había que irse a Sevilla *pa* pasar por la aduana, y después venirse a mi tierra, porque no había aduana todavía allí al pasar por el aeropuerto de Sevilla.

—¿Pido pista en Sevilla? —me dice el piloto al pasar por el aeropuerto de Sevilla.

—No, no, tire usted *pa* Madrid que se me ha hecho tarde – le contesto.

Nos refiere Cepero que Moulay Abdellah tenía mucho más talento que su hermano Hasán II, era un hombre atractivo, y disponía de inmensas propiedades, hasta de un jet privado para desplazarse por el mundo a su antojo.

Era un señor entrante, dialogante, agradable, simpático, extrovertido, seductor, bromista, como suele pasar cuando se pertenece a una familia de tanto abolengo. Su porte era alto, esbelto, vestía como no podría ser de otra manera con trajes de lujo.

«A mí me preguntó si sabía jugar al golf, yo qué iba a saber, le dije que un poco y a partir de ahí quiso enseñarme, invitándome a ir a su tierra. Tanto es así que puso a mi disposición su avión privado. El primer día que llegué allí me quedé *embelesao* por *to* lo que tenía, los mejores palacios, caballos preciosos, veinte o treinta coches, etcétera. Recuerdo que fue un representante de la BMV y le enseñó el muestrario de modelos.

—Quiero este, este, este y este —dijo como un niño chico que está cogiendo cromos.

Por su religión, él no bebía alcohol, pero yo allí probé los mejores vinos que he *bebío* en mi vida, allí probé el dom Pérignon Rosado, vinos blancos del Rin de Alemania, que nos lo servían pa comer *pescao* y de *to* lo mejor».

Como buen soberano islámico Moulay Abdellah era amante de los frisos de yesos con escrituras coránicas, la simetría y las formas, el agua y la higiene, lo suave y lo que fluye. Todo cuanto le rodeaba era belleza y sensualidad, todo aquello parecía como un cuento de Aladino de cuya lámpara no dejaba de salir encanto y delicadeza.

Hubo una ocasión en que su amistad casi le cuesta la vida a Paco Cepero, porque fueron invitados al palacio de verano de Sjirat, el sábado diez de julio de 1971, pero finalmente Hasán II anuló la invitación y la postergó para hacerla en un ambiente más privado algunos días después. Gracias a eso tal vez salvaron la vida, porque se estaba urdiendo una conspiración contra el monarca marroquí por su época llamada: *Los años de plomo*[11]. Ese sábado un grupo de reclutas ametrallaron a todos los invitados de la fiesta, causando unos cien muertos e hiriendo a otros tantos. Sjirat, donde Hasán solía retirarse a su palacio de verano, está situado al sur de Rabat a unos veinte kilómetros de la costa atlántica, y fue allí mismo donde tuvo lugar la masacre. La conspiración finalizó al año siguiente, cuando aviones cazas de las fuerzas aéreas marroquíes al mando del general Ufqir atacaron el Boing 707 privado donde viajaba Hasán II para darle muerte, pero el monarca obró de forma perspicaz.

—El tirano ha muerto — dijo por la radio.

Sabiendo de esa forma engañar a sus propios enemigos y salir indemne.

Lo cierto es que, de no ser por la decisión del rey de postergar el encuentro del palacio de verano, Paco Cepero y sus acompañantes bien podían haber muerto en aquella matanza.

“Yo hice mucha amista con Fadil, que era el médico personal de Hasán II. En su casa conocí yo al que es rey ahora, puesto que era amigo de los hijos de Fadil, el cual, había estudiado medicina en Granada, y había contraído matrimonio con una Granaína.

11 https://www.lavanguardia.com/historiayvida/historia-contemporanea/20200606/481544674316/marruecos-hassan.html

—Paco mira, ese es el príncipe heredero —me decía esa mujer, señalándome al actual rey.

Además, en la actualidad, ese muchacho hijo de Fadil y su esposa, son la mano derecha del rey actual. A Fadil lo mataron en una fiesta del palacio de verano a la que estábamos *invitaos.* Cuando Hasán postergó nuestro encuentro,

—El rey ha pospuesto la fiesta para el jueves en privado a solas con él — me dijo Fadil.

Y entonces no fuimos al palacio de verano. A ese palacio, ese sábado once de julio, llegaron los reclutas y «pa pa pá pa pá», mataron a ciento y pico. Fadil murió esa noche, pero yo ignoraba que tenía un hermano gemelo, y al poco tiempo de haber muerto Fadil fui a una de las fiestas y veo a Fadil nuevamente.

—Fadiiiiil —le dije.

—Sí, yo soy Fadil, pero en realidad soy su hermano gemelo.

—¡Este hombre ha *resucitao...*! —decía yo.

A mí me mandó el príncipe al club de golf que había allí en Rabat con un profesor particular a pegarle a la bolita, porque ellos ponen unos paneles con unos números, al ocho..., al nueve..., y dale *pa* allá y dale *pa cá.* Pero yo después exageraba y le pegaba un golpetazo que hacía un boquete al *lao* de la pelota, y decía barbaridades.

—Cago en *to* los muertos de la hija de puta la pelota.

Él se hartaba de reír conmigo claro, a cuenta de esas cosas y por eso me quería tener a su vera siempre»

Es costumbre de los musulmanes en Marruecos fumar cierto tipo de hierba de efecto euforizante, como todo el mundo sabe, pero ellos lo hacen con mesura, dando caladas de una pipa entre tazas de té y otras exquisiteces según sus costumbres. A Cepero le ofrecieron también fumar de aquello succionando profundas caladas que le proporcionaban cierto desvarío mental.

«Yo cuando estaba en el palacio con Moulay Abdellah, me fumaba mis porritos de grifa, de kifi, y me tomaba mis frutos secos y mi té... Yo *metío* allí en el palacio, miraba así *pa* los *laos,* veía a las moras y me creía que el rey era yo».

DON JUAN CARLOS DE BORBÓN

La Medalla de Oro al Mérito en las Bellas Artes es una distinción que concede el Gobierno de España a propuesta del Ministerio de Cultura y Deportes a personajes, asociaciones, personas jurídicas, corporaciones, organismos, instituciones públicas o privadas, entidades culturales, que se dediquen al mundo del arte en general, como puede ser literatura, pintura, escultura, arquitectura, música, dramaturgias, coreografías o cualquier arte escénica, que tiene su precedente en años anteriores a 1996, cuando el Gobierno de la nación concedía La Medalla del Mérito en las Bellas Artes en su modalidad de Oro y de Plata, en función de la importancia a la concesión. Se consideró esa práctica discriminatoria y desde 1996 se unificó en Medalla de Oro al Mérito en las Bellas Artes.

Los destinatarios son personajes que hayan expresado alto grado de creación en todo lo enumerado con anterioridad, o bien que hayan destacado en cualquier variedad de arte, en lo que prestación de servicios para fomento, desarrollo o difusión del arte se refiera, o hayan contribuido a la conservación del patrimonio artístico nacional.[12]

Dicho premio, quizá el más importante a nivel del Estado español, se vota en un Consejo de Ministros, y la entrega de las medallas corren a cargo del jefe del Estado. En el caso de Paco Cepero, don Juan Carlos I de España, le hizo entrega de ella en Cáceres en 2003, junto a otros premiados ese año, en la que hay que destacar una artista del flamenco, unida en el escenario con Paco Cepero casi cincuenta años antes: La Paquera de Jerez.

Aquella ceremonia de entrega de premios en Cáceres de mano de sus majestades los reyes de España fue un acto protocolario sin más, donde apenas tuvo la oportunidad de intercambiar dos palabras con don Juan Carlos.

12 BOE 19/01/1970 Decreto 3478/1969, del 19 de diciembre.

Sin embargo, fue con ocasión de un cumpleaños de la reina, cuando tuvo mayor contacto con don Juan Carlos, que se resume en la siguiente anécdota:

«Yo fui al palacio de La Zarzuela *contratao* a través de don Manuel Prado y Colón de Carvajal, el cual nos avisó *pa* tocar en una fiesta del cuarenta y tres cumpleaños de la reina, doña Sofía. Cuando estuve allí me entraron ganas de mear, y pregunté dónde estaban los servicios, me dicen: «siga usted adelante y después tuerza a la derecha y dará con ellos», y eran inodoros similares que los que están en los bares. En ese instante veo un hombre alto meando junto a mí, lo miro y me doy cuenta de que era el rey Juan Carlos, me quedé *to cortao.*

—Muchacho no te preocupes, que los reyes también meamos —me dice

EL PAPA FRANCISCO

Por si no hubiera ya conocido a grandes personalidades en todas las esferas y países del mundo, recuerda como uno de los días más felices de su vida, cuando en la primavera de 2015 le tocó a su santidad el papa Berglogio más conocido como Francisco.

Fue el año de la Misericordia, cuando el papa se reunió en Roma con unos cinco mil gitanos llegados desde todo el mundo, de España acudieron cuatrocientos gitanos, encabezados por María José Santiago y Paco Cepero. María José iba guapísima con un vestido negro de lunares blancos, a juego con sus ojos y su pelo, cuando cantó se echó por encima una mantilla de color blanco. Actuaron en la inmensa aula de Pablo VI, un salón enorme con techumbre en forma de concha, con un estrado de mármol blanco al que se asciende por una amplísima escalera que recorre la plataforma de un lado a otro, detrás de donde estaba sentado su santidad hay una escultura de bronce que representa la Resurrección de Jesucristo, que tiene forma de un inmenso árbol del cual emergen ángeles. Nace en su parte central una figura de Nuestro Señor Jesucristo resucitado. En aquel salón inmenso, tiene lugar la audiencia papal de los miércoles.

El encargado del protocolo hizo su presentación

—Santità, oggi sono qui persone da tutto il mondo, in particolare dalla Spagna, una cantante gitana, con i suoi coristi. canterà per lui, una canzone dal titolo carità divina, María José Santiago Medina.

María José cantó una canción dedicada a Ceferino Jiménez Maya, con letra de Miguel Moyares, de Ecos del Rocío y música Paco Cepero[13].

Vendía sus canastitos
hechos con sus propias manos
y así sacaste pa lante
a tu mare y tus hermanos.
Tu vida era un calvario
pues san Juan Pablo II
el que a ti te hizo santo
de los gitanos del mundo
a ti sigo Ceferino
Mira si eres buen cristiano
que te abandono tu padre
y criaste a tus hermanos.
Padre Santo tú que imploras
aquí en el Vaticano,
Reza por Dios a Ceferino
patriarca de los gitanos.
Por ser el mejor del mundo
lo mismo que fue Jesús
por no entregar el rosario
que llevaba entre las manos
fue condenaito a muerte
mira si eres buen cristiano
Olé, olé olé olé
Celestial destino
Olé, olé olé olé

13 María José Santiago cantándole al papa en el Vaticano, en nombre de los gitanos. YouTube.

Olé, olé olé olé
Sentimos algo divino
To los gitanos del mundo
Sabemos que desde el cielo
Nos bendices Ceferino.
Olé, olé olé olé
Olé, olé olé olé
Celestial destino
Olé, olé olé olé.
Tu legado es divino

La canción está dedicada al beato Ceferino Jiménez Maya, más conocido como «El Pelé», un gitano aragonés que fue asesinado en nuestra cruenta guerra civil por no dejar que le cogiesen un rosario. La letra es de Miguel Moyares de Ecos del Rocío y la música es de Paco Cepero.

En esos momentos, el público aplaudió pidiendo otra y otra. María José Santiago, la cual, saltándose el protocolo, al levantarse el papa, ella corrió hacia él, lo abrazó y le dio dos besos, después se arrodilló ante él, y al separarse le dijo:

«España..., Santo Padre, España lo adora. Esta canción de Ceferino se ha compuesto por este gran guitarrista, que es el señor don Paco Cepero. Es muy famoso en el mundo, y ahora yo le voy a regalar un trocito de villancico que es muy famoso en España y fuera también, que se habla de la vida y muerte de Jesucristo, pero voy a... solamente dos estro (fas)... olé».

El emotivo encuentro culminó con la improvisación de uno de los villancicos más populares y que se ha convertido ya en un clásico: *Tu carita divina*, que nunca falta en el repertorio de María José Santiago, compuesta por Antonio Gallardo. Posteriormente pasaron él y la mujer unos días inolvidables allí en el Vaticano.

«Pa mí resultó extraordinario, ver ese hombre tan humano. Saltándose el protocolo, María José se acercó a Su Santidad y lo abrazó, minutos después me dio entrada ella y me hizo un gesto *pa* que me acercase al papa pero a mí me dio vergüenza. Yo sencillamente, me incliné hacia él y después pasamos unos días mi mujer y yo inolvidables. Después cuando vine me preguntó el que fue obispo de la diócesis de Jerez, don José Mazuelos Pérez.

—Paco, ¿qué te ha parecido tu estancia junto al papa Francisco?

Yo respondí que me había parecío algo maravilloso, de los días más bonitos de mi vida

—Pero me vengo con una pena.

—¿Cuál? —me preguntó.

—Que no me he traído la bendición papal —respondí.

—No te preocupes, pues de eso me encargo yo.

Con el paso de los días hizo por verme.

—Paco, que tengo aquí tu bendición papal —me dijo.

Y me entregó un documento donde pone: "Al jerezano Francisco López-Cepero y familia…". Y bueno, pues así recibí finalmente la bendición del papa Francisco».

Me gustó la estancia con el papa porque tengo que aclarar que yo estuve un tiempo mu *separao* de la Iglesia. Sin embargo, ahora me gusta mucho ir a la iglesia, me hace sentir bien, yo no soy capillita, pero soy creyente. A mí Dios nunca me he *abandonao.* A mí me hace gracia la gente que dice:

—Yo soy cristiano, pero vamos, yo a misa no voy.

Pues si usted es cristiano, tiene usted que ir a misa. Yo, como he dicho estuve unos años *separao* del culto, sin embargo, Dios me llamó y en la actualidad voy *to* los miércoles a una misa de san Judas en San Francisco, también, diariamente al señor de La Puerta Real y a ver a san Judas. Además le rezo todas las noches a las almas del purgatorio, y lo único que le pido a Dios es salud *pa* mi familia. Yo hice una promesa porque un nieto mío tuvo un problema y prometí estar un año sin fumar y ya llevo nueve, bueno miento, en estos nueve años me habré *fumao* un par de puros, y quizá fume algún otro de forma esporádica, pero fumar habitualmente, yo ya no fumo más».

FELIPE GONZÁLEZ

La relación de Paco Cepero con Felipe González Márquez ha sido de las más valiosas que ha sentido en su vida, no es porque fuera el presidente del Gobierno de España, sino por la proximidad a Andalucía, especialmente a su música. Como buen sevillano, con tan solo un día de diferencia de edad, responde a una generación de aficionados si no al flamenco en su vertiente más ortodoxa, sí a la canción andaluza y nuestro folclore. Salió de él invitar a unos cuantos de artistas una nochevieja al palacio de La Moncloa. Ningún otro presidente de Gobierno excepto Felipe González hubiera organizado en el palacio un pequeño festival flamenco para comenzar un nuevo año. El vínculo eterno de Andalucía, aún a muchos kilómetros de distancia y a pesar de la diferencia de poderes, sigue uniendo a sus hijos al amparo de su cultura. Hacía un par de años que había ascendido a la presidencia del Gobierno, en 1982, y formaba gabinete con la vicepresidencia con otro personaje sevillano, aunque con un carácter diferente, nos referimos a Alfonso Guerra, el cual, no estaba allí la noche que estuvieron presentes Juan El Lebrijano y su esposa, su hermano Pedro Peña, Turronero, Chano Lobato, Paco Gandía, Chari y Paco Cepero.

Los recogieron coches estatales en sus hogares para trasladarlos a La Moncloa, se vistieron con traje, como es lógico, quisieron guardar la compostura en todo momento. Sin embargo, cuando tuvo lugar el encuentro, les llamó la atención que tanto el presidente como su esposa, Carmen Romero, vestían un atuendo informal, concretamente él, se abrigaba con una cazadora marrón oscura mientras la señora del presidente tampoco portaba ropa de fiesta. La velada fue amigable, Juan hizo un repertorio por todos los cantes serios y finalmente adoptó un aire más desenfadado con un fin de fiesta por bulería. También cantaron Turronero y Chano Lobato. No se pusieron a cantar sobre ningún escenario ni estrado, sino allí entre ellos, que hicieron de público y artistas a la vez. Cuando ya habían participado lo suficiente en la cena y, quedaban sobre la mesa algunas botellas de vino y otros licores, Cepero salió tocando su guitarra y Juan interpretó el himno de Andalucía adaptado por él.

«Fue una gran velada, no nos faltó de nada, tuvimos a la mano deliciosos manjares, nos prestaron toda clase de atenciones, Felipe llegó incluso a servirnos las copas.

—Fíjate qué camarero nos hemos buscado —le dije a Juan El Lebrijano.

Y nos hicimos una serie de fotos que aparecen al final de esta obra.

Hay una anécdota *mu* curiosa respecto a las iniciales que yo tenía grabada en mi guitarra, la P y la C, por mi nombre y apellido. Carmen Romero me preguntó qué significaban esas siglas que estaban estampadas en la madera del instrumento

—Paco, ¿qué quieren decir esa P y esa C que tienes en la guitarra?

—Ese ha *sío* el partido al que he pertenecido desde que nací, y perteneceré hasta que muera.

—¿No me digas que tú eres del Partido Comunista?

—No, no, no se confunda señora, yo soy de ese partido P. C. que significa Paco Cepero, ese es mi único partido, en el que deposito toda mi confianza».

El comentario produjo unas risotadas prolongadas por la ocurrencia, y la fiesta siguió hasta el amanecer, cuando cogieron cada uno para sus hogares tras una inolvidable velada.

«También hay otra cosa que contar, Chari y yo nos llevamos un recipiente lleno de berzas cocidas *pa* comerlas, mi mujer y mi *pare* las cocinaron en una olla grande. A Felipe González le encantaban las berzas y dijo cuando ya estábamos saciados que eso ni tocarlo, que se lo comerían al día siguiente y ya nos devolverían la olla. No quisieron hacernos el desaire de rechazarlas, de modo que, allí dejamos la olla, pero la cosa pasó de tal forma que todavía está el recipiente en la Moncloa. Cuando salimos del palacio, lo hicimos por la bodega, y hacía tela de frío allí en Madrid, de tal forma que Paco Gandía le dijo a Felipe González:

—Presidente, aquí los pajaritos no dirán pío, sino que estornudarán, ¿no?»

LA VISITA A LA CASA BLANCA

La primera visita oficial de los príncipes de España a Estados Unidos, tuvo lugar concretamente el 26 de enero de 1971, cuando don Juan Carlos y doña Sofía, visitaron en viaje oficial la Casa Blanca, siendo presidente de Estados Unidos Richard Nixon. Como comprenderán, un mes de enero en Washington no debe ser muy caluroso.

Los príncipes llevaron consigo un espectáculo típico español, una representación de artistas españoles a la Casa Blanca en Washington, concretamente Cepero iba tocándole a La Polaca. Iba con ellos Vicente Pantoja «*El Picoco*», quien tenía unos golpes tremendos, por ejemplo, el día que actuaron en la Casa Blanca hacía sobre dieciocho grados bajo cero.

—Perdonen ustedes si dentro del coche hace frío, porque no ha *dao* tiempo a que se caliente —les dijo el conductor de la limusina que los llevaba.

—¿Frío?, aquí deja usted dos cajas de cigalas y le duran cien años —le respondió Picoco.

Había visto estatuas con capa a lo largo del algún recorrido hasta la Casa Blanca, y se dirige Picoco a don Juan Carlos diciéndole:

—«Señor, Señor, Doctor, Doctor (no sé a cuento de qué venía ese tratamiento), ¿a dónde nos ha traído usted? Aquí hace tanto frío que hasta las estatuas tienen capa».

En ese año me presentaron en la Casa Blanca a Severo Ochoa y Robert Kennedy, que moriría asesinado poco tiempo después».

GABRIEL GARCÍA MÁRQUEZ

«A mí me invitó Felipe González en la venta El Chato en Cádiz, donde se le dio un almuerzo a Gabriel García Márquez, yo cogí la guitarra y toqué una colombiana.

—Maestro, esto que está tu tocando es de mi tierra, ¿no? —me dijo Gabriel García Márquez.

—Pues sí señor, son unas colombianas.

—¿Y a usted no le importaría si yo le invitara a venirse a mi tierra y tocar eso allí?

—Pues no, para mí sería un honor —le dije.

Entonces estuve con él *to* aquel día. No fui a Colombia, me invitó, pero después no fui».

JUAN DOMINGO PERÓN

A principio de los años 70, residiendo en España el expresidente de Argentina Juan Domingo Perón, Paco Cepero tocó con motivo de una fiesta celebrada a través del secretario personal del ex dictador argentino, la cual tuvo lugar en su residencia en Puerta de Hierro, camino de la venta El Palomar.

ANTONIO MAIRENA

«Antonio Mairena es quizá el cantaor más largo que ha *dao* la historia, además fue *to* un erudito que se dedicó a rescatar cantes casi ya desaparecidos. A mí me llamó personalmente el alcalde de Ceuta.

—Don Paco Cepero, soy el alcalde de Ceuta. Mire usted, coja usted el avión y diríjase a Málaga, vaya apuntando los gastos, después coja un taxi hasta Algeciras y véngase en barco a Ceuta, donde ya tiene usted pagado el hotel La Muralla —me dijo—. El maestro don Antonio Mairena quiere que usted le toque.

Fíjate que cosa más bonita. Antonio Mairena cantaba *mu* bien y *mu* largo, un día se emborrachó con Juan Talega.

—Te voy a hacer el cante del Marrurro, el de Frijones, el de Juaniquí … —le dijo—Sí, sí, pero a ver cuando me haces un cante tuyo —le dice Juan Talega».

A pesar del carácter enciclopédico y la largura de don Antonio Mairena, no es el mejor cantaor para Paco Cepero, quien exalta a Manolo Caracol sobre todas las figuras de la historia del flamenco.

ARTISTAS FLAMENCOS NO CONTEMPORÁNEOS

«En los Canasteros le he *tocao* a Antonio el Chaqueta, que eso era un cantaor larguísimo, lo que pasa es que la gente piensa que no, pero ese hombre rescató las romeras, las cuales estaban olvidadas. Además, era un cantaor con un compás extraordinario.

También me he *tomao* mis copas con Antonio El Arenero, *pa* escuchar la soleá de Triana, y también con Niño de la *Calzá*, que cantaba *pa* rabiar este hombre. Una salida del de la *Calzá* eran dos seguiriyas de Manuel Torre, de aquello me acuerdo y se me pone el pelo de punta.

Y Tío Borrico, ¡ay, cómo cantaba Tío Borrico! A mí me decía él: «mi cantaor *pa* mí es Perrate, fíjate. Y El Lebrijano y Pedro Peña, cada vez que su padre se ganaba un dinero —porque era tratante de ganado ¿no?—, cada vez que tenían dinerito se venían, le pagaban media botellita y le daban veinte duritos a Tío Borrico *pa* escucharlo cantar. Esos dos eran dos buenos aficionaos, porque en Lebrija se ha *cantao mu* bien también. Hombre es que hemos *vivío* en una época, que no es como ahora que se tiene *mu* fácil, ahora mismito, cualquier chaval sale tocando y ya quiere ser figura... Y nosotros, nosotros pasamos el quinario, de aguantar a los señoritos en aquella época que no te pagaban —ya te veré— te decían —ya te veré—, pues ¡coño! ¿no me estás viendo? Esa fatiga de fiestas y los cabarés, con el señorito en aquellos tugurios, y con las gachís... y *to* lo que hemos tenío que aguantar».

8. ANÉCDOTAS SUELTAS

A lo largo del texto se cuentan varias anécdotas, las cuales, están colocadas en el lugar que se ha creído más adecuado según el contexto en que ocurrieron. Sin embargo, existen otras sueltas las cuales se cuentan fuera de circunstancia, entre otras cosas porque Paco Cepero las ha ido contando sueltas a lo largo de todos estos meses, y han sido todas grabadas. Hay que tener en cuenta que son anécdotas graciosas, pero porque fueron vividas en su momento apropiado y con los personajes que fueron protagonistas de las mismas. Por tanto, es posible que no susciten la auténtica gracia que encierran, pues pierden mucho de ser vividas a ser narradas, y más aún, cuando se plasman en el papel. Paco Cepero las narra con su cadencia de habla, que ya de por sí estimula el humor de quien lo escucha, imagínese, pues, el lector a una persona con marcado acento andaluz y un deje graciosísimo narrando lo que a continuación se detalla. A reglón seguido se transcriben casi las palabras exactas de nuestro protagonista prescindiendo de una sintaxis demasiado formal, que quizá le reste humor al contenido, pasamos pues a reproducir las palabras de Paco Cepero.

* * *

Como ya he *contao*, mi *pare* tenía un tabanco en Jerez, él cantaba y no lo hacía del *to* mal, allí en el tabanco se *cantiñeaba* y solía frecuentarlo un tocaor de guitarra, que el pobrecito era lo más malo que se podía escuchar. Llevaba la guitarra dentro de un saco, su nombre era Revolto. En cierta ocasión Pepe Marchena actuó en el teatro Villamarta resultando que tras su actuación se rodeó de tres señoritas *mu* atractivas. Terminaron en un restaurante *llamao* Cuatro Caminos, en el cual había un *reservao pa* ciertos deleites que ustedes pueden imaginar:

—Don José, ¿por qué no nos canta usted un poquito? — le propuso al maestro una de aquellas divas.

—De acuerdo —respondió el maestro— ¿no hay por ahí una guitarra?

—Sí, mire usted, con nosotros tenemos a Revolto.

—Pues tráigalo usted.

En ese instante llega Revolto que, al recibir las buenas noches de Marchena, se le puso una carita boba sonriente.

—Póngala usted al cuatro —le instruyó Pepe Marchena— y tóqueme un poquito por Levante, por tarantas.

En ese momento se le debió caer el mundo abajo a Revolto, pero no debía ser *mu espabilao* que puso el pie en alto, cogió la guitarra y se puso a hacer «run rún, run rún, run rún…» hasta que Marchena ya algo molesto lo amonestó.

—Pero… ¿No le dicho que me toque por tarantas?

—Esto es lo que hay, esto es lo que hay —le soltó Revolto.

* * *

Tengo que incluir aquí, como personajes de renombre, artistas a los que he *acompañao*, pero a los que *na* les he compuesto por razones de edad y época. Pero eran gente con una sombra increíble, especialmente: el Cojo Peroche, Caracol el del bulto, y su hijo, Manolo Caracol.

Trabajé para Manolo Caracol varios años, además fue mi *compare.* Imagináoslo así, con la voz ronca, hablando deprisa, de forma dicharachera y con pasotismo. Tomaba manzanilla, se pegaba dos zurriagazos *pa* el asma y salía, y nunca me cantaba igual, esos son los artistas, esos son los genios, porque claro, yo veo a los cantaores ahora mismito que son moviolas, tú lo escuchas cantar hoy y lo escuchas mañana, y te hacen el mismo tercio. Caracol era un cantaor que me ha puesto el pelo de punta *to* los días. Era una persona con cierta soberbia porque tenía una gran personalidad, pero también tenía mucho ángel.

Él tenía *cogío* un truco *pa* ventosear sin que nadie se diera cuenta, y es que tosía al mismo tiempo que expulsaba sus gases por el recto, por lo que, con la tos tapaba el sonido de la ventosidad. Pero un día se conoce que lo pillaría con un *apretaero* en el vientre de forma más urgente de la cuenta que se peyó, y un segundo después tosió.

—¡Ayyy, perdón que me he *equivocao*! —dijo.

* * *

Otro día era una víspera de Reyes en Madrid, estaba yo en la Plaza Mayor, donde había numerosos juguetes para repartir a los niños, y Manuel intentaba parar un taxi *pa* que lo llevara a su casa, un chalet que estaba a las afueras de Madrid. Me vio y me pidió que lo acercara yo. Por entonces yo tenía un Seat 600 de segunda mano que estaba más *descuartizao* que entero, tenía averiada la calefacción y entraba un viento frío por las puertas que te cagabas. Se subió a los asientos traseros, de manera que le dio *to* el viento que pudo camino de su casa, y cuando se va a bajar, me dice,

—Gracias Paco.

—No hay de qué maestro, cuando quiera que lo lleve a alguna parte me lo dice y punto.

—No, no, en esta época no, porque este coche es *pa* agosto hijo mío.

* * *

Él era un hombre con mucha gracia, como su *pare*. En otra ocasión Manolo Caracol había rodado una película, ya en estreno, entonces tenía que ir el *pare* a cobrar una parte que quedaba pendiente de pago.

—Papá..., ten cuidadito con el dinero, ¿eh? —le dice Caracol.

—Hijo, Manuel, ¿tú vas a dudar de mí? — le contesta el padre.

Y estaba también allí, Amós Rodríguez Rey que era hermano del Beni de Cádiz, y el *pare* de Caracol vio que tenía un calcetín rasgado, de forma que le dice a Amós,

—Sobrino, a ti te voy a comprar media docena de calcetines, los mejores del mundo. Ea, señores buenas tardes, me voy.

Y se fue el *pare* de Caracol a cobrar la parte correspondiente, y cuando volvió, ya había *terminao* el hijo la primera parte del espectáculo, y va el *pare* de Caracol, y hace así, se echa la mano a la cartera y se da cuenta que le habían *robao.*

—Manolito, Manolito, ¡los más listos del mundo! ¡De aquí, de aquí mismo se lo han *llevao*... ! — le dice el pare al hijo.

¿Y qué creéis que le dice a Amós?

—Y tú ya puedes irte buscando las vendas de un legionario...

* * *

A Manolo Caracol le gustaban estas cosas más que a nadie, lo que pasa es que era un hombre *mu* orgulloso, y tenía mucha soberbia y muchísima personalidad.

En otra ocasión, se cuenta del *pare* de Manolo Caracol, que había un señorito en Sevilla, don Javier, que era *esplendidísimo.*

—Miren ustedes, si está por ahí Caracol el del Bulto háganle pasar — le dijo a los que servían.

Entra el *pare* de Manolo Caracol con la mascota en la mano, y cuando lo vio, ya se había *enterao* este de quien era don Javier.

—Hombre Manolo, me han dicho que usted es un monstruo cantando — le dice.

—Por favor, no me vaya usted a ruborizar...

—Mire usted Manuel, siéntese usted donde le apetezca, y pida usted de comer y de beber lo que se le apetezca también, que vamos a intentar pasar una noche agradable y escuchar buen flamenco.

Era una mesa como la de la Santa Cena, y don Javier estaba *sentao* en un extremo de la misma ¿no? En la mesa aquí estaba el *pare* de Caracol, y no sé quién dijo algo de un cojo, de un «*langó*», por lo que dijo el *pare* de Caracol para sí mismo.

—Estate quieto ya, vas a hablar, con el bajío que tienen los cojos.

Sin embargo, mira de reojo y observa al señorito que se ríe, y saca también para él la conclusión.

—Ya está, al gachó le ha caído en gracia las cosas mías, a este le hacen gracia los cojos.

Y se llevó *toa* la noche hablando de cojos, y cuando se levanta el señorito *pa* pagar, tenía en mitad de la pierna la plancha de un zapato (era cojo, tenía una pierna más larga que la otra) ¿y qué te crees tú que le dice el *pare* de Caracol cuando lo vio?

—Mire usted don Javier, que yo le llamo cojo al que tiene la pierna cortada por la ingle, usted no es cojo.

* * *

Hubo otro momento en que la noche tenía *toa* la pinta de que se iba a *formá* una fiesta, y Manolo Caracol había *reunío* en el camerino a unos cuantos amigos con tal de tomar unas copas cuando terminara la función. Le había *encargao* a su padre (Caracol el del Bulto) que le liara cigarros de un cuarterón de tabaco que le habían *traío* de contrabando, y ca vez que terminaba de cantar y venía al camerino, echaba flores a lo bueno que era el tabaco de contrabando que su padre le estaba liando en cigarros.

—Fumense un cigarrillo hombre, veréis qué tabaco más bueno.

Y una de las veces que entró le preguntó a su padre si le había *recogío* un encargo *mu* importante que le había *encomendao*, y resultó que a su padre se le había *olvidao*, de modo que Manolo Caracol le echó la bronca al padre bien *echá*, hasta que se calló y le responde el *pare* al hijo al final,

—Mira Manolito, no te pongas así, porque en un momento *dao* doy el chivatazo de que el tabaco que ofreces es de contrabando y vas derechito a la cárcel.

* * *

Una cosa que tiene mucha gracia, el hijo de Caracol, Enriquito Ortega, con un dinerito que tenía en una cajita que guardaba en Los Canasteros, se había *comprao* dos pisos y dos coches, y le dice el *pare* de Caracol,

—Enrique, si tú aquí con esta cajita tienes *pa* dos pisos y dos coches, si fueras el hijo del amo del Corte Inglés, ¿qué no tendrías?

* * *

Otra noche, Caracol estaba haciendo las cuentas de lo que podía ganar yo en esa época, y estaba hablando con Paula, un primo de Rafael de Paula que estaba en la barra de Los Canasteros.

—A ver apunta, ¿cuánto gana este aquí?, pues tanto.

—Este muchacho coge *to* los días una fiesta en El Palomar a tres mil reales, y hay veces que dos, así que ponle en total ocho mil reales, y después le da clases a la hija de la marquesa de Campo Real…

Total, que ese día entro yo a las diez en Los Canasteros *pa* actuar a las once y me ve entrar Caracol y me dice,

—Tú ganas *to* los meses ciento cincuenta mil reales hijo de la gran puta… Si ganas más que yo, ¿de qué te quejas?

* * *

Otra persona a la que yo profesaba gran admiración era a La Paquera de Jerez, esa ha *sío* una revolución, era además anárquica, esa nunca te cantaba igual, esa depende de cómo la cogieras, ahora a mí, me tenía aquí, un verdugón de agarrarme tremendo, cantaba y aquí me hacía así con la mano…, me apretaba. Ahora, tenía mucha gracia y era *mu* cariñosa, La Paquera, la cual, cuando nos dieron la medalla de las bellas artes a los dos, ella no la pudo recoger porque se murió antes de la ceremonia de entrega. Cuando se la concedieron nos hicieron una entrevista en el hotel Jerez, y me dice la Paquera,

—Escúchame, ¿esta gente da *jurdó*[14]?

—Digo —ni un *guí*.

—Pues, estos gachós cuando empiezan a darte medallitas parece que te están dando el santolio.

Y a los dos meses se murió y no pudo ni recoger la medalla.

* * *

Otro cantaor que a mí me encantaba por su sello personal y la capacidad de transmisión que tenía era Chocolate, que a mí me quitaba el *sentío*, Chocolate ha *sío* un cantaor excelente, lo que pasa es que tenía su bohemia y había que saber entenderlo. Chocolate cuando le cogía bien y cantaba por seguiriyas, hacía ese cambio de Curro Durse, que era tremendo, y por fandangos también, ahora, un día me cantó veinte veces el mismo fandango.

—Antonio hijo cambia la letra.

—Tú sigue ahí —me dice

En otra ocasión me dijo,

—Pariente, escúchame, te voy a cantar por soleá y cuando yo diga «a mi *mare*», ahí me tienes que dar el mí —decía— «cuando yo diga mí, me tiene que dar tú el mí».

—Vale hombre —pues fíjate si estaba listo.

* * *

Respecto a los cómicos, me gustaba mucho chiquito de la Calzada, el cual, no era más que una imitación de «Brillantina», un cómico que iba con Manolo Caracol, el que bailaba esas cositas, eso es de él, «tipito, piti cojte, pitico chu-

14 Jurdó es dinero en un dialecto gitano y guí es la unidad monetaria

pico», de..., esas cositas, y a Chiquito, yo lo adoraba, porque Chiquito venía de cantaor con Mariquilla, y me acuerdo que hicimos por toda Europa la tournée, lo que nos reíamos con él, porque era *pa* comérselo. Fue una persona que llegó a ganar una fortuna. También Paco Gandía tenía una gracia desmesurada.

Otro artista inconmensurable era el Beni de Cádiz, Benito Rodríguez Rey, hermano de Amós, el Beni es de los que yo tengo como prototipo de artista, porque tenía gracia, tenía sombra, sabía tocar las palmas, sabía bailar, cantaba bien, lo tenía *to.* Como anécdota tengo que contar que se cruzó en Triana con un mariquita, de esos mariquitas de Triana, sería La Patito o La Gordita, por allí por Triana.

—Gorditaaaaa —dice.

—Ay, Benito hijo, que no te había visto.

—¿Viste ayer a la niña de Lola Flores?

—Sí que la vi.

—¿Y qué te *pareció*?— Oh, qué presentación le hizo su *mare,* pero una presentación, pero la niña *mu pesá,* mentaba mucho a tu hermano»

Se entiende que el mariquita se estaba refiriendo a Amós Rodríguez, hermano del Beni, y dijo eso porque Lolita cantaba Amor, amor.

* * *

Al Beni le toqué yo una vez aquí en Cádiz y le tocó cantar a las ocho menos cuarto de la mañana.

—Yo creo señores, que en vez de cantar, ¿no sería mejor que nos fuéramos a comer chocolatitos con churros?— dijo.

* * *

Amós Rodríguez Rey, hermano del artista anterior, a su vez era cantaor, conferenciante y flamencólogo, escritor y articulista, también había sido seminarista, fraile, y cantor del coro en el convento donde estaba, por lo que dominaba el canto gregoriano perfectamente, después enseñó en el colegio de los salesianos. Tenía una voz *mu mu mu graveeee*; fuimos un día Felipe Campuzano, Pepe El Palmera, Pepín Cabrales, una plebe de échate *pa llá* y el Cojo Peroche a ver Amós, pues este daba una conferencia sobre la influencia del cante gregoriano en la Malagueña de Enrique el Mellizo, de Cádiz, decía: «Buenas tardes, notaréis que la malagueña del Mellizo, sobre todo al principio, tiene influencias del canto gregoriano», y se pone a cantar gregoriano igual que cantaba en el coro de su convento, y el cojo Peroche cuando terminó dijo: « No te cabe a ti *ná* tampoco» y Amós contesta con acento afeminado: «Ay por Dios, no decirme a mí estas cosas».

* * *

En cierto momento, estaba yo actuando en Cádiz, tocando en el teatro Pemán de verano, alguien del público aprovechó unos momentos de silencio en la guitarra y el cante y me dice gritando:

—Cepero, me cago en tus mulas *toas*, qué bien tocas la guitarra pero mejor te haces la raya.

* * *

Otro día dice uno, hay que ver Cepero la cantidad de cosas que compone sin que se le olvide nada, y le responde Paco Gandía,

—Cepero tiene cabeza *pa* llevar Rumasa sin papeles.

Y otro señor que iba con Lopera, lanzó una carcajada, y le dijo Gandía:

—Y tú no te rías, que si a ti se te olvida algo es *pa* matarte.

* * *

Cuando se abrió *Caripen* una sala de fiestas de Lola Flores, estábamos *reuníos* entre otros, Felipe Campuzano y una buena plebe, de forma que nos dijimos: «vamos a llamar a Cádiz *pa* que venga el Cojo Peroche». Felipe llamó a Cádiz y se pone el Cojo Peroche al teléfono y pregunta *intrigao*:

—¿Pa qué voy a ir yo a Madrid?

—Chiquillo que abre *Caripen* y vas a salir en la Televisión Española, te va a ver *to* el mundo– le responde Campuzano.

Entonces tragó. Nosotros sabíamos más o menos a la hora que llegaba el tren y fuimos a esperarlo a Atocha. Cuando salió el taxi de Atocha, le dice Campuzano;

—Tire usted por la gran vía y pare usted en Pedro Chicote[15].

—No hombre no, Pedro Chicote no, a *Caripen* a lo de Lolita Flores, a lo de Lola Flores —repetía el Cojo Peroche.

—Que sí cojo, pero vamos antes a Pedro Chicote que está por la Gran vía que tengo allí una carta que recoger.

—¿Quién coño es Pedro Chicote?

—Pedro Chicote es al barman más famoso del mundo, además tiene allí *to* los licores que existen, más de treinta mil, la colección más extensa que hay de licores

Cuando llegamos allí nos bajamos, entramos y dice el cojo:

—¿usted es don Pedro Chicote?

—Sí señor.

—¿Y usted tiene *to* los licores del mundo?

—Sí señor.

—*Tos*, menos uno.

—¿Cuál?

—Licor del Polo.

* * *

En cierta ocasión el Cojo Peroche estaba en una fiesta, y yo vi que había *comprao* medio cuarterón de tabaco de aquello que venían de Gibraltar, y entonces le dije yo a toda la plebe que había allí.

—*Quillo,* el cojo ha *comprao* un cuarterón de tabaco, vamos a atacarle.

Entonces llegaba uno y le decía:

15 Pedro Chicote era el barman del hotel Ritz, el cual fundó un local muy famoso que persistió en Madrid gran parte del siglo XX.

—Antonio, ¿me puedes dar un cigarrito?

Y él estaba *mu* contento porque sabía que iba a trincar y fuimos pasando y le metíamos el pulgar en el bolsillo para arrebatarle el tabaco, los cigarros eran puros habanos, hasta que llegó un momento en que no le dejamos ninguno. Al final él se estaba echando en la mano lo poquito que le quedaba ya, el polvito del tabaco, en ese instante le tocó uno en la espalda, y se volvió y dijo:

—Esto es bicarbonato.

Porque si he conocido a dos personas que llevaron la gracia de Cádiz en sus venas fueron el Beni de Cádiz y el Cojo Peroche, puesto que no conocí ni a Ignacio Espeleta, Ramón Arana, Vinaza El Cochero, Manolo el aviador, El Sopa y tantos otros.[16]

* * *

Cuando a mí me hicieron académico de la Real Academia de San Dionisio, me dice el director:

—Paco desde hoy eres ilustrísimo.

Y él no sabía que yo tenía la medalla al mérito de Las Bellas Artes, y me habían *dao* también dos medallas de la provincia de Cádiz que otorgan el grado de ilustrísimo.

—No, seré excelentísimo, ilustrísimo e ilustrísimo, ¿no? —le digo

—¿Entonces cómo hay que llamarte?

—Dime mejor Paquito, que me siento más cómodo.

* * *

Los mejores músicos iban en su época con Augusto Algueró y un músico como los hermanos Cubero cobraba en aquella época por una gala unas ochocientas pesetas, y yo iba tocándole a Carmen Sevilla y ganaba en aquella época cinco mil pesetas, yo le tocaba «Con la pluma de una gallina» y decía yo:

16 https://www.lavozdigital.es/pg060718/prensa/noticias/Opinion/200607/18/CAD-OPI-070.html

—Turruá, turruá…

Y digo, ¡coño!, los turruás turruás más caros que me han *pagao* en mi vida.

* * *

Cuando hicimos la gira por Alemania, íbamos Camarón, Paco de Lucía, Lebrijano, Diego Pantoja y yo, y el que aprendió a decir las comidas en alemán fui yo.

—*Fünf kalte Biere*—decía.

Que quiere decir «cinco cervezas frías», entonces yo aprendí a pedir las salchichas, que es *würstchen*. Hay muchos tipos de salchichas, y en una ocasión, nosotros llegamos a un pueblo, y allí también los hay que se zamarrean y sueltan bellotas.

—*Bringt fünf Hühnersuppen, drei mit Eiern und zwei ohne Eier*—le dije.

Que era «trae cinco sopas de pollo, tres con huevos y dos sin huevos» pero un día le dije trae cinco salchichas y la tía no me entendía, le dije los nombre de *to* los tipos de salchichas que hay, y no me entendía. Pero uno de nosotros se señaló hacia sus atributos y dijo con los dedos de la mano, cinco, y la tía lo pilló al momento. Vamos que sin comer no nos quedábamos nosotros en Alemania.

* * *

Otra anécdota que recuerdo con mucho cariño era que cuando estaba yo en Madrid me encontré en una fiesta con don Pedro Vargas el mariachi mexicano y entonces todos los señores que estaban en aquel sarao le decían:

—Don Pedro, cante usted algo.

—¿Cómo voy a cantar?, si yo no traigo ni mis mariachis ni nada que me acompañe

Entonces yo le dije:

—Mire usted don Pedro, si usted me dice el tono, yo intentaré acompañarlo lo mejor que pueda.

Entonces me puse a acompañarlo y cantó un montón de canciones, y finalmente me dice: —¿Sabe lo que le digo maestro?, que en mi vida he cantado más a gusto que con usted.

* * *

Luis *El Compare,* era un hombre de Cádiz que tenía mucha gracia. Por aquella época existía los cinco duros en papel. En cierta ocasión íbamos saliendo de El Duende y Luis «*El* Compare» que era uno que se buscaba la vida de artista, iba contando el dinero, y le tocó uno en la espalda y de seguida hizo así, se metió el dinero en el bolsillo de la chaqueta,

—No tengo —dice.

* * *

Cuando yo llego a Japón iba con Rancapino, iba en una gira de conciertos y venía Gerardo Núñez acompañándome.

—Hombre tú me puedes llevar —me dice Rancapino.

—Dentro del concierto quiero hacer lo que es la guitarra como acompañante, y me voy a llevar a un Premio Nacional de Cante — le dije yo al empresario.

Yo estaba con una traductora y al tío le cayó bien, esto fue en 1981, pues una mañana al levantarme cogí un periódico que tenía una noticia de España en la que había una fotografía de un guardia civil con una pistola en la mano. Ese año fuimos nosotros de tournée por Japón. Y me dice: «sería simpático presentar a Rancapino en japonés porque la fonética no es difícil».

—Con van gua —que es buenas noches, decía yo.

—Uo koso taida ma yorí idama tomodachi Rancapino chacachimato.

Así procedía yo, me metía la mano en el bolsillo y sacaba una chuletita, y yo lo deletreaba, y eso les hacía mucha gracia y se reían, pero yo al tercer día ni chuleta ni *na,* yo me lo aprendía de memoria y se lo decía.

—No así no me resulta simpático —me dijo el tío.

—¿Qué quieres, que me lleve media hora aquí *pa* presentar… ?

Que por cierto me dijo Rancapino cuando estábamos en Japón.

—Paco, yo aquí soy como Richard Gere. Digo

—Sí hijo, es que tu cara es internacional, si vamos a México no desentonas, si vamos a Perú no desentonas, en China y Japón tampoco, tú tienes una cara internacional

* * *

En otra ocasión íbamos en un taxi con María Jiménez, que había ido a Japón con la canción *Sensación*. En Japón se habla *mu* bajito, allí la gente no chilla. Íbamos en un taxi. —¿Cómo se dice en japonés pare usted por favor? —me dice María Jiménez.

—Choto mate cuda sao.

María Jiménez lo dijo tan alto que el taxista pegó un frenazo que casi nos salimos por la luneta los tres.

En Japón vale carísima la comida, en el hotel Intercontinental nos pagaban el desayuno, pero el almuerzo y la cena corría por nuestra cuenta y a Rancapino se le antoja pedir un filete el primer día que estuvimos, él iba ganando cinco mil pesetas y le pidieron por el filete cuatro mil pesetas. Y me decía: «¿*Pa* qué he *venío* yo aquí, si yo allí con un festivalito al mes saco *pa* comer por lo menos, y así *to* el contrato, no paraba de quejarse, venía con nosotros Gerardo Núñez. Yo escapé mejor porque firmé al cambio en dólares en lugar de en moneda japonesa, y el cambio del dólar me favorecía.

—Yo os pago el almuerzo y la cena —le dije.

Y una vez a la semana comíamos en *Chibula* que es un barrio de allí. Nos hacía el tío un arroz con langostinos, y los demás días comíamos en los *free chicken*, que eran restaurantes coreanos baratitos. Sin embargo, un día entramos en un restaurante japonés que era de un poquito más categoría y pedimos un *lame*, que es como una sopa en un cuenco muy grande a la que le echan unos poquitos de fideos. Era una comida bastante sabrosa, te daban las cucharitas de cerámicas y aquello tenía *mu* buen sabor. Pero se dio la circunstancia que comimos en otro local y pedí un *lame,* y como este plato está hecho con algas, resultó que cuando pusieron aquello apestaba como a orina recalentá y digo —«aquí hay que tragar»— y el primero que cogí la cuchara fui yo.

—Alonso, ten *cuidao* que se te va a enfriar —le digo a Rancapino.

—Tú no te preocupes por mí que yo estoy hartito —me dice.

* * *

En los años cincuenta se dejaba sentir todavía el hambre en España, en Jerez había un guitarrista que se llamaba Cantarote, gitano, hablaba mu ronco. Cantarote en una fiesta se metió, buscándose la vida porque era de los que pasaban el plato, tocaba bulerías y hacía sus falsetitas flamencas, hacía lo que podía, pero bueno... Lo veo después de una fiesta, con un cuchillo cortándole las cuerdas a la guitarra.

—¿Cantarote qué estás haciendo? —le digo.

—¿Qué voy a hacer Paco?, *pa* mis niños, y echó ensaladilla, picos, salchichón, y toda la comida que sobró dentro de la guitarra.

* * *

Canalejas de Jerez y yo estábamos en el parque González Hontoria, en la venta Maribal, y de esta a la Segunda Plateá hay unos cuantos kilómetros, pasábamos por detrás de donde está el monumento de Lola Flores, en una calle que se llama Baro. Había una panadería, entrábamos y decía:

—*Quillo* dame dos bollitos.

Y cuando le daban los dos bollitos, llegábamos a la venta Casablanca y le decía a la dueña:

—Charo, ponme *pa* los bollos una cosita *pa* el niño.

Y le daba un bocadillo *pa* sus niños.

* * *

La venta Maribal cerraba el cabaret a las tres y media o las cuatro de la mañana, y cuando llegábamos a la venta Casablanca eran las cinco de la mañana, y a esta hora tenía ya un hambre que me comía las piedras. Yo me acuerdo que había un dulce que le decían cubilete, que es como medio vaso y dentro tiene cabello de ángel, pues con la edad que yo tenía nos íbamos a la Moderna, y en la Moderna me tomaba yo cinco, seis o siete cubiletes, y me decía Tío Borrico *asustao*:

—*Quillo,* Paquito, que te va a dar algo.

Los mojaba en el café y me comía seis o siete, los que me dieran.

* * *

El niño Brenes de Jerez era *mu* culto, el hermano era barbero y vivía en casa de mi tía Lola, pues este hombre hablaba de comida siempre. Tenía constantemente la comida en la boca.

—A mí cuando me entierren, si me muero, que me entierren en los sótanos de Vallejo —dijo

Vallejo era un señor que tenía en Jerez diez o doce *supermercaos*, y allí tenía jamones y todos los embutidos habidos y por haber.

* * *

En el bar de la Moneda estaba el primer televisor que hubo en Jerez, el único, una televisión en blanco y negro. Cuando en Madrid empezaron las Copas de Europa nos íbamos al bar de La Moneda que estaba al *lao* del teatro Villamarta. Entonces cogieron un primer plano del balón en el centro de la pantalla, y le dice este hombre al dueño:

—Manoloooo…

—Qué quieres Brenes.

—Así tienes que poner las albóndigas de grande.

* * *

Yo tuve una época en que Ortega Cano y yo teníamos mucha amistad y los toreros son siempre *mu* supersticiosos. Cuando tú vas con un torero y triunfa pues piensa que a lo mejor tú le das buena suerte..., y si no triunfan dicen ufff, este tiene mal bajío. Entonces yo, siempre que iba con él, estaba en *to* su apogeo y fui a una corrida a Zaragoza donde le dieron la cornada tan grave. Me vine con la cuadrilla *pa* Madrid, él se quedó allí *ingresao*, y a la semana volví y ya estaba más recuperado, dando rehabilitación. Estando allí llega el doctor Val-Carreres, que es bajito y está *to* calvo.

—José, ¿quieres que te traiga una garrafita de agua para el pelo? Que a Palomo Linares dice que le está yendo muy bien... —le dice a Ortega Cano

Porque Ortega Cano tenía complejo de que se le estaba cayendo el pelo.

—Claro hombre, tráigamela usted.

—Maestro, ¿usted quiere una garrafita? —me dice.

—Usted no me traiga a mí la garrafita hasta que no vea su pelo que le llegue a la cintura.

Otro día toreó en un festival en El Bosque, y lo cogió un toro, lo tiró por los aires y cayó *mu* malamente, y me fui yo *pa* la enfermería, fíjate la enfermería de un pueblo, y estaba allí to *dolorío*.

—¿Quién coño te manda a ti a venir al bosque? El bosque es pa Caperucita Roja y el lobo —le dije.

* * *

Recuerdo que, en una ocasión, antes de actuar Camarón, este me ofreció fumar de un porro, yo le dije que ni hablar, pero él insistió.

—Fuma, fuma, que te vas a poner perita —me decía.

De modo que le di una larga calada al canuto y lo aguanté en los pulmones el tiempo que pude, de momento sentí una sensación extraña, pero cuando subimos al tablao, Camarón me cantó una letra que decía : *En la tumba de mi madre, van a crecer violetas...*

O algo *parecío*, y con eso me entró un ataque de risa que no me pude aguantar, no podía seguir tocando de la risa que me entró. Menos mal que era al final del espectáculo y había de público solo cuatro o cinco gitanos que se dieron cuenta del *tinglao*, si no, ¡qué vergüenza! Desde entonces, yo en mi vida he subido al escenario de esa forma, desde entonces yo soy un artista de café con leche.

* * *

Manolo de Huelva era un guitarrista que yo admiraba muchísimo. Lo conocí en Madrid en una fiesta que se daba en la venta Manzanilla, como me presentaron como sobrino de José Cepero, él se mostró tremendamente cariñoso conmigo, pues creía que yo era cantaor, igual que mi pariente José Cepero, pero cuando se enteró que yo era guitarrista, me miraba con un odio, como diciendo:

—El hijo puta este viene a quitarme todas las falsetas que sé…

—Fijaros qué mentalidad.

10. LOS ARTISTAS FLAMENCOS. MIS COMPOSICIONES

CAMARÓN DE LA ISLA

«Mención especial merece el caso de Camarón de la Isla, al cual, acompañé en muchísimas ocasiones al principio de su carrera. Él llegaría a decir que yo lo acompañé mejor que nadie, eso lo decía Camarón, lo decía Paco de Lucía y lo dice Tomatito. Paco de Lucía le dijo a Farruquito, que había ido a Palma de Mallorca a verlo:

—Mira, te voy a decir una cosa, el que mejor ha *acompañao* a Camarón ha sido Cepero, ni Tomate ni yo, ese…

Dijo señalándome a mí, era un congreso donde estaban entre otros, Ricardo Pachón y Tomatito. No hay *na* más que ver los vídeos que estoy tocándole yo a Camarón por soleá o por alegrías en el teatro, en el cine Alcalá de Madrid. Lo pongo en palabras de Paco de Lucía, no mías, puesto que no es afán de vanidad, todo lo contrario, es hacer honor a la verdad.

En Torres Bermejas, Camarón y yo hacíamos un último cuadro nocturno más *dedicao* a un público avanzado y con profundo conocimiento del flamenco, cuando no artistas, como era el caso de Paco de Lucía. Fue también durante aquellos años cuando formábamos parte del Festival Flamenco Gitano, donde trabajábamos en segunda línea un gran elenco en torno a La Singla.

Los cuatro guitarristas fundamentales en la vida de Camarón fuimos Paco de Lucía, Ramón de Algeciras, Tomatito y yo. Sin embargo, he sido el peor parado en los libros que se han escrito sobre Camarón. Fui un acompañante que lo llevaba a la perfección, aunque esté feo que lo diga, antes de tocarle Tomatito, en plena época de festivales de verano, ya comencé a acompañarlo».

Lo que sí es cierto es que, en las primeras actuaciones de José Monge para Televisión Española, canta siempre acompañado por Paco Cepero, además, cuando en 1969 graba su primer disco, solo hay un tema donde lo acompañan a la vez Paco de Lucía y Cepero, se trata de los tangos *Al Padre Santo de Roma*, de Antonio Sánchez[17], y tampoco se nombra a Cepero para nada en los registros de la portada. Por otra parte, Cepero no es el autor de *Rosa María*, pues no la compuso, pero las tonalidades están tomadas del tema que El Chozas había grabado previamente llamado *Ay que Dolor*, cuyo autor de la música es de Paco Cepero.

En la actualidad, todo cuanto gira en torno a la figura de Camarón adopta un matiz desproporcionado, pero a principios de su carrera era solo una joven promesa. Con el tiempo adoptó un doble valor avalado por el flamenco ortodoxo en sus primeros discos, y por los renovadores, a partir del polémico trabajo *La Leyenda del Tiempo.* Hoy todo lo que concierne a Camarón se convierte en mito y leyenda, hasta llegar a la sacralización de ese artista. Es cierto que constituyó todo un fenómeno, un punto de inflexión en la historia del flamenco que, hasta finales de los sesenta y primero de los setenta era un arte sagrado e inamovible.

Camarón era una persona endeble, de pelo rubio, de baja estatura, tímido, de pocas palabras, pero reunía una fuerza cósmica inconmensurable, un quejido especial, tenía una voz dulce y él mismo era un cantaor larguísimo, puesto que dedicó toda su vida a empaparse de todas las melodías que

17 Juan José Téllez. *Biografía de Paco de Lucía.* Página 167.

llegaron a sus oídos para después interpretarlas con su voz, imprimiéndole su personalísimo sello.

Sin embargo, no fueron sus primeros discos, los que le valieron la posición histórica de su figura, sino que comenzó su revolución de masas con *La Leyenda del Tiempo,* producido por Ricardo Pachón, un disco que al principio tuvo muchos detractores, todos los que consideraban el flamenco como inamovible y pieza de museo. Con posterioridad fueron *Calle Real* y *Como el Agua,* entre otros, ya con la guitarra de Paco de Lucía, algo que no ocurrió en *La Leyenda del Tiempo,* donde además de la guitarra, nos viene acompañado de bajo, percusión e incluso hasta cítara. A partir de *ese* trabajo, Camarón se transformó en toda una leyenda social y urbana. Visto en toda su amplitud, y tanto en una apreciación purista como renovadora, lo cierto es que, al igual que Caracol, Manuel Torre u otros cantaores de renombre, tuvo un sello inconfundible y estableció una forma singular de hacer las cosas. Era un cantaor mucho más completo de lo que se cree, pues además de su innata inspiración, era un investigador del cante, cada vez que se enteraba que había alguien cantando algo que le interesara, él lo escuchaba y después asimilaba la música y la hacía a su manera, moldeando la melodía para que sonara según su forma, siempre fue cogiendo de aquí y de allí, así aprendió todos los cantes básicos. Camarón tiene un sitio esencial en la historia del flamenco. Una de las grandes actuaciones de Camarón con Cepero la recuerda el guitarrista cuando lo acompañó por soleá en el teatro Alcalá de Madrid, sencillamente excelente.

«José era un hombre de pocas palabras, pero era una persona *mu* sensible, en cierta ocasión que estuve en Japón, recuerdo que le traje a muchos compañeros un mecherito como detalle, pero a él no le traje *na,* y me la guardó. En otra ocasión, siendo prácticamente un niño, lo vi aquí en Jerez, yo estaba tocando la guitarra y él iba con el Pilili, yo lo vi, era mu pequeñito y tenía un cigarro en las manos.

—Cepero, acompáñame un poquito por soleá —me dice.

—Anda niño no fumes que te vas a quedar como un enano —le dije.

Y no le toqué la guitarra, y me lo recordó siempre.

—Tú me roneaste a mí y no me quisiste tocar y fuiste a Japón y no me trajiste ni un mecherito —me decía».

Así era Camarón de la Isla, el cual formó pareja con Paco de Lucía durante los primeros nueve discos. Cepero refiere que Camarón lo admiraba como acompañante del cante, lo que ocurre es que comenzó a tener otro tipo de vínculos personales con Paco de Lucía que no tuvo con él. Con Paco lo unía una relación muy especial, se hicieron muy amigos. Prácticamente estaban todo el día hablando, se puede decir que entre ellos se abrió un gran mundo en el espectro musical, tarareaban, Camarón cogía la guitarra, creaban ambos a la vez, se intercambiaban cadencias musicales mutuamente y claro, fluía entre los dos las melodías, se inspiraban mutuamente, hacían una música común, ambos hicieron muy, muy buenas migas, eran un dúo inigualable, estaban hechos el uno para el otro.

«Sin embargo, yo le toqué a Camarón en su mejor etapa, la misma que la de Terremoto. Tuve la gran suerte de coger a Camarón cuando su garganta era una caja de música y no se podía cantar con más dulzura. Dice un refrán "dichosos de mis imitadores porque heredarán todos mis defectos" que en el caso de Camarón cobra una especial importancia, pues la mayoría de los cantaores que imitan a Camarón, hacen lo peor de él. José era dulzura, afinación, compás, pellizco, fatiga…, hoy *to* el mundo se pone a imitar sus *quejíos...*, *ayn ayn, ayn...*, y basan *to* en eso, pero eso no es Camarón. Yo lo cogí en su mejor época. Creo conocer bien el flamenco y eso te aporta de forma inconsciente, te va creando afición, pues vas poniendo el oído y te das cuenta quien canta bien, y quien no lo hace, y además hay quien te da pellizco y quién no. En la actualidad *to* es distinto, se aprenden patrones de compás *preestablecíos*, que si dos por tres, que si tres por cuatro, que si Frijones o Paco La Luz hacía esto o lo otro, y están los cantaores como maquinitas de coser, *to tó, to tó, to tó*…

Pero por ese motivo, yo no tengo complejo ninguno de segundón, ni tengo celos de Paco de Lucía, al revés, yo sentía por Paco una gran admiración y se la sigo manteniendo, porque Paco en mi opinión, ha sido el mejor guitarrista de la historia, va a ser *mu* difícil que vuelva a salir otro Paco de Lucía. Paco reunía todas las condiciones: era jazzístico, tocaba todas las técnicas modernas, armonizaba como nadie, introdujo melodías innovadoras, creó fusiones, intentó la consanguinidad del flamenco con otras músicas del pueblo, pero cuando tocaba flamenco sonaba flamenco, tenía sensibilidad, a mí me llenaba. Yo no soy un hombre de complejos, ni me veo ni por encima ni por debajo de Paco, yo ahora lo estoy escuchando más de lo que lo he *escuchao* en *toa* mi vida, fueron muchos años de tournée juntos, yo viví su apogeo, fui acompañándolo en el teatro La Zarzuela a los dos, Paco y Camarón se les veía venir, se configuraron una pareja el uno *pa* el otro. Yo me embelesaba escuchándolo a Camarón, hasta que le daba los tonos que él hiciera con su voz, y hacía lo que hago con *to* los cantaores, esperar y terminar con él. Eso es lo importante de un buen guitarrista acompañante de flamenco, porque *pa* lucirte vete a un concierto y ahí haz lo que te dé la gana. Y tengo muchos defectos en esta vida, pero complejos ningunos, y celos menos aún, yo cuando he *sabío* valorar a un tocaor he dicho: ¡Magnífico! Yo me he *conformao* con disponer de mi propia identidad.

Respecto a anécdotas con José, habré *vivío* miles, pero recuerdo cuando se casó, la noche de boda nos dijo que lo esperáramos en una venta en la carretera de Jaén, y cuando fuimos estaba allí Curro Romero esperándonos, finalmente llegamos *tos*.

—Ea, ya estamos aquí *tos*, ¿no estamos más a gusto aquí y quería la gente que me cogiera el toro? —nos dice Curro Romero.

Manolo Caracol nunca dijo en público *na* acerca de Camarón, por aquel mano a mano que tuvieron con motivo de verse por primera vez en la venta de Vargas y haber dicho que un niño de pelo rubio nunca podría cantar bien por bulerías, y aquellos fandangos mano a mano con que se batieron los dos. Superándolo en tono Camarón, a partir de ahí guardó silencio sobre el chaval, sobre José. Una noche en Madrid fuimos al chalet suyo que estaba en Casa Quemada en Madrid, subiendo la cuesta de La Coruña, era un chalet precioso, estaba La Paquera, María Jiménez y en general todos los artistas que actuábamos en Los Canasteros, todos nos fuimos aquella noche allí. Estaba yo tocando y se levantaron Arturo Pavón y Luisa Ortega, desde la escalera, los dos llorando, y el niño cantando por fandangos del Gloria. Caracol, cogió la mesa y la levantó y la tiró por los aires. Puesto que Caracol nunca exteriorizó su admiración a Camarón, ni le dijo "qué bueno eres o qué bien cantas". Él se había *enterao* de que había un niño rubio que cantaba y fue a verlo, pero jamás le dijo olé ni *na*, y ese día cuando lo escuchó cantar no pudo contenerse y tiró la mesa, puesto que Camarón conocía los cantes a la perfección, además tenía una voz, una dulzura, que en esa época era una caja de música. Cuando *joven imitaba a Porrina, a Farina, a* Juan el de La Vara, a Mairena, a Caracol lo imitó también, era un gran conocedor de los cantes. Yo conviví mucho con él, pues venía a mi casa, ya que mi *pare cantiñeaba mu* bien, porque había escuchao a Juan Jambre, a Manuel Torre, a Tío José de Paula.

—Tío Paco, ¿cómo era el cante ese de Tío José de Paula o de Juaniquí o del que fuera? —le decía Camarón.

Y mi *pare* se los hacía y Camarón los captaba, porque era listo, *mu* listo.

Como he *apuntao* antes, también lo acompaño con Paco junto en alguna otra canción y no se me nombra siquiera. No es que yo quiera ser más de lo que soy, sino que en todo cuanto se refiere a Camarón mi nombre se omite, pero por eso no voy a ser menos, es la realidad.

En mi época de los tablaos en Madrid, había tres artistas que veía cada noche: una era La Marelu, otra era Manuela, que nosotros le decíamos la Caraperro, Manuela la Caraperro, que fue mujer de Manzanita y otra Tina la de Las Grecas. Existe una leyenda en relación a Camarón, Tina la de Las Grecas y quizá otros artistas de que le dábamos bien al whisky.

Al respecto tengo que decir que ninguno tomábamos alcohol. Camarón no bebía alcohol; más tarde, sí abusó de otras sustancias y también del tabaco, yo sin embargo, lo dejé hace quince años, beber, me tomo una copa de vino comiendo, no bebo más. Trasnochar lo he hecho en numerosas ocasiones para ganarme la vida, en la actualidad, hace muchos años que yo no trasnocho, todas esas cosas ayudan, tú tienes que adaptarte a la edad que tienes. He *sío* también pecador, yo era una persona que también me liaba cuando tenía treinta años, pero ahora hay que tener cierta prudencia, y *pa* eso no hace falta ser *mu* inteligente, sino adaptarse a la edad que uno tiene. Ahora mismo si me tomo una copa de más, me llevo tres días en la UVI, pues no me la tomo, ya está».

COMIENZA A COMPONER

«Cuando trabajaba en los tablaos de Madrid me gustaba componer algunos temas y dárselo a diversos artistas, que lo grababan y ello constituía la mayor satisfacción *pa* mí, que se divulgaran melodías que yo había *creao.* No lo hacía por dinero, sino sencillamente me gustaba que los artistas cantaran creaciones que eran mías. Sin embargo, en cierta ocasión me pasó algo que me hizo cambiar de actitud.

Estaba yo con los hermanos Conde en la calle Gravina de Madrid, cuando coincidí en el taller de aquellos lutieres con Isidro Muñoz, el hermano de Manolo Sanlúcar, el cual, llevaba un bulto envuelto en papel de periódico.

—¿Qué llevas ahí el bocadillo? — le pregunté nada más verlo.

—Sí hombre, el bocadillo.

En ese momento, me abre lo que estaba oculto entre el papel de la prensa y veo que eran setecientas cincuenta mil pesetas de aquella época.

—¿Y ese dinero? —le pregunté sorprendido.

—Este dinero es por los derechos de autor, por un tema que le compuse al grupo *Arenas Calientes* y que ha tenido bastante éxito.

En ese momento me quedé pensativo, me pregunté: "Paco ¿cuánto tiempo te tienes que llevar tú tocando la guitarra en Torres Bermejas *pa* ganar esa cantidad?". Ni yo mismo lo sabía, pero tal vez cientos de noches. Aquello no se me cayó de la cabeza en *to* los días siguientes. Caí en la cuenta de que yo había compuesto muchas canciones, por las que no estaba cobrando ni un solo duro. De esa forma, me informé de los trámites correspondientes y los llevé a cabo. Me registré como autor en la Sociedad General de Autores Españoles, la SGAE, la cual te abona un dinero, como a *to* los autores, que está en función de las ventas que tengan las correspondientes casas discográficas. De modo que me di de alta, y comencé a registrar cada una de las canciones que componía.

Mi mayor sorpresa fue cuando en una víspera de navidad, le dije a mi mujer:

—Mira Chari, me voy a pasar por autores a ver si caen treinta o treinta y cinco mil pesetas *pa* pasar las navidades.

—Sí hombre, treinta o treinta y cinco mil pesetas, te van a dar lo que tú quieras.

—Bueno, todo es cuestión de probar suerte.

Con esa idea me fui a las oficinas de la Sociedad de Autores a ver cuánto me podrían pagar. Había una cola importante en la ventanilla, en la cual daban a cada autor su asignación correspondiente, de allí salían cada uno con una determinada cantidad de dinero. Cuando me tocó a mí el turno, dije: Francisco López-Cepero García, y mi sorpresa fue mayúscula cuando vi que aquel señor apilaba una importante cantidad de billetes y los metió en un sobre donde casi no cabían, la suma ascendió a un millón trescientas mil pesetas de la época. Cuando llegué a casa le dije a Chari:

—Llevabas razón, no ha *habío* suerte, ni siquiera treinta mil pesetas he recogido.

—Te lo dije —contestó ella— que no te molestaras en ir, para que en otras ocasiones me eches más cuenta.

En ese momento saqué el sobre y esparcí sobre la cama aquella cantidad, y Chari me miraba sin dar crédito, no salía de su asombro. Recuerdo ese día como uno de los más felices de mi vida, porque, aunque la ganancia era puramente material, no estábamos acostumbraos a ese tipo de premios. Ni que decir tiene que pasamos una de las navidades más ostentosas de nuestra vida, sobre *to* porque no nos esperábamos esa sorpresa.

Y es entonces cuando me di cuenta de que lo que más me interesaba era la composición, dejé la guitarra a un *lao* y me puse a hacer canciones ¿por qué? Pues porque yo tocando la guitarra, en aquella época hacía una producción y resultó que lo que yo ganaba en una producción no lo podía ganar con la guitarra en el tablao ni en cinco años. Entonces, yo me olvidé de la guitarra durante una etapa de mi vida, no es que no tocase la guitarra, pues yo siempre he compuesto con guitarra. De esta forma, cuando pasó cierto tiempo y yo volví a Jerez, a principios de este siglo, yo estaba *olvidao* como guitarrista.

Tuve que empezar de nuevo, notaba una falta en mí grande y no sabía qué me pasaba, incluso mi familia percibía que no era yo, y al venirme —porque yo he vivío treinta y seis años de mi vida en Madrid, claramente *alejao* de mi ambiente—, al volver, retomé el contacto con el mundo del flamenco y me di cuenta que necesitaba nuevamente la guitarra, pues no acababa de estar lleno, entonces me propuse grabar más discos en solitario y fue cuando hice *De Pura Cepa*, siendo uno de sus temas, *Agua Marina*, y ahí es cuando Dios me puso la mano encimita. Fue un éxito y la he vuelto a regrabar. Con posterioridad salió mi trabajo *Sueño Latino*, donde metí temas de lo que yo no había hecho en mi vida, de rumba y bulería, entonces, se convirtió en un disco *mu* apetecible».

La lista de artistas a los que les ha compuesto Paco Cepero canciones es muy numerosa: a Turronero, Juanito Villar, Pansequito, Chiquetete y un largo etcétera. Enumerar todas y cada una de las canciones que ha compuesto sería aburrido, así pues, nos limitaremos a mencionar algunos artistas flamencos que prácticamente le deben a Cepero lo mejor de su discografía, a los que les produjo los principales discos, y a los que compuso canciones aflamencadas que protagonizaron una época de vanguardia en la que se fueron abriendo fácilmente camino. La crítica fue muy dura con Paco Cepero en ciertas épocas, decían de él que estaba prostituyendo el flamenco, pero sus canciones, aún tienen sabor a flamenco. No se trata de cante del puro, porque entre otras cosas, si hubiera sido ortodoxo, no habrían tenido lugar sus composiciones, dado que el cante puro estaba ya hecho. Él compuso melodías con sabor flamenco, si así se pueden catalogar, Cepero nunca se ha metido con el flamenco tradicional ni ha vulnerado jamás una soleá o una seguiriya. Sencillamente, hizo composiciones que sonaban aflamencadas, es decir, con aromas flamencos. Se da la circunstancia de que en los tiempos presentes se está echando mano mucho de este tipo de música, de esos aires, y él se asombra al darse cuenta de que cosas así las hizo él hace ya cuarenta años.

«Desde el día en que comencé a componer canciones también me inicié en la producción de los discos, *to* un trabajo, donde me tengo que abstraer de cualquier cosa y conseguir la máxima concentración que pueda dar de sí. No voy a entrar en los pormenores de una producción, pero solo diré que cuando hago este tipo de trabajo, solo admito en el estudio al artista, al guitarrista, al ingeniero de sonido y yo, allí no entra nadie. Recuerdo que cuando le produje un disco a Rocío Jurado y quería entrar conmigo su marido, Ortega Cano, dije que ni hablar, pero ni su marido ni nadie, allí solo entro yo aparte de las personas imprescindibles.

Además de la música aflamencada, también he compuesto otro tipo de canciones, dirigidas a otro tipo de artistas que *na* tienen que ver con el flamenco, cual es el caso de Rocío Jurado, Isabel Pantoja, El Fary, más *relacionao* con la copla o tonadilla española, y a su vez, a otros que cantan de mí esencialmente baladas románticas, las cuales, dicho sea de paso, son las que más dinero me han *dao* a ganar. Entre ellos está José Luis Rodríguez El Puma, el mexicano José José, Julio

Iglesias y el mismo Chiquetete, cuando abandonando el flamenco se dedicó a este tipo de canciones».

Por enumerar los artistas flamencos más relacionados con Paco Cepero, tanto por las composiciones como por el acompañamiento, son de destacar:

TURRONERO

Manuel Mancheño Peña, Turronero[18] había nacido de casualidad en Vejer de La Frontera porque sus padres eran vendedores ambulantes. Al Turronero de pequeño su madre le pedía que cantara y él le canturreaba algunas cosas. Llegó a Utrera dando tumbos y allí se encontró con el cante de Fernanda, Bernarda, El Perrate, y Manuel de Angustias; escuchando a estos cantaores con la guitarra de Diego el del Gastor aprendió a cantar, sin embargo, él no cantó hasta que un hijo de Perrate se hizo novio de su hermana. A partir de ahí, se metió en las fiestas, de cuya asignación le daba algo a Perrate y a Diego el del Gastor. Cuando se fue a Madrid actuó allí durante un tiempo con su amigo Camarón y solía cantar en ventas. Volvió a Sevilla y estuvo en el sur durante algunos años para marchar nuevamente a Madrid contratado por Gitanillo de Triana. Con posterioridad, estuvo actuando en Las Cuevas de Nemesio al principio también lo estuvo manteniendo Gaspar de Utrera durante escaso tiempo. Más tarde, tras hacer el servicio militar ingresó en la compañía de Antonio Gades, con lo que cobró gran impulso, hasta que grabó finalmente un tema de Paco Cepero llamado *Olivaritos del Campo,* con letra de José Manuel Caballero Bonald. Es entonces cuando Cepero enlentece su toque habitual por bulería y adopta un nuevo ritmo más pausado en dicho palo, puesto que antes tenía un aire de Jerez con ritmo mucho más acelerado, justo hasta ese momento, en que se plantea tocar más despacio y con

18 Candil. *Boletín de la Peña Flamenca de Jaén.* N.º 30, 11/1983. Página 19.

más calma, no tan rápido como se tocaba por Jerez cuando aprendió con aquellos gitanos. Él lo llama su metamorfosis. Después de su paso por Madrid, tras dieciocho años tocando en los tablaos, inconscientemente fue creando un ritmo personal, algo lejos del aire original de Jerez que es el que tiene en el disco *Así canta Jerez*.

Turronero se miraba en el espejo de diversos artistas antiguos, contaba que le llamó mucho la atención Juan Talega por soleá en un Gazpacho de Morón, unas seguiriyas del Perrate una nochebuena, una saeta de Gaspar de Utrera al Cristo de Los Gitanos, también Antonio Mairena en otra ocasión puntual, pero nunca generalizaba. Le gustaba más Tomás Pavón que Manuel Torre, por ejemplo, decía que había aprendido a cantar de Mairena y a actuar en el escenario y a vender de Caracol. No era un hombre de ideas fijas, aunque para él existía una clara distinción entre el cante gitano y el cante payo, eso sí. Era un cantaor que no defendía la pureza, declaraba que con un público ortodoxo no se llenaba un estadio de fútbol.

«A Turronero le hice muchas cosas que pegaron, sobre *to* el directo de Turronero-Paco Cepero en los festivales, eso era genial, eso de los mecheros en la plaza de toros de Jerez fue como si estuviera cantando Paul McCartney. Él confiaba mucho en mí y yo me metía en el papel de Turronero y le hacía cosas que después resultaron geniales *pa* él. La letra de la canción *Andalucía* que pegó un palo *mu* fuerte: "Entrañas mías, las entrañas mías, como me duele en el alma las cosas de Andalucía", es de Fosforito, porque hay que darle al César lo que es del César siempre. Fosforito me la dio a mí, dijo —mira esto— y yo saqué la música y se formó una revolución, fue como un himno porque salió en una época crítica social y política. Manuel cantaba to los palos, pero era un tío que tenía una forma *mu* personal de cantar y además transmitía muchísimo. Él no era ni mairenero ni caracolero él había *mamao* escuchando a Perrate, eso sí, y toda la gente de Utrera, pero supo imponer su propia forma de cantar y eso fue lo que lo definió, y *pa* mí eso es extraordinario en un artista, porque

Turronero se conoce también a leguas. En la época de las sevillanas ya yo no estaba con él, yo estaba en Madrid y el cogió otra casa discográfica por donde caminaba solo, pero trabajamos en los tablaos en la misma época. Él también estuvo con Antonio Gades, lo cual le valió mucho en su carrera. Era un hombre *mu* sano y *mu* bruto, pero *to* lo que tenía de bruto lo tenía de buena gente. Tenía mucha fantasía, sabía vestirse bien y era una persona que además, ¡toreaba y lo hacía muy bien! De hecho toreó en festivales. La bulería que le dedicó a Rafael de Paula es mía, pero él sacaba también cositas, tenía sus ilusiones y hacía también sus cantecitos, pero la mayoría de los que grabó se los compuse yo: *Me tocó el perder, Antes me tocó el perder, Triana y Rocío, Rocío y Triana,* etcétera. Yo le componía a su manera, después él sacó unos cantes *mu* personales.

—¿Cómo le ponemos a esto? —me pregunta.

—Coño, son cantes *mu* personales, vamos a ponerle Turroneras.

Nos ayudamos mutuamente porque a mí me venía *mu* bien acompañarlo a él, el cual, solía decir a final de sus bulerías: "viva el salero, viva el salero, que bien toca la guitarra mi *comparito* Cepero", y el remate de esas bulerías levantaba a la gente porque finalmente yo me ponía a hacer alza púas y eso ponía a la gente hirviendo. Se desgañitaba, pero en otros temas por ejemplo *Como un velero,* yo lo puse a cantar más melodioso y él lo asimiló perfectamente. Él se venía al chalet allí a mi casa en Madrid y nos liábamos a ensayar y le sacaba yo cosas».

Entre sus discos destacan: *Canta el Turrón* (1970), acompañado por Cepero; *Huele a romero* (1975), donde incluye bulerías dedicadas al torero Curro Romero, también acompañado de Cepero; *Vente conmigo niña* (1976), LP sello Philips, también con Cepero; el disco *Así lo siento* (1977), con guitarras de Cepero y El Tato, donde se incluyen bulerías, alegrías, seguiriyas, bamberas, bulerías, tangos, bulerías por soleá, tarantos y fandangos; *El cante por Bulerías,* El Turronero y Curro Malena, (1979); *Aires del Sur* (1980), producido por Paco Cepero y grabado en Belter, entre otros trabajos.

El Turronero siguió en sus discos los acentos que ofrecía en cada actuación. Era un profesional que supo seguir una línea artística específica, sacando provechosas consecuencias. Bien es cierto que su decir se movía en unas coordenadas casi siempre fijas sin una extensa variedad, pero sabiendo dar lo suyo al público una voz muy personal, con exquisito compás y siempre apoyada por la guitarra de Cepero. Uno de sus mejores discos es *Aires del Sur* de 1980, por poner un ejemplo, donde se mostró más largo de lo habitual, pues llegó a grabar bulerías, tangos, romeras, bulería por soleá, tarantos y seguiriyas, en ese disco tiene canciones con arreglos de Paco Cepero y letras de José Carrasco Domínguez.

En ese álbum incluyó temas como *Como un Velero, Está la Noche Estrellada, Juego con Las Estrellas, Tú dices que No, El Corazón de Raíz, Minero, Padre Mío Jesús, Bamberas, Los Tres Cristos y Yo Quiero Ser Luz.*

Está la Noche Estrelladla es un taranto novedoso que Turronero lanzó con toda su fuerza, renovando y creando para un público que se iniciaba. Es un tema corto, porque el disco no pretendía explayarse con este tipo de cantes libres, algo que en aquella época los jóvenes supieron agradecerlo.

Juego con Las Estrellas es una bulería también enlentecida muy personal de Turronero, tocada al aire, sin cejilla, donde el cantaor se explaya sin tercios forzaos con total comodidad, como pretendía su disco que no tenía otro tipo de intenciones que mostrar una agradable melodía para escuchar.

En la misma línea está compuesta *Tú Dices que no,* otra bulería de ritmo algo más acelerado, también cantada al aire, lo cual permitía al gitano de Alcalá de los Gazules entonar por bulerías aires melódicos alejados del flamenco.

El Corazón de Raíz, es una bulería por soleá larga similar a la que nos hacía Tomás Pavón, también cómoda, con la cejilla en el dos y una modulación que nos recuerda mucho a las improntas de Lebrija en la dicción. Es de corta duración como todo el disco en sí, el cual parece una producción relámpago. Ahí Paco Cepero mete bien el pulgar con un juego de ligados para que el toque tuviera un matiz flamenco, no para lucirse, sino para ofrecérselo a una afición no experta.

Minero nos ofrece un corto cante levantino llamado a cubrir y rellenar espacio dentro del trabajo que no deja de ser un flamenco exprés.

Padre mío Jesús es una seguiriya de Tomás el Nitri, concretamente lo que los expertos tienen clasificado como su segundo estilo[19], lo cual contrasta con el resto del disco, pues El Turronero se aleja de la comercialidad para cantar una seguiriya que no es de las más conocidas, pues hasta entonces creíamos que solo la había grabado Antonio Mairena, pero vemos que no.

PANSEQUITO

«Fue con el primero que estuve porque nos fuimos a Los Canasteros e inauguramos aquel tablao ambos juntos, éramos de la provincia los dos y emigramos a Madrid al mismo tiempo por lo que enseguida conectamos. Los primeros discos de él no fueron conmigo. Había *grabao Tengo una novia morena* y me gustó tanto que llegué a proponerle:

—José déjame que vaya contigo, yo te toco de balde en unos cuantos festivales.

Pues yo he tenío siempre intuición *pa* seleccionar a los artistas. En el momento en que le toqué fue *to* un gran éxito, fue cuando otros comenzaron a decir,

—Quiero que me toque Cepero.

Pero él decía que no, que yo era su guitarrista y lo pagaba él.

El eco de José, cantara lo que cantara, siempre te iba a gustar porque era una voz que dolía.

Yo le di por ejemplo el tema *yo me estoy enamorando*, sin repercusión alguna. Sin embargo, cuando la grabó El Fary fue número uno en los cuarenta principales».

---

19 *Antonio Mairena en el mundo de la soleá y la seguiriya.* Luis y Ramón Soler, 1995.

Pansequito[20] fue cantaor profesional nacido en La Línea de la Concepción el 8 de enero de 1945. Su padre fue José Cortés Romero *Panseco de Larache,* y su madre Juana Jiménez Montoya de La Línea. Era hermano del bailaor El Pinto; padre del guitarrista José Cortés Arana, conocido también por su mismo apelativo artístico. También era pariente lejano de Chocolate, El Quino y otros artistas del Campo de Gibraltar. Se trasladó con seis años a Sevilla, y al cumplir los diez años se afincó en El Puerto de Santa María. No es conocido por el gentilicio de su tierra natal que sería linense, sino por el sitio de acogida, es decir, El Puerto de Santamaría, ciudad de la cual fue hijo adoptivo por acuerdo de la corporación municipal en 2001.

El 12 de septiembre de 1961, Pansequito con dieciséis años estaba en El Puerto de Santa María en reunión con Orillo del Puerto, Anzonini, Rancapino, El Paquiro, Negro del Puerto y su padre Panseco, acompañados del guitarrista Roberto Iglesia, circunstancia que sería el disparadero de su carrera artística, donde él comenzaría a cantar por primera vez.

Con posterioridad a esa fiesta, poco a poco, cantó con toda la plana mayor de grandes artistas. Intervino en cientos de festivales flamencos en la época dorada de los mismos. Actuó en tablaos de Málaga con la corta edad de diecisiete años, un año más tarde lo hizo en el tablao de Emi Bonilla donde lo escuchó Caracol, al cual le gustó tanto que se lo llevó a su tablao de los Canasteros, donde cantaría un tiempo y más tarde en Torres Bermejas. También actuó en algunas salas de fiesta de la Costa de Sol malagueña.

Cantó por toda Europa incluyendo los países del Este cuando todavía existía el Muro de Berlín, y se recorrió toda España actuando en los festivales de verano convirtiéndose en figura obligada en los mejores carteles.

En 1986 trabajó en la venta El Gato de Madrid. Con la aspereza de su voz, mantiene el compás meciéndolo en algu-

---

20 http://www.lalineaflamenca.com/wp-content/uploads/2013/03/Cortes_Jimenez.Pansequito.pdf

nos de sus tercios con su estilo personalísimo, sabiendo siempre resolver con total soltura. Era un cantaor muy largo, el cual, aunque tenía su palo fuerte en los cantes festeros, cantaba perfectamente por soleá, seguiriya, tientos, tarantos, fandangos y especialmente por alegrías a las que impregnaba con su propio sello personal, descendiendo desde tonos elevados hasta la nota tónica.

Aunque la mayor parte de las veces será Paco Cepero quien le acompañe, en realidad, tiene grabada una amplia discografía junto a grandes de la guitarra como Juan y Pepe Habichuela, Gerardo Núñez, Enrique de Melchor, Tomatito y Parrilla de Jerez. En la década de los ochenta y noventa tenía centrado su trabajo en el conjunto de festivales andaluces. Puntualmente, salía fuera de España y acudía a eventos como el Festival Flamenco de Mont de Marsan en 2007, y lo hacía habitualmente, formando tándem con su mujer Aurora Vargas. Entre sus últimas grabaciones destacan *A mi bahía* (2001) y *Un canto a la libertad* (2009), una producción de Diego Magallanes en la que colaboraron artistas como Moraíto, Miguel Poveda y Raimundo Amador. En 2018 se organizó un homenaje a su figura, pero tuvo que suspenderse.

Pansequito ha sido ganador de importantes premios en la esfera flamenca, ente ellos caben destacar el que obtuvo el premio a La Creatividad en el Concurso Nacional de Córdoba en 1974; de menos importancia fue el *Premio Lucas López* de la Peña *El Taranto* de Almería en marzo de 1986 y del cual quedaron finalistas Enrique de Melchor y José Mercé. Fue también premio por la Cátedra de Flamencología de Jerez por sus cantes renovadores y, en 2010 obtendría el premio Giraldillo del Cante de la Bienal de Sevilla. En Alcobendas en 2006, le dedicaron la XXIII Semana Flamenca. También en Sevilla en el Tablao de *Los Gallos*, se le reconocía su talla como persona y figura del cante y se le recuerda con todo el cariño del mundo.

Ha sido un cantaor con una voz rancia que ha hecho los estilos más difíciles con un sentido del compás genuino. Ha estado siempre unido sentimentalmente a Aurora Vargas, su gran compañera, entre ambos concibieron una especial forma de sentir el flamenco dentro de la más pura ortodoxia, pues a diferencia de Turronero o Chiquetete por ejemplo, junto con Rancapino no dejaron de cantar el flamenco más puro. El nombre artístico parece venirle como anillo al dedo, pues su voz suena rancia, áspera, rozada, aguardentosa y seca, como su apodo indica. Ejecuta de forma magistral un cierre que hace por bulerías donde utiliza el acorde sol menor como tono de paso, el cual se puso de moda durante un tiempo, interpretado por varios cantaores, pero en Pansequito adopta una especial resonancia, es cuando dice *que vete de mí vera que no quiero verte…* (sol menor), para resolver finalmente con *que cuando te veo me das la muerte.* Pansequito dominaba la práctica totalidad de palos, en la bulería era creativo, con una extensión melódica especial que, junto con la letra envolvía al oyente y lo hacía sentir bien mientras cantaba.

«Yo disfruté muchísimo cada vez que lo acompañé, precisamente porque entre las características antedichas y mi toque, establecíamos un diálogo mental en silencio, una interacción musical que nos garantizaba el éxito y el aplauso del público. Tenía su personalidad pero también un eco que es difícil de igualar, un timbre de voz que tenía ya con dieciséis años. Los remates por bulerías y tangos en los cantes de Pansequito tienen el inconfundible sello mío. Tras la noticia de su muerte, se conmocionó mi corazón y no pude menos que escribirle:

ADIÓS JOSÉ

Y no, y no me lo podía creer
cuando el teléfono sonó,
pronto me dijeron
Pansequito se nos fue.
Se me pararon los pulsos
a Dios le dije ¿Por qué
te lo has llevado tan pronto?

¡Qué dolor siento José!
eco de bronce fundío
gitano de luna y miel
su voz arañaba el alba
y te erizaba la piel.
Un quejío inconfundible
¿Quién ha cantao como él?
¡Cuántos festivales hicimos!
¡Qué a gusto te acompañé!
Con mi guitarra al compás
que tú me dabas José
¡Cuántas cosas te diría!
pero no puedo José.
Escribiendo estoy llorando
Y lo que te lloraré.
Adiós amigo del alma,
cuánto te recordaré.
Que Dios te acoja en su seno,
te lo mereces José.

Versos que traducen la vieja amistad y relación profesional que nos unía a ambos».

RANCAPINO

Otro cantaor de aquel gremio es Alonso Núñez Rancapino, nacido en Chiclana el veintiséis de junio de 1945, miembro de una familia de importantes aficionados, nieto de Antonia García Moreno, tía Antonia *La Obispa*, la cual hacía hermosos cantes por bulería. El mismo Rancapino narra que los cantes que hacía Antonia Gilabert *La Perla de Cádiz* eran de su abuela *La Obispa*. Hermano de Orillo, de su padre nos cuenta que cantaba muy bien por seguiriyas y le decían Orillito, el cual, hacía las seguiriyas de Manuel Torre y las que se cantaban por San Fernando, Barbate, Jerez, etcétera. Murió cuando Rancapino tenía cuatro años, pero su madre le contaba que se juntaba mucho con su primo, el tío Luis, padre de Camarón, y cuando se emborrachaban se ponían a cantar los dos por seguiriyas en La Isla. Tiene como referentes a Manolo Vargas y Pericón de Cádiz, pero quien refiere que lo metió en la línea fue Aurelio Sellé y opina que el mejor de todos ha sido Caracol. El mismo Rancapino ha transmitido su sentido del compás y la delicadeza en el cante a su hijo, Rancapino Chico. Es un admirador de Manolo Caracol porque lo escuchó cantar en innumerables ocasiones en La venta Vargas, dada su amistad con Juan Vargas, y también allí mismo coincidió en muchas ocasiones con Camarón de la Isla.

Aunque piensa que Caracol es el mejor cantaor de la historia, también tiene influencias de La Perla de Cádiz y Manolito María de Alcalá y, sobre todo de Aurelio Sellé. De este último dice que cantaba muy bien por alegrías y por bulerías «un cante que no se le da muy bien a los payos», además de las soleares de Cádiz, refiriéndose a las de *Enrique El Mellizo* y las de *Paquirri El Guanté*. De Aurelio nos cuenta algunas vivencias: «después de trabajar en los tablaos en Cádiz por las mañanas me iba a El Español, que era donde estaba Aurelio tomando café y me hablaba de Caracol, del que era un *enamorao*. También me hablaba de Hermosilla, de Espeleta, de la madre de La Perla. Me decía que Hermosilla era un artista muy negro, en fin, que hablaba mucho con él de cante y artistas antiguos. Antes de morirse le oía cantar en la venta de Vargas porque lo llamaba un bodeguero de Jerez: don Aurelio. Tocaba la guitarra El Niño Rizos, y siempre que acudía a la venta Aurelio me mandaba a llamar a mí, aunque ya estaban allí Camarón y el Chato de la Isla. Así fue como me metí yo por los cantes de Aurelio[21]».

El nombre de Rancapino le viene porque cuando era muy pequeño se paseaba desnudo por la playa y un gitano lla-

21 Candil, *Boletín de la Peña Flamenca de Jaén*. N.º 22, 7/1982. Página 16

mado *El Mono* le decía que parecía un pino quemado, pero él asegura que no ha arrancado ni hierbabuena. Curtido en la pobreza de las gargantas más remotas, su voz áspera transmite tanto el sentido trágico y desgarrador de la seguiriya, así como los compases dulces y alegres de las cantiñas, también los tonos intermedios de la soleá, es en definitiva una voz curtida en los ambientes de la calle, en los cuartos de los pudientes, en las fiestas de las ventas, en los llanos del hambre, de donde salió este gitano chiclanero.

Ganó en Mairena del Alcor el primer premio a los Cantes de Cádiz, también consiguió otro primer premio de los cantes de Cádiz en su Chiclana natal tras haberle cantado durante seis meses en Japón a la bailaora nativa de allí Sapporo, más tarde en 1963, también se erigió ganador del primer premio a los Cantes de Cádiz en el Concurso Nacional de Córdoba, por lo que está fuera de duda que es un auténtico maestro respecto a los cantes de su tierra.

Rancapino ha sido un gran intérprete de fandangos, soleá, seguiriya, alegrías, y toda una extensa gama de cante, a los que ha endulzado con su voz rota.

Su discografía es escasa, grabó solo un trabajo en la década de los setenta y otro veinte años después, con el acompañamiento de Paco Cepero. Ha hecho galas por el extranjero, especialmente en Japón acompañado también por Cepero. Sin la voz de Rancapino no se podría comprender el flamenco en su última etapa.

Afirma que, aunque hoy hay muy buenas voces en el flamenco pero no existe el eco que había antes, donde se vivía más en las ventas, en las fiestas, se escuchaban a todos y se iba aprendiendo de todo aquel que cantaba, que eso ya se ha perdido.

—En aquella época salíamos de las fiestas a las siete o las nueve de la mañana, a veces, lo que ganábamos con eso encima nos lo gastábamos después.

En la década de los ochenta, en pleno apogeo de los festivales de verano ya denunciaba la deriva que iban tomando por la desproporción de cantes festeros frente a otros más puros, opinaba que el cantaor debería hacer en el festival los cantes propios del ámbito geográfico del mismo espectáculo.

Recuerda un día en la venta de Vargas, teniendo él catorce o quince años que estuvo mano a mano con Caracol

—El hacía un tercio y yo otro, de las mayores satisfacciones de toda mi vida .

Nos cuenta que Camarón y él han sido siempre muy caracoleros.

Opina que influye muchísimo en el cante la manera de vivir, el hambre, los sinsabores que hemos pasado, «la necesidad te aviva los sentidos, yo veo a alguien hablar *na* más y digo, habla con paladar, tiene clase, fíjate como conozco yo la vida, porque hemos *pasao* mucha hambre», Rancapino cuenta que es feo del hambre que ha pasado.

Dice Paco Cepero:

«Alonso tiene pellizco, tiene un eco que eso araña el alma, en la época de festivales, yo me acuerdo de un festival en La Isla donde estaba allí *toa* la crema de aquella época y *to* el mundo llorando escuchando a este genio cantando por soleá, ¿eh? Ya no se puede cantar mejor, a este personaje, cuando le cogía bien había que apretarse los machos. Hace unos tanguillos donde lo acompañé en directo en varias ocasiones que, a pesar de su voz rota y rancia están revestido de una dulzura y de un poder que trasciende al tiempo, mejor no se puede cantar. Se llama *A mí no me gusta el sol*, que son preciosos, esos los compuse en la circunstancia que estaba yo con Vicente el Sordera, habíamos *amanecío* y estábamos *sentaos* en una cafetería en Madrid y me estaba dando el sol en la cara, y le digo Vicente a mí no me gusta el sol, y entonces salió la canción: *a mí no me gusta el sol, que me gusta más la noche, y romperme en el amor.*

JUANITO VILLAR

Juan José Villar Jiménez[22] nació en el Barrio de La Viña en Cádiz el ocho de diciembre de 1947, hijo de Juan Villar Mayo y de Pilar Jiménez Pérez, *La Jineta*, se inició en el grupo de Los Chavalillos Gaditanos, desde muy joven siempre cantó para bailar en grupos flamencos como el de La Tati, Manuela Carrasco, Faíco y el Güito. Actuó principalmente en Los Canasteros y Torres Bermejas, desde donde pasó a cantarle al bailaor José Miguel con el que viajó a Japón. Actuó en infinidad de festivales en la década de los ochenta, destacándose entre ellos el que tuvo lugar en París en 1983 y la segunda Cumbre Flamenca en Madrid en 1986. Además, actuó en innumerables peñas flamencas, su discografía es bastante amplia, acompañado casi siempre también por Paco Cepero.

Siempre conocedor del genuino cante de Cádiz y Los Puertos, sabía adaptar los cantes a su voz flamenca, con lejanas reminiscencias de La Perla de Cádiz y Alfonso de Gaspar. El dominio de los cantes festeros lo hace especial para aficionados no iniciados en el flamenco.

Juan Villar se erige defensor de su generación como la de oro en toda la historia del flamenco, afirma que artistas como Rancapino Chico, Antonio Reyes, Samuel Serrano, El de La Tomasa, El Purili, entre otros, cantan bien, pero cantan lisos, no tienen su propio sello. Él afirma que en la generación de los ochenta también cantaban muy parecido, pero al escuchar el cante rápidamente identificabas al cantaor, algo que según opina hoy no ocurre. Tanto en la interpretación de las seguiriyas, la soleá, fandangos, alegrías, tangos y bulerías había un elemento que los diferenciaba, y es cierto que Juanito Villar tiene un temperamento abrumador en el cante, ya gozaba de un soniquete especial establecido en su discografía el cual, impregnaba a sus cantes de un matiz sin parangón.

Una de sus mejores actuaciones junto a Paco Cepero fue ya en el amanecer del festival *Rincón del Cante*, cuando cantó

---

22 Juanito Villar. Entrevista en *Expoflamenco*. Manuel Bohórquez.

en último lugar y levantó al público en ovación, en mitad de su actuación.

Como casi todos los cantaores de la provincia de Cádiz de su generación, tienen a Manolo Caracol como su gran referente en el flamenco.

Nos cuenta Paco Cepero que:

«en cierta ocasión estaba yo en mi casa en Madrid, y mi hija Rocío estaba sentada en la sillita y le digo a Juanito Villar:

—Mira Juan, qué cara más bonita tiene esa niña.

Y allí entoné lo que en ese momento sonaba bajo mis sienes, en tal instante, me salió la música y la letra de esa canción que se la di a Juan *pa* que la interpretase y apenas tuvo éxito alguno. Con los años se la entregamos a Bordón 4 y resultó un gran número de ventas».

CHIQUETETE

«Si de entre *to* los artistas *nombraos*, hay alguien que ha sío mi buque insignia ese es Antonio Cortés Pantoja "Chiquetete"».

Este gitano nació en Algeciras el veintiséis de julio de año 1948. De joven se asentó en el barrio sevillano de El Tardón, donde llegaría a formar un grupo flamenco junto a Manuel Domínguez *El Rubio* y Manuel Molina, el de Lole, llamado *Los Gitanillos del Tardón*. Comenzó a cantar para bailar o cantar detrás, dando un salto a la fama a finales de los setenta con el disco *Triana despierta*.

Chiquetete declaraba haber aprendido a cantar más despacio[23] de lo normal, aludiendo que es costumbre de hacerlo así en el Campo de Gibraltar. Se auto reconoció como gran expansor de la soleá de Triana, de la cual, cuenta que la solían cantar los borrachos de forma chillona y ciertamente inapropiada, que fue cuando se la escuchó a *El Teta* y a Antonio *El Arenero*, los cuales la hacían con una magnifica ejecución, cuando Chiquetete va perfeccionando esos can-

23 https://www.youtube.com/watch?v=P5sDE5wvCcU&t=279s

tes y grabándolos por primera vez en su trabajo *Gitano yo he nacío.* Sin embargo, no sé si llegó a ser consciente Antonio Cortés "Chiquetete" que lo que se conoce como soleares de Triana es un concepto mucho más amplio que abarca más de cuarenta estilos distintos creadas por muchos cantaores. Él solo canta las soleares atribuidas a Pinea y a Ramón *El Ollero,* los cuales fueron interpretados por Pastora Pavón en 1910 y Manuel Vega *El Carbonerillo* en 1930 de forma magistral[8]. Es probable que la percepción de la soleá de Triana por Chiquetete obedeciera a una transmisión restringida llevada a cabo por *El Teta* y *El Arenero,* de cualquier forma, estos estilos a los que he aludido con anterioridad los hacía de forma magistral.

A partir del disco *Triana despierta* y gracias a discos que le produjo Paco Cepero pasa de ser un cantaor para bailar a cantar flamenco como primera figura. Intervino en numerosos festivales de verano a finales de los años setenta y primero de los ochenta, pero también fue en esa época cuando tuvo lugar su salto a las sevillanas y a la canción romántica. De sus sevillanas, quizá una de las más famosas sea *A la puerta de Toledo* compuesta por el maestro Manuel Pareja-Obregón García.

La mayoría de baladas románticas fueron compuestas por Paco Cepero y algunas por Juan Pardo. La de más éxito, cuya música es de nuestro protagonista fue *Esta cobardía.*

«Estábamos en Los Barrios, Chiquetete, Camarón, Juanito Villar, Rancapino y yo, se presenta entonces Paco de Lucía y se dirigió a Chiquetete diciendo:

—*Quillo,* hay que ver eso de Triana que tú haces, ¿de dónde has *cogío tú eso?*

—Estábamos en una fiesta Enriquito (Refiriéndose a Enrique de Melchor) y me dice hazlo, y lo hice.

—Pues me gusta mucho, y el *Canta Gitano* también me gusta mucho —le respondió Chiquetete.

En ese momento yo había *sacao* la canción *Tú y yo* y le dije a Chiquetete, Antonio mira lo que tengo *pa* ti, se lo tarareo con la guitarra y Juanito Villar al oírlo dijo:

—*Ojú*, Julio Iglesias, mira Julio Iglesias en El Tardón, ¿ahora qué te vas a poner a cantar esto?»

Así nació la canción en la figura de Chiquetete, en Los Barrios. Yo también llevaba *preparao Gitana Canastera.* En alguna manera, gracias a Chiquetete mi música se expandió por *to* el mundo. Su carrera alcanzó cimas impensables gracias a mis composiciones, por lo cual, podríamos decir que teníamos una deuda recíproca.

Él era una figura en el mundo del flamenco, pero yo hice que su garganta transcendiera mucho más allá de nuestras fronteras. Los flamencos lo crucificaron al transgredir sus primitivos cantes y exiliarse de lo jondo hacia la canción, en realidad, yo me encontré con Chiquetete y él se encontró conmigo. La gente le decía a Chiquetete —«tú a Cepero lo adoras mucho, tú a Cepero le das mucho mérito»— y yo le decía que no, que *to* el mérito no era mío, que yo componía *pa* él como a mí me hubiera *gustao* cantar, que yo me veía en él».

De esta forma Chiquetete, entró con su tema *Tú y yo,* en los cuarenta principales. La Cadena Ser exhibía cada tres meses los mejores discos lanzados al mercado y Chiquetete en esa época le ganó a Joe Cocker, José José, Rocío Jurado, Rocío Durcal y a Rafael. Él tiene el premio Grammy internacional por la canción compuesta por Cepero: *Esta Cobardía,* que lo ganó en Nueva York en 1985 y ni siquiera se enteró.

Aparte de lo anterior, obtuvo otros números uno con canciones como *Y no sé nadar* y *Me creí tan listo* también en Nueva York, mientras que en Miami obtuvo otros cuatro premios.

A partir del año 84, Chiquetete pasó de ganar varios miles de pesetas a cuatrocientas mil por cada actuación suya y fue disco de oro en varias ocasiones. Pulpón le decía que sus canciones gustaban a las niñas desde los ocho a los noventa y dos años. Según afirmaciones de Cepero y del mismo Chiquetete[24]:

24 Entrevista de Manuel Martín Martin a Chiquetete. Trastablaos.

«En el año 85, Chiquetete actuaba por un millón cien mil pesetas, cuando Rocío Dúrcal lo hacía por ochocientas cincuenta mil pesetas. Yo grabé con Chiquetete el primer disco suyo de sevillanas, siendo la más famosa *A la puerta de Toledo* del maestro Manuel Pareja-Obregón García. El éxito de Chiquetete transcendió tanto, que en el año 1988 cantaba en la plaza de Toros de Málaga mientras Michael Jackson lo hacía en Marbella, llenando Chiquetete su aforo no así Michael Jackson, que dejó su actuación con un lleno a la mitad».

Toda la carrera de Chiquetete se vino abajo por su dejadez y su falta de constancia, gracias a Pulpón dejó de cantar en los cuadros de baile y se puso a cantar flamenco en solitario y gracias a Cepero llegó al cenit de su carrera, pero le faltó un asesor, una persona que lo dirigiera y mantuviera en las cimas que había alcanzado. Él no tenía ese espíritu de lucha y comenzó su declive viniéndose abajo tan pronto como subió porque se metió en un mundo que nada tenía que ver con las metas artísticas, su terrible adicción a las sustancias, el mayor enemigo que puede tener un artista.

«Yo puse la música en la inmensa mayoría de las canciones que cantó Chiquetete tanto las más aflamencadas como las baladas románticas, entre los títulos más importantes están:

Dame tú querer, el primer gran éxito que le compuse a Chiquetete, fue la primera canción que hice para él. La canción revela un ansia de deseo, donde el intérprete pide la correspondencia de la persona a la que ama, y lo hace de forma apacible y con ternura. Durante la canción repite que desea a una mujer sin herirla, y que su único objetivo es conseguir esa ansiada correspondencia en al amor.

La compuse bajo un estado de depresión, tuve esa bajada del estado de ánimo porque a mi *pare* le dio un infarto y yo estuve haciendo un régimen de adelgazamiento, con mi tendencia hipocondriaca a mí me entraba de *to*, a mí me entraba un dolor de reuma y lo primero que pensaba era en un infarto. Llegué a ir en un mes treinta y dos veces a urgencias, me cogió un psiquiatra y comenzó a darme diazepam,

Lorazepam, Dogmatil, etcétera..., vamos que me dejó seis meses impotente.

—No te vayas, que me muero —le decía a mi mujer.
— Chiquillo que yo estoy aquí…, que no me voy.

Total, que un día no sé quién pasó por allí fumándose un porro.

—Dale una calada —me dijo.

—De algo hay que morir —me dije a mí mismo.

Le pegué una calada al porro y me salió esa canción *Dame tu Querer.* En ella nombro atributos físicos de mujer deseada: *lunaritos, ojitos verdes* porque producen un impacto en el corazón de quien canta. Ya sabemos que la primera chispa que enciende una pasión siempre es la belleza física. La palabra campana significa el triunfo, el final feliz de la historia de amor, que es la unión definitiva, la boda, en todas las bodas se redoblan las campanas.

Entre las canciones que le compuse a Antonio Cortés Pantoja *Chiquetete,* podemos destacar las siguientes, además de la anterior tenemos: *Ser Amante es,* trabajo que vio la luz al año siguiente en 1978, donde ya introducía canciones compuestas por mí, *Te quiero niña te quiero , No quiero decirte adiós, Ay Marinero,* de su álbum Triana despierta, lanzado en 1979 por la casa Zafiro, producidos por mí y por José Carrasco Domínguez, *Solo,* de su disco Altozano, salido al mercado en 1980, *Tú y yo , Nunca había yo llorao, Y la tengo que olvidar, Las estrellitas de plata,* producido por mí y lanzado en 1981, *Aprende a Soñar, Corazón de Acero, Te quiero, Y tú, De Pequeño, Paloma Loca, Mi madre Manuela, Me dices que no, Cayó el Telón,* lanzado en 1982 por la casa Serdisco, grabado en los estudios Sonolad y producido por mí.

En 1983 produje *Mis sevillanas,* casi todas con música de José Manuel Moya, que lanzó la casa Serdisco. También en 1983 le compuse canciones a un importante disco suyo: *Ser Amante,* donde soy autor de la música de las canciones*: Gitano soy, Secretos, Volveré, Enamorar* (También la letra), *Recuerda, Cometa Blanca, Niña me gustas, Veleta, Sueño de Carnaval y Ser Amante.*

En 1985 en su trabajo *Eres mía*, escribo letra y música de las canciones: *Eres mía, Y no lo puedo negar, Gitanos, Ella y él, Que no me quiere y Eres mía*, y le compongo la música a estas otras: *Dos en uno, Y no lo puedo negar, No es suficiente, Te vas a casar* y *Esta cobardía*, siendo esta última uno de sus mayores éxitos a nivel mundial y de la cual compró los derechos Julio Iglesias *pa* cantarla él.

En 1986 lanzó su álbum Bohemio en el Amor donde compongo la música de todas las canciones incluidas en el trabajo: *Me hablaron tanto, Enhorabuena, Que magia el amor, Mi Niña Rocío, Te voy a enseñar, Tuyo, Cuando estés con él, Cobarde Cobarde, Brasil en Carnaval y Bendito seas amor.*

En 1988 saca a la luz el trabajo, *Madrugada,* con las canciones compuestas por mí: *Si yo encontrara a alguien, Me sobra de todo, De tanto como te quiero, Mariposa, Te voy a sacar de mí, Usted ya sabe por qué, Yo creo en el amor, Círculo de Luna, Guardamos el secreto, Casi te envidio* lanzado por Cordica y grabado en los estudios Kirios.

En 1991 graba *Profesor de sueños,* donde le compongo las canciones: *Este soy yo, Profesor de sueños, Olvídalo, Vuela, Celos, Pregonero del Sur, Por culpa de un querer, Te imaginaré, Ciego de Luna, Gitanita Mora,* lanzado por Ariola y dirigida y producida por mí.

En 2000 sale el trabajo *Y quién puede ser* donde compongo las canciones: *Malherido, Desde Cuba, Y quién puede ser, Mátame de amor, Como el mar, No te duele, Qué tendrá el amor, De quererte tanto, Siempre todo y Mi vida es un carnaval.*

Chiquetete en definitiva ha *sío* una notable figura en mi biografía, es la voz donde yo he puesto mi espíritu musical, pues tenía el mismo tono mío, para él compuse las principales canciones de mi vida, y por supuesto, las de mayor éxito. Nos unió tanta amistad y compañerismo que al conocer su muerte le escribí unos versos:

A CHIQUETETE

Al recibir la noticia
se me encogió el corazón,
que escalofrío en mi cuerpo,
se me nubló la razón.
Le susurraba al silencio
dime, dime. por qué mi Dios
te lo has *llevao* tan pronto
no hay consuelo, ¡Que dolor!
El flamenco enmudecido,
mudo me he *quedao* yo
conmovido el mundo entero
porque tu voz se apagó.
Que triste est*á* Andalucía
su Triana y el Tardón.
Ay, Antonio de mi alma
¡Qu*é* amargo ha sido tu adiós!
¡Qué gran legado has dejado!
Esa magia de tu voz.
Aprendimos a soñar
navegamos juntos tú y yo
sin ti, me será difícil
componer, va a ser que no.
Me está costando trabajo
decir lo que siento yo.
Antonio. no lo supero
lo habrá querido así, Dios.
Qué navidades más negras,
triste esta mi corazón,
adiós, amigo del alma.
Mi guitarra cuando suene
siempre estaremos tú y yo*
porque nadie lo ha cantado
como tú, lo juro yo.

Adiós Chiquetete mío
adiós, compañero, adiós.

**Tú y yo* hace referencia al título del álbum que tanto éxito tuvo*

LOLITA

«La canción *Amor, amor* fue un número uno que me dio a conocer internacionalmente, a partir de ella comenzaron a conocer a Paco Cepero no como guitarrista, sino como compositor. Esa canción iba a ser para Los Marismeños. Nosotros íbamos a la venta El Palomar para comernos un pollito, allí sacábamos la guitarra cantábamos y esas cosas. Yo saqué la guitarra y canté la canción, estaba allí el productor del disco José Luis Ricardo.

—Paco ¿por qué no le das este temita, que es *mu* mono a Los Marismeños? — me dice.

—Pues hecho, *pa* ellos.

Pero alguien le dijo a Lola,

—Yo he escuchao un tema de Los Marismeños que *pa* tu hija sería ideal.

Y viene Lola y me lo pide.

—Mira Lola es así, pero yo no se lo puedo dar a tu hija, porque yo le he hecho la promesa a Los Marismeños y ese tema es ya *pa* ellos —le digo.

Y Lola se puso por las nubes.

—¿Qué tú no le vas a dar ese tema a mi hija? Con el lanzamiento que puede ser…

—Mira Lola yo he *dao* mi palabra y yo no me retracto, yo soy así.

Y Lola madre se fue y habló con Los Marismeños para convencerlos, hasta que me dijeron:

—Cepero no te preocupes dale tú eso *pa* Lolita.

Y fue un éxito, se llevó unos cuantos de meses número uno en las listas. Para mí fue un orgullo saber que mi trabajo no fue en vano, pero yo ni antes ni ahora me creo *na* solo que la vida es trabajar y con el trabajo viene la inspiración. A veces salen algunas canciones más buenas, otras regulares, yo siempre lo hago con el mismo espíritu pero uno no es el dueño del éxito, el éxito siempre te lo *da* el pueblo, que es soberano. Por muy buena que sea la letra y la música de una canción, si dice el pueblo que no es que no. Ese éxito fue el mayor que tuvo Lolita en su vida, ella misma lo dice:

—Me dejaste el apelativo: Lolita, Amor, amor»

ROCÍO JURADO

«A mí me querían mucho tanto su abuela como su madre, yo era uno más en la familia. Amador, su hermano es bastante más chico que yo. Él y Gloria nos conocíamos y a mí me querían muchísimo. Nos conocíamos ya antes de Madrid, porque ella estuvo aquí en un concurso de fandangos de Huelva, y también de cuando ella grabó e hizo la película *Los guerrilleros* con Manolo Escobar. Rocío trabajó conmigo en El Duende y en Los Canasteros en Madrid, después yo fui su guitarrista una temporada, iba con ella de guitarrista en las tournée cuando la llevaba Luis Sanz, que venía de pianista Felipe Campuzano. Conmigo tenía mucha confianza su familia pues no la dejaban salir su madre ni su abuela.

—Paco di que voy a ir contigo al cine —me decía.

Y yo era su Celestina. Con José Ortega Cano se inició la relación porque se conocieron en la consulta de un médico, el doctor Mariscal. Con ocasión de un programa de TV en donde se presentaban los dos poco tiempo antes de casarse me pidió Rocío que le compusiera un detallito así sobre la marcha, de manera que la presentadora dijo: aquí está Paco Cepero, compositor y guitarrista que ha *sío* de Rocío Jurado y desea dedicarle una canción, y le compuse:

Se regalaron sonrisas,
sus miradas se encontraron,
el amor llegó deprisa
y sus vidas se llenaron
de ternura y fantasía.

Llegó el amor
como un rayo de luz
llegó el amor,
entre verde y azul
llegó el amor, llegó el amor.
Vuestro amor, dulce poema
copla y toreo fundido,
Chipiona y Cartagena
con la Virgen del Rocío
y sabor a yerbabuena.
Rocío y José, José y Rocío
la felicidad más grande
os desea vuestro amigo.

Rocío Jurado me llamó *pa* que le hiciera un disco porque Manuel Alejandro llevaba tres años sin componerle puesto que tenía mucho trabajo y ella necesitaba grabar un disco. Me pusieron *Calienta motores* de Manuel Alejandro, y dijeron «ea, ahora flamenquita, hará unas bulerías y esas cosas», pero se llevaron una sorpresa. Yo iba a Chipiona, al chalet que se llama *Mi abuela Rocío,* y le produje y le compuse el trabajo *Dónde estás Amor* que consta de los siguientes temas: *Esta noche gano yo, Aprendiz de hombre, No sigas, Quieto, ¿Quién te crees tú?, ¿Dónde estás Amor?, Necesito estar sola, Mi única prisión, Ella o yo* y *Maniquí,* con letras de diversos autores literarios pero algunas son también mías. Recuerdo que en una semana compuse once temas y se grabaron diez. Cuando cantaba con su extraordinaria voz las subidas y las bajadas propias de la música que suelo componer me dijo «ea, ya tienes otra Cepera en el mercado». Ella sabía el estilo que yo le daba a mis composiciones, algo que, al igual que el toque de guitarra mío es inconfundible.

Cuando supe la noticia de su desaparición me embargó una fuerte tristeza, le dije a mi mujer Chari dame un lápiz, y escribí:

Todo se me ha vuelto amargo,
el sol ardiente me hiela,

los ojos se me han *nublao*
y lágrimas no me quedan.
¿Por qué te fuiste tan pronto?
¿Dejando a la primavera?
Vacía de aroma y flores
la copla rota de pena.
¡Ay Rocío de mi alma!,
¡Ay Rocío, qué tristeza!
No hay canción que no te llore
porque tu voz ya no suena,
ya no hay paloma tan brava
ni la mar está serena,
ni las olas tienen calma
porque se fue su sirena.
Hay una fiesta en el cielo
Pastora Imperio te espera
con La Piqué, Lola Flores,
y tu amiga Juana Reina.
y Caracol y Mairena,
Terremoto y La Paquera,
y el Camarón de la Isla
te va a cantar canastera.
Adiós Rocío del alma,
nos dejaste en primavera
el vacío se ha hecho grande
pero en el cielo te esperan.

Hace poco le he *producío* un disco a Laura Gallego que se llama *Vintage*. Me llamó la atención la primera vez que la escuché porque la niña canta *mu* bien. Le hice once canciones que son la mar de bonitas, le he hecho la letra y la música, la dirección, le he dicho como las tiene que cantar. Dice la gente que se parece a Rocío Jurado, digo *mu* bien, ¿no es mejor que se parezca a Rocío que a otra cualquiera? Es como si a mí me dicen Paco, es que tú en algunos pasajes te pareces a Sabicas, eso *pa* mí es un orgullo, más vale parecerse a Sabicas que no a otro cualquiera. El nombre del trabajo *Vintage* sugiere algo como del pasado, antiguo, pero la antigüedad yo creo que está otra vez resurgiendo porque las cosas buenas no mueren, no desaparecen».

ISABEL PANTOJA

«Me la presentó su padre, yo estaba en Los Canasteros y me dice su padre:

—Mira Cepero, esta es mi niña Maribel.

Que tendría catorce o quince años, no tenía más.

—Verás como canta mi niña Maribel— me dijo.

Después empezó a cantar canciones del maestro Solano y se hizo artista. Yo acompañé a Maribel en su primera tournée *Ahora me ha tocao a mí*, que así se llamaba el espectáculo. Yo con ella también me di a conocer al gran público porque yo era su guitarrista, pero en su espectáculo hacía algún solo de guitarra. Recuerdo en cierta ocasión que fuimos a Ceuta y me compré una gabardina *Burberry*, ya en Algeciras me ausenté un momento y no dejé la prenda y otros objetos al cuidado de nadie, resultando que me la robaron. Nos reíamos mucho a cuenta de eso, ella se meaba conmigo, son cosas que ocurren en tu vida que son imborrables. Yo recuerdo esa etapa con mucho cariño, porque ahí acompañaba a Maribel que sin duda era una gran artista».

Dice Manuel Román en su libro *Historia de La Copla* que las tres mejores voces de la década de los noventa fueron Rocío Jurado, Isabel Pantoja y Marifé de Triana.

«Al respecto he de confesar que Maribel en el escenario es una gran artista. Es una persona que sabe vestirse, sabe moverse en el escenario, sabe conectar con el público, llegar a la gente. Su voz es hermosa, no quiero entrar en comparaciones porque no soy quién *pa* decir si es o no la mejor eso no existe. Cada artista tiene unas cualidades y unos defectos, como en *to* los sentidos de la vida y yo no puedo hablar ni de uno ni de otro».

Hubo un trío clásico dentro de la canción española formado por Quintero, León y Quiroga, que fueron autores de los temas más importantes de la tonadilla clásica. Más tarde, apareció otra terna de autores compuesta por Juan Solano, Xandro Valerio y José Antonio Ochaíta, dándose la circunstancia de que en la década de los setenta murieron algunos componentes de ambos tríos. Con posterioridad tuvo lugar la unión de Rafael de León y Juan Solano.

«En 1983 le compuse a Isabel Pantoja el disco *Cambiar por ti* el cual fue su primer disco de oro y que además supuso el cambio de su línea, que pasó de cantar coplas de estilo clásico a baladas aflamencadas. Las canciones de dicho trabajo son: *Pasó tu tiempo, Cambiar por ti, Esta noche, Feriante, Me acuerdo de ti, Por ti, Nada, En la niebla, Nada me valió* y *Sí, ya te olvidé*».

Isabel comienza con la copla desde 1974, año en que sacaría su primer disco, manteniéndose en esta línea hasta 1982, momento en que grabó un disco de sevillanas compuestas por Juan de Dios Pareja Obregón y José Manuel Moya (de Los Romeros de La Puebla) letra y música, respectivamente. En 1983 la casa Columbia le pidió a Isabel que fuese Paco Cepero el que le produjera su trabajo *Cambiar por ti,* algo que incomodó tanto al maestro Solano que dio lugar a la ruptura de sus relaciones con la tonadillera, debido al cambio en la línea que llevaba. En ese trance Paco Cepero se vio de por medio y aquella circunstancia resultó embarazosa para él, hasta el punto de decirle:

—Maestro, no se vaya usted a enfadar conmigo.

Ya que en todos los espectáculos que componían Rafael de León y el maestro Solano lo llamaban para que fuera el guitarrista. La respuesta del maestro Solano fue:

—No me enfado porque se trata de ti, que si hubiese sido otro la cosa cambia.

Pero por dentro se supone que estaba molesto con Isabel y también conmigo, porque eso fue para él un jarro de agua fría. Fue la misma casa discográfica que vio que yo tenía éxito y me dijo que por qué no le hacía un disco a Maribel».

MANOLO ESCOBAR

Paco Cepero le compuso a Manolo Escobar *Vivir y soñar* de la película *Donde hay patrón;* y *Me voy pal campo* de la película *Todo es posible en Granada*. Ahora bien, de tocarle la guitarra nada, ahí entran sus hermanos, que son los únicos que el artista almeriense quiere que lo acompañen. Cepero reconoce que las canciones compuestas a Manolo Escobar son una excelente inversión económica dado el éxito del artista almeriense.

«Manolo Escobar en aquella época para mí fue un descubrimiento. Era una gran persona y muy listo; además, todos sus hermanos eran conocedores de solfeo y técnicas musicales. Manolo tenía también su rúbrica cantando. La gente tiene una idea equivocada de Manolo Escobar porque piensan que él es el del porompopón, poromponpero..., pero en lo suyo era un número uno, dejó una gran huella. En aquella época, que te cogiera un tema Manolo Escobar era un triunfo, puesto que era muy trabajador, hacía dos canciones diarias y si te cogía un par de temas en la liquidación de la Sociedad de Autores lo notabas una barbaridad pues eran dos funciones diarias a teatro lleno y si te lo metían en una película también te generaba mucho beneficio. Él era muy inteligente y su hermano Juan Gabriel García Escobar era un gran autor literario, él veía un tema que le iba bien y lo grababa. Yo le daba las canciones y después él las metía en las películas que fueran según el guion».

MARÍA VIDAL

«A María Vidal le hice un disco muy bonito: *Acaríciame*; con un pasodoble y todo. Ella se acuerda todavía y me trata con mucho cariño.

Yo he tenido una gran suerte con las composiciones porque si tú eres un gran compositor pero no tienes quien te cante, tus composiciones se quedan en casa, pues tú te tienes que ver reflejado en los intérpretes, entonces yo he *tenío* una suerte inmensa, porque a mí me han grabao desde Julio

Iglesias a Manolo Escobar, El Fary —ese fue número uno con *Yo me estoy enamorando*— El Paquiro, Los Marismeños, Bordón 4, le hice también un disco a Rumba 3, también compuse una canción para Las Grecas, en definitiva, han sido muy poquitos los grupos o intérpretes en solitario a los que yo no les haya compuesto».

GRACIA MONTES

Era una de las grandes, había canciones que ella interpretó de una manera que nadie las ha mejorado como *Soledad*. Artistas de esa talla ya van saliendo pocas.

La palabra artista es muy cara, antes sabían vestirse, sabían moverse por el escenario, eso era como vestirse de torero, eso era un rito, hoy no, hoy van vestidas de cualquier manera y los artistas aparte de serlo, tienen que parecerlo, pues de lo contrario no los percibe el público como tales.

MARÍA JIMÉNEZ

«Le compuse desde que empezó, lo hizo grabando cuatro temas míos, *En la oscuridad*, *Sensación*, que la grabó hace poco con Miguel Poveda y fue un exitazo; *Pero no sé si viviré* fue una canción que pegó *mu* fuerte también con letra y música mía. Nosotros convivimos mucho antes de que fuera estrella. Antes se llamaba María La Pipa, ese nombre se lo puso Emilio Romero que era el director del periódico Pueblo. La verdad es que ha sido una artista inconmensurable, una enorme identidad y ahí ha *quedao*. Ha sido como el Bambino de su época».

LA MARELU

Su nombre es Magdalena Montañés Salazar[25], esta gitana nació en Badajoz en el año 1952. Ha pasado a la historia

25 https://www.last.fm/es/music/La+Marelu/+wiki

como gran intérprete por tangos o jaleos, que se conocen comúnmente por tangos o jaleos extremeños, cuando en realidad se trata de tangos compuestos por Paco Cepero. Interpreta también todo tipo de cantes. Sobre su forma de cantar tiene influencias el mismo Porrina de Badajoz, Camarón y La Perla de Cádiz. Su fuerza y el dominio del compás la han hecho la cantaora extremeña femenina por excelencia. Tiene en su repertorio gran cantidad de temas compuestos por Paco Cepero.

LUCÍA

María Isabel Lineros Rodríguez[26] nace un 2 de abril de 1965 en Sevilla criándose en el barrio de Triana. Desde niña dio muestras de su talento artístico, y a los 15 años empezó a bailar en el famoso tablao sevillano Los Gallos bajo el nombre artístico de La Ruina. Con este nombre le llegará su primer contrato discográfico con solo 17 años, presentándose artísticamente en el popular programa de TVE *Aplauso.* Allí dedica unas palabras y presenta su primer single *Por estar contigo,* mostrando una notable transformación de la timidez de la entrevista a la furia sobre el escenario. Compagina los primeros conciertos y la promoción del primer disco con sus estudios de idiomas y de ballet.

En 1982 RTVE la elige internamente para representar a España en el Festival de Eurovisión que ese año se celebró en Harrogate (Reino Unido). De cara al Festival decide cambiar su nombre artístico por el de Lucía. Lucía graba a marchas forzadas diez maquetas que se incluirían en un nuevo LP tras su paso por el festival. De entre todas eligen *Él,* una especie de tango argentino compuesto por Paco Cepero e Ignacio Román.

---

26 https://eurovision-spain.com/participante/lucia-1982/#google_vignette

JUAN EL LEBRIJANO

Escribir datos biográficos de Juan El Lebrijano aquí está fuera de lugar ¿quién no conoce a este cantaor gitano rubio con ojos azules nacido en Lebrija? Estuvo muy unido a Cepero ya desde su ingreso en la compañía de La Paquera a finales de la década de los cincuenta.

En 1991 Paco Cepero le produjo a El Lebrijano el disco *Encuentros* con la Orquesta Andalusí de Tánger. *Encuentros* es la primera colaboración entre el cantaor de flamenco gitano Juan Peña *El Lebrijano* y una orquesta andalusí de Marruecos, con la dirección musical y la guitarra de Paco Cepero que lo acompaña. Cuenta con la participación además de un gran equipo de compositores como el poeta y letrista Caballero Bonald, que junto a Pedro Rivera y El Lebrijano elaboran maravillosas mezclas de las dos herencias. El álbum vendió más de doscientas mil copias, y como no podía ser de otra forma, estuvo sometidos a durísimas críticas en la prensa. Cuando un cantaor de flamenco de alta talla se desvía y se pone a cantar cualquier otra melodía produce la disconformidad de una parte de la afición, la cual necesita la complicidad de los críticos o flamencólogos para reforzar su argumento devastador. Es lo que suele pasar cuando todo artista flamenco tiene la «osadía» de abandonar los cánones clásicos del cante y hacer otra cosa diferente.

Encuentros fue la consecuencia de un inmenso trabajo por parte de Juan El Lebrijano y Paco Cepero, que se habían traído de Marruecos a la Orquesta Andalusí, cuya estancia se prolongó en el tiempo en los campos de Lebrija. Los ensayos fueron diarios con errores y correcciones, si algo no salía bien no se daban por satisfechos hasta que finalmente entre todos parieron ese experimento. La conjunción de la música de dos culturas fue llevada a cabo en composición por un guitarrista flamenco puro y en voz por uno de los mejores cantaores de su época a base de mucho trabajo. *Encuentros* está revestido de hermosas cadencias donde canta Juan El Lebrijano juntamente con la Orquesta Andalusí de Tánger, y en cuya música se introducen instrumentos clásicos occidentales como violín, percusión e instrumentos árabes como el quanun. A pesar de ser una música revestida de una gran sensualidad y belleza, no faltó quién a criterio propio se atrevió a lanzar a la prensa una opinión subjetiva criticando a la obra bajo el siguiente comentario:

«Las notas son escasas y no dan detalles sobre la orquesta marroquí. El conjunto consta de cuerdas occidentales (con un violín tocado al estilo marroquí), percusión árabe, algunos instrumentos árabes como el quanun, una especie de dulcémele de martillo, coro y voces solistas. En general, las cuerdas y el coro proporcionan un telón de fondo dramático y un comentario a la interacción entre El Lebrijano y los cantantes marroquíes por un lado, y la guitarra flamenca, el violín y el quanun por el otro. Las palabras están tanto en español como en árabe y hablan de amor, libertad y asesinato. El álbum es crudo, apasionado y atractivo, pero no exento de defectos. Llega a las 35:07 minutos, un tiempo vergonzosamente corto en la era de los CD. La calidad de la grabación no está muy pulida; por ejemplo, la percusión es demasiado prominente en la mezcla y algunos de los instrumentos árabes son inaudibles a veces. Y por supuesto, es criminal que los artistas marroquíes no reciban ningún crédito por su nombre. Aun así, es un álbum vital para cualquiera interesado en cualquiera de las dos tradiciones que tan fructíferamente chocan aquí[27]».

Como pueden ver, da una de cal y otra de arena. En realidad, este tipo de críticas ha venido para los cantaores a los que siempre se les ha compuesto canciones aflamencadas, siendo de los pioneros en hacerlo Chiquetete, el cual finalmente alcanzó una obra prolífica.

«Parece que, en lugar de aplaudir el enriquecimiento y el éxito del intérprete, lo quieren condenarlo a la pobreza de "siempre lo mismo", con tal de que sigan cantando lo tradicional, olvidando el libre albedrío de cada artista y en última instancia de la persona.

27 Kurt Keefner. Crítica a álbum, *Encuentros*.

A mí se me criticó muchísimo por las canciones aflamencadas que compuse, decían que aquello no era flamenco. Sin embargo, ¿en base a qué criterio se otorga una persona el derecho a la crítica? Existen grandes maestros indiscutibles en el mundo del cante, también en la guitarra y el baile, pero ¿quién establece en el flamenco lo que está bien y lo que está mal? Hay instituciones como La Cátedra de Flamencología de Jerez y diversas Fundaciones que están en manos de personas que se supone que entienden. Pero no se puede decir que algo es malo o bueno porque una persona lo diga, ni siquiera porque sea del agrado de muchas personas. En el flamenco no se puede decir que alguien sea el mejor, eso no existe.

El flamenco siempre ha *sío* una música de minorías, introducirse en este mundo puro no es fácil para muchas personas con educación musical deficiente, solo las canciones pegadizas son las que transmiten a la gente con mayor facilidad. Es cierto que yo compuse ocasiones siguiendo la línea que me imponía las casas discográficas cuyos objetivos eran más comerciales que culturales, pero no hay que olvidar que a una persona joven seguro que le agrada más una rumba o una sevillana que Manolito María cantando por soleá por poner un ejemplo, eso es obvio, yo conozco *mu* buenos *aficionaos* al flamenco y con *mu* buen criterio que se iniciaron en el mismo con canciones de Chiquetete, de Turronero, o incluso con grupos de sevillanas o rumbas. A mí me han llegado a decir: «Paco, a mí me gusta el flamenco gracias tus composiciones».

La crítica constructiva la acepto de buen grado, lo que no puedo aguantar es alguien que no tenga ni puñetera idea me haga una crítica. No quiero faltarle el respeto a nadie me gusta decir las cosas a la cara, yo soy un hombre que miro de frente, es uno de mis defectos o una de mis virtudes. Ser clarito duele y eso me pasa a mí».

Por otro lado, están los críticos oficiales o personas del mundo del periodismo o la literatura que escriben con alta talla literaria. En la actualidad están respaldados de currículum brillantes, doctorados, ensayos, premios, etcétera, y una colección de avales sin los cuales, no podrían escribir ni a favor ni en contra de la labor del músico.

Los críticos que pertenecen al área del periodismo suelen ser los que difunden la crónica de un espectáculo, de la cual, el artista puede salir mejor o peor parado, estos son los que han provocado frustraciones, bochornos, actitudes beligerantes, incluso menoscabos en la cartera de los artistas tan solo por cumplir su obligación de cubrir su crónica en el medio de turno. Ellos también tienen que comer pero el flamenco es música, y como tal, está destinada a producir un estado de gozo mental en los seres humanos, no una violenta polémica.

También es cierto que al igual que la música clásica, las músicas populares están sujetas a unos cánones preestablecidos y que son un legado de alto abolengo, con una herencia que conlleva la obligatoriedad de conservación.

Es un largo debate y no es el momento de entrar en él, baste con decir que se puede conservar la línea tradicional impuesta de toda la vida, y que haya instituciones sobre las que recaiga dicho mantenimiento. También que haya quien se atreva a vulnerarlo con la plena advertencia de que se hace a propósito, de esa forma no se da gato por liebre.

«Yo soy guitarrista flamenco, no escritor, por eso quizá necesite ayuda *pa* expresarme por escrito, pero soy de la opinión de que cuando se vaya a criticar por ejemplo una poesía, quien lo haga tiene que escribir poesía. Cuando se habla de música, que se utilicen términos musicales que traduzcan conocimientos, y cuando se quiera exaltar el grandioso u horrendo hacer de un artista, se haga en los términos claritos, ya que el castellano es *mu* rico como *pa* escoger las palabras que no sirven *pa* hacer la crítica de un cante que haya tenido lugar. Hay personas que *pa* describir la talla de un cantaor usan frases recargadas que nadie entiende. A veces producen una diarrea sintáctica que no dice absolutamente nada. De hecho, el tener un vocabulario rico, abundante en metáforas, el ser un maestro y expresarse con un lenguaje con mucha belleza, no implica saber nada de flamenco ni de *na*. Con *to* mis respetos a cuantos poetas y flamencólogos existen y sin quitar nada a su labor, que yo sepa la carrera de flamenco no existe todavía.

To cuanto gira en torno al flamenco es un círculo sin pausa, un torbellino que no para y quiera Dios que si algún día existiera la carrera de flamenco sea *pa* poner en mano de un experto este mundo tan *complicao*. El dictamen de un arte que ha *sío* creado por y para el pueblo. En mi opinión *pa* saber de flamenco en primer lugar hay que ser conocedor de toda la gama de cantes existentes, su melodía exacta, su compás, su variabilidad ente uno y otro intérprete, los estilos, orientar la paternidad de los mismos en la medida que las investigaciones lo permitan, y hacer extensibles estos conocimientos a la guitarra y el baile, con eso va un *aficionao* más que bien *servío*, y no creo que to el mundo esté en posesión de estas normas.

Establecido lo anterior, es el tiempo el que coloca al artista en su sitio, yo sé que no he sío el mejor guitarrista de la historia del flamenco, pero nadie puede decir que no me haya *sabío* abrir un hueco en el mundo de la guitarra flamenca.

Le he escrito canciones a artistas que han *desaparecío*, y también a intérpretes que han *vendío* millones de discos, no siempre he sío yo el responsable del fracaso de un artista, que como haber ha habío de *to*, sin embargo, sí me siento orgulloso del triunfo del algunos. Escribo como compongo, llevando consigo dos rasgos fundamentales: la sencillez, *pa* que todos me entiendan, y la delicadeza, para que el público se guarde *pa* siempre mis melodías y mis letras. Yo tengo una de esas guitarras que cantan y con ella le he *arrimao* los bordones a todas las generaciones de cantaores que he *tenío* a mi lao, a los viejos y a los jóvenes».

Cepero nos confirma su pereza a la hora de estudiar la guitarra, a diferencia de otros guitarristas de primera línea cuyos nombres ya se imagina el lector, él ha tenido días en los que no ha cogido la guitarra, en contraposición con otros de muchas horas de estudio, pero solo las suficientes como para ser capaz de ejecutar las creaciones que tenía en su mente.

OTRAS COMPOSICIONES

A mí vino uno que llevaba cantando no sé cuántos años en Bélgica y quería que yo le enseñara de flamenco. Sin muchas ganas de atenderlo, le pedí un dinero *pa* que no viniera y le pareció barato.

—¿Qué me vas a cantar?—le dije.

—Un poquito por soleá y cantó.

—Tú cantas *pa* que te metan una papa hirviendo en la boca, pero tienes una cosa buena, que afinas y tienes una voz buena ¿por qué no me traduces una canción que yo te haga a ti?

Y me tradujo una canción que se llamó, *Mon Amour*, hacemos el *play back* y se lo lleva, poco tiempo después me lo envía con voz de mujer, y no veas como cantaba la gachí.

—¿Esa que canta quién es? —le digo.

—Es mi novia.

—Pues quédate tú en Bélgica y mándame a tu novia y grabo con ella.

Pero la tía conoce doce idiomas y trabaja en la Comunidad Europea, se llama Talia, pero no quería grabar el videoclip, entonces cogí el *play back* y la he *cantao* yo con mi guitarra y es precioso el tema, está incluido en el trabajo *Hechizo Andaluz*.

Además de canciones aflamencadas como antes decía, me puse a crear baladas, siendo este tipo de canciones las que económicamente más me han *favorecío*. Le he escrito canciones a Rocío Jurado, Chiquetete, Lolita, El Fary, Julio Iglesias y Los Marismeños, entre muchísimos más. De la segunda mitad del siglo XX pocos artistas no cantan ninguna canción compuesta por mí, si exceptuamos a los cantautores, como Joan Manuel Serrat, José Luis Perales, Carlos Cano, etcétera. Los temas más populares son Bordón 4, *Qué cara más bonita tiene esa niña*; María Vidal, *Acaríciame*; Isabel Pantoja, *Feriante, Nada*; Los Marismeños, *Soy marismeño*, y un largo etcétera».

Paco Cepero declara que, si tuviera que recomendar a la gente canciones de su autoría en concreto, las primeras referencias serían: *Amor, amor, Esta cobardía, Dónde estás, amor* y

Acaríciame. Todas ellas mantienen esa línea que hace indiscutible su aportación. Están dotadas de una serie de cadencias, sorpresas armónicas, de requiebros, expresiones y texturas a las que él mismo denomina «ceperianas». Copla y balada pintada a rayas de flamenco. *Agua marina,* uno de sus temas más popular como solista es otro ejemplo de ello, al que opina que lo único que le faltan son las palabras. Toda gira en torno a un universo de paisajes parecidos pero igualmente encantadores, con situaciones, circunstancias, vivencias que han ocurrido en su vida y pensaba que no debiera dejarlas pasar sin plasmar bien sea la letra o bien la inspiración musical que le produjeron. De la nada no le suelen salir las creaciones, todo suele estar basado en observaciones de este tipo.

«En la actualidad tengo más de ochocientos títulos registrados en la Sociedad de Autores, y los que me queden digo yo, tengo catorce marchas procesionales, un himno compuesto a la Virgen del Valle y otro a la Virgen de La Esperanza que ya se tocan a la entrada y a la salida. Es algo que te llega al alma, ver que algo tuyo se hace popular y lo canta el pueblo, tu música, que la gente llora con tu Salve, que las procesiones se recogen con marcha tuya, porque el día que yo me vaya eso ya es un legado que yo habré *dejao* aquí en la Tierra para toda la vida, pasarán generaciones enteras y eso se seguirá tocando, ¿habrá una cosa más bonita?».

LOS DISCOS EN LOS QUE TOCO, ACOMPAÑANDO Y EN SOLITARIO

Su discografía en solitario goza de determinada amplitud y en cada trabajo ha compuesto entre ocho o diez temas en los cuales, ha llegado a grabar varias canciones con su voz. No es porque quiera hacerlo todo, sino porque, entre otras cosas, ya que ha tenido que pagarse algunos discos de su bolsillo, se ha permitido el lujo de poner su voz.

«Los discos que yo he hecho con *to* estos artistas flamencos y en solitario han *sío grabaos* en directo, porque nunca he usado el *pro Tools,* yo hice un tema que se llama *Ibiza y*

Azabache, ese fue el primer EP que yo grabé y tiene unos *picaos* tan rápidos que me dice Paco de Lucía:

—¿Cuántos días has *tardao* en grabar esto?

—No, eso lo he grabao yo del tirón

—Venga ya hombre, tú me vas a engañar a mí.

Y es que yo he tenía esa facilidad. Hoy se ha *avanzao* muchísimo en técnicas de grabación, pero cuando yo acompaño a un cantaor, pongo al cantaor frente a mí, y me canta él en directo y si falla, hay que volver a repetir. En una ocasión me dijo un cantaor de la última generación Israel Fernández: «maestro, usted graba cuando quiera que yo después canto», y le dije que de eso nada, que al día siguiente grabábamos a las diez de la mañana, digo tú descansa y verás que bien sale en directo a la vieja usanza.

To los discos que yo he *grabao* han *sío* con la guitarra y las palmas a un *lao* y la voz en el otro, completamente en vivo y en directo. Tengo noticias de que en Estados Unidos que son los que siempre han marcado la pauta están dejando la tecnología punta a un *lao* y volviendo otra vez al modo tradicional, no sé si estaré bien *informao.* La absoluta digitalización implica la total perfección, pero eso conlleva frialdad, por ejemplo, yo puedo tocar un tema y que haya un segmento que no tenga la limpieza absoluta que requiere, eso es natural, es como cuando el cantaor está un poco *rozao,* también es normal, ¿qué quieres hacerlo perfecto *pa* qué? Pues es mejor ser sincero. La voz hay veces que se roza, y la guitarra, hay veces en que falla uno, y eso suena más natural que la perfección. Cuando el fallo *mu* grande pues se vuelve a grabar y punto.

En Sevilla en el hotel Colón, me invitan *to* los años *pa* la entrega de premio del toreo. Había un guitarrista allí que me dijo:

—Mire usted maestro, he visto a usted tocándole en un vídeo a Manuela Carrasco.

—Sí, que hago yo ahí una escalita muy rápida.

Mira eso es increíble, ahí pico a una velocidad tremenda. Hay que ver como bailaba esa mujer y yo con esos picaos como el que está tomando café. Porque yo tenía esa impronta. Lo que pasa es que cuando estaba en todo mi apogeo guitarrístico descubro que lo que da dinero son las canciones.

A los artistas flamencos expuestos páginas más arriba, no solo los he *acompañao* en toda su discografía sino también en la época de los festivales de verano. Cuando yo trabajaba en los festivales tenía que tocarles a diez y doce cantaores, y en lugar de las manos de un guitarrista parecía que estaba arreglando bicicletas del color verduzco que tenía por el roce de las cuerdas. En ocasiones un cantaor me ha *dao* tonos que yo no conozco entonces, paro de tocar la guitarra y lo espero hasta que me dé un tono que yo sepa y pueda pillarlo. Recuerdo que le toqué en una ocasión a Fernanda de Utrera en Arcos y me dijo:

—Ahora sé Paco por qué *to* los cantaores quieren que les toques tú.

Trato de explicar a la juventud que el acompañante es el banderillero del matador, y al matador hay veces que le sobran las facultades y en otras ocasiones estas están en deficiencia, bien porque esté ronco, porque el bajo lo tenga mal, etcétera. Entonces la habilidad del guitarrista está en que el público no le note el fallo, hay que saberlo tapar.

Otro factor de suma importancia en el toque para acompañar son los silencios, pero para hacerlos de forma correcta hay que dominar el compás. Lo difícil es poseer el soniquete y cerrar con la voz dándole los tonos exactos, porque si el guitarrista es más independiente y diese tonos que no concuerdan con la melodía que ejecuta el cantaor, no redunda en beneficio de nadie. Es una deficiencia del toque en la actualidad, esos tonos flamencos que siempre se han dado y se han perdido. Hoy la guitarra adopta otro tipo de acordes, unas armonizaciones excelentes desde el punto de vista musical, pero que no son flamencas, por ejemplo, es como tocar una seguiriya en tono de minera, eso no suena bien, es incorrecto. La seguiriya hay que tocarla por los medios, la soleá suele ser por arriba y también por los medios; los tientos y tangos por los medios, la malagueña por arriba y los cantes de Levante en fa sostenido. Como excepción, se puede hacer algún cambio armónico, se puede transgredir esas reglas, por ejemplo, los tangos *Me tocó el perder* de El Turronero los acompaño en tonos de taranto. En mi disco *Sueño Latino* hago recordar a Latinoamérica, pero después meto pincelazos de Paco Cepero, porque si los adornos fueran exclusivamente latinos mejor que lo hicieran los panchos».

PREMIO MELCHOR DE MARCHENA DE ACOMPAÑAMIENTO

«Al principio nadie quería que yo le tocara, claro que entonces no me conocían. Recuerdo un premio que a mí me gustó muchísimo y fue el premio Melchor de Marchena de acompañamiento en Mairena del Alcor. Ese año acudí a ese concurso y yo ignoraba que aquello era competitivo, en ese concurso le otorgaban la Antorcha de Oro al Cantaor y el primer premio Melchor de Marchena de acompañamiento al guitarrista que mejor acompañara. Había figuras como Enrique de Melchor, Pedro Bacán, Tomatito, Manolo Domínguez, el Habichuela, estaban *to* los de la época. Yo no tenía cantaor a quien tocarle.

—¿Tú pa que me metes a mí en estos berenjenales? —le dije a Pulpón.

Pues yo ya tenía un nombrecito en el flamenco pero carecía de fama como guitarrista de acompañamiento..

—No hombre no, tú no te preocupes —me responde Pulpón.

Así pues le toqué a José Mercé, que entonces era un *desconocío* y yo, que siempre he *sío* un guitarrista que tocando por bulerías le he *llegao* con cierto entusiasmo al público, ya había *levantao* algún que otro aplauso. Ese día no había hecho prácticamente ninguna falseta por bulerías, pero después toqué por seguiriyas.

—Si hay justicia, si hay ley de verdad, yo voy a tocar como se toca la guitarra pa cantar —me dije a mí mismo.

Finalmente me dieron el premio a mí. Yo me acuerdo de que me estaba desnudando cuando vino Pepe Sollo, y Matilde Coral.

—Que te han dao el premio, que te han dao el premio, venga corre, corre —me dicen.

—No, ahora que me esperen.

Porque yo allí me había *sentío* el más pobre del mundo, no tenía cantaor, nadie quería cantar conmigo, entre los cantaores estaba Meneses que dijo:

—A mí que me toque Enrique de Melchor.

Fosforito:

—A mí, que me toque el Habichuela.

El otro:

—A mí, que me toqué Pedro Bacán.

El otro:

—A mí, Tomatito.

Y yo no tenía cantaor. Me tuve que contentar con el que quedaba porque se lo impuso Pulpón, el cual era José Merced.

—Niño que te va a tocar Paco Cepero —le dijo.

Y ese acompañamiento me valió el premio. Así que cogí ese día una borrachera y perdón por la vulgaridad, cuando yo volvía hacía mi casa en el coche me dije a mí mismo: «vivan mis cojones».

Hay personas que creen que el palo preferido de Paco Cepero es la bulería, pero él afirma que el flamenco es muy bello y entrañable, el flamenco duele, y cuando se hace bien tiene una musicalidad impresionante, nada tiene que envidiar a ningún género del mundo. Paco Cepero no tiene ningún palo preferido, al contrario de lo que creen muchas personas. Andalucía es muy amplia y el flamenco riquísimo, sitios como Morón, Utrera, Lebrija, Jerez, Cádiz, Málaga..., todos han tenido su sello. Después de tantos años a él es difícil que se le vaya un palo, aunque no podría asegurarlo al cien por cien. Hace años en un festival por Málaga, después de haberle tocado a diversos cantaores el alcalde trajo a un aficionado del pueblo que, tras hartarse de cantar, cuando le dijo Cepero de terminar, respondió:

—No, ahora me vas a tocar jabegotes.

Creyendo ser una broma Paco Cepero repuso,

—El jabegote te lo va a tocar tu puñetera madre.

Hasta que el aficionado aclaró que el jabegote era un cante *abandolao* y Cepero lo desconocía. Los años le enseñaron mucho, a pesar de que él siempre ha sido muy aficionado al cante, hasta tal punto que Caracol manifestó:

—Mi compare Cepero sabe más cantes que Almadén.

Porque Jacinto Almadén había hecho varias antologías.

«Los grandes músicos como Chick Corea, Mac Lauglin, Aldi Meola, han *venío* aquí a mamar de nuestra fuente y mira si somos nosotros torpes que nos vamos al aire de ellos, ¿nos vamos a ir con el enemigo hombre? Chiquillo sigue tocando el flamenco que es lo nuestro, que es lo que nos ha *dao* a nosotros el sitio.

El flamenco nos ha dejao un legado *mu* importante, nos lo dejaron nuestros mayores y no podemos tirarlo por tierra. Tú puedes innovar y hacer ciertas fusiones, también estoy de acuerdo en determinadas fusiones cuando son buenas, pero hay otras que vamos, es *pa* coger la fusión y hacer así: borrarlas del mapa. No se puede uno estancar, la vida es vanguardista y uno tiene que avanzar, y el que hace así una cosa nueva y de verdad hay que aplaudirlo, se aplaude si es buena, ahora bien, cuando la haga mal decirle *quillo*, vete a un *lao* y no hagas esas cosas. Yo creo que es importante darle a la juventud su sitio, yo me acuerdo de las dificultades que tuve cuando era joven y por eso el que llama a mi puerta procuro ayudarlo porque yo lo pasé *mu* mal. A mí no me hacían caso, hasta que me tocó la hora, después mandé yo, cuando yo pegué con el primer disco vendí muchísimo. Del disco que grabó Chiquetete *Aprende a soñar*, se vendieron un millón setecientos mil discos en aquella época, aquello era una barbaridad, entonces yo mandaba. Cuando tú vendes te lo dan todo pero sin embargo el que empieza —y yo también empecé un día— no siempre escapa tan bien. Recuerdo que me decía Paco, tráete una cintita con las últimas canciones que tú hayas hecho a ver qué podemos sacar, y yo llegaba con toda la ilusión le dejaba aquello y no grababa ni una, pero yo después salía a la calle e identificaba mi música con algunas canciones que estaban sonando, y decía coño, si eso es mío. Lo que pasa es que era demasiado fresco y los promotores me la daban con queso. A mí me la metieron bien, hasta que ya claro, a mí me la dieron tantas veces que hubo un momento donde yo comencé a darla.

Soy ciertamente una persona en parte agresiva, como me veis ahora con mi forma de ser, los guitarristas se expresan con la guitarra como una muestra de lo que son en persona, por ejemplo, tú veías a Manolo Sanlúcar y tocaba una muestra de lo que era él. Manolo Sanlúcar era una persona ensimismada y así tocaba él, como para sí mismo, totalmente metido en el papel, Paco de Lucía era impetuoso, pero Paco de Lucía tenía dulzura. Yo soy una persona fácil de lágrima, cuando compongo y hago una canción que aquello a mí me llega, le suele llegar a los demás, cuando tú te transmites a ti mismo, lo haces a los demás, pero si tú tocas y estás vacío, estás mustio, aquello *pa* la gente va a ser igual. Entonces lo que tú tienes que hacer es meterte, ensimismarte, cerrar los ojos *pa* no ver a nadie. A veces cierro los ojos *pa* meterme en mi mundo, pues en un segundo que se te vaya el hilo y ya no sabes seguir ¿qué hago ahora?, entonces improviso porque no tengo más remedio, pero en realidad es mentira. En América hasta las improvisaciones se estudian, hasta las caídas, los tíos van a caerse, tropiezan, y lo hacen tan propio que parece que es verdad pero *to* eso está *estudiao*. En cierta ocasión estaba en Badajoz en el camerino, y llegó una persona y dio una tonalidad y empecé a tocar, y me dice el otro guitarrista —«Paco, qué cosa más bonita»— y digo —¡Eh! ya me interrumpió. Cuando yo saco algo estoy rabiando porque alguien me escuche pa ver la reacción, pues si aquello pasa desapercibido digo esto no, pero si he *tocao* algo y dicen olé, y el otro olé, entonces, ya me puedo dar por contento, pero si toco una cosa y me dicen sencillamente, *mu* bonito, digo ea, pues ya está dicho todo. En la vida lo que hace falta es no creerte nada, soy una persona que trabajo muchísimo, siempre llevo mi papelito con mi pluma, me hago las letras de mis canciones, las grabo, y después voy construyendo las melodías.

Cuando vi ganar el primer premio en La Copla a Laura Gallego me gustó y pensé que podría hacerle un disco le hice *Mi primer amor.* Cuando pidieron opinión *pa* poner próximamente un tema en la radio, la gente aludió precisamente a ese tema: *Mi primer amor,* que es como una baladita tirando a copla, el primer amor de una mujer, ella es como la que ve a un tío que le gusta y narra con la letra de la canción lo que fue su primer amor.

Esa es la sensibilidad que hace crear en el flamenco y fuera de él, aquí hemos *tenío* a don Rafael de León que era un fenómeno, a Quintero y Solano también, pero Rafael de León, como ha descrito ese hombre en tres minutos una historia no se puede decirlo mejor. De ahí hemos *mamao to* los que hacemos canciones, y el que no mame de ahí *equivocao* está.

Mis amigos, no son muchos pero son buenos, los mejores. Después de los amigos está esa suerte que es ver que trabajando y luchando el tema me genera vida, sigo teniendo seguidores, es por lo que yo lucho. De esa forma puedo seguir recabando opiniones *pa* cuando tenga ochenta y siete años seguir haciendo otro trabajo.

FOTOS DE PACO CEPERO EN DISTINTAS ETAPAS DE SU VIDA

Paco Cepero estudiante

Paco Cepero de nazareno

Paco Cepero adolescente

Con hermano de Amina y Gitanillo de Triana, disfrazados

Rondalla

Con una parejita de baile en la academia de Cristóbal el Jerezano

Con José Cepero y su padre, entre otros

Con Fernanda y Bernarda de Utrera

Con Paco de Lucía

Con Camarón y El Cojo Peroche

Con Manolo Caracol

Paco Cepero y Camarón

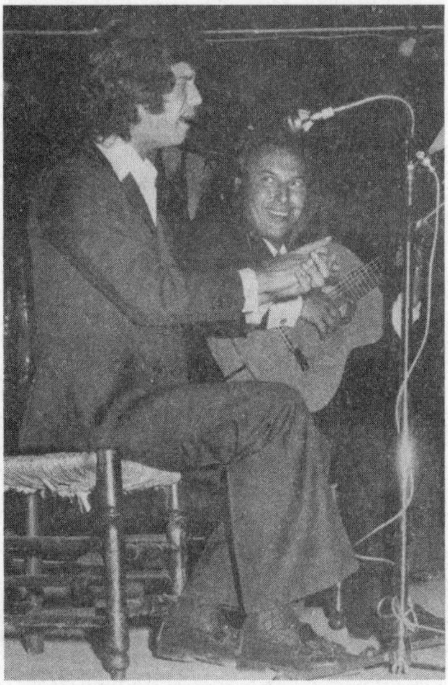

Paco Cepero y Camarón

Pansequito, Curro Romero y Rancapinos padre e hijo

Con Rocío Jurado entre otros

Cepero en una pintura

Con Rocío Jurado

Rancapino, Juanito Villar y Chiquetete con Cepero

Caracoles, Niño de Los Rizos, Paco Cepero, Manolo Caracol, Diamante Negro y Melchor de Marchenta (Arriba) El Sordera, Romerito de Jerez y Brillantina (Abajo)

Camarón, El tupé, Paco Cepero y Miguel de Córdoba

Acompañando a Enrique Ortega (Caracol hijo)

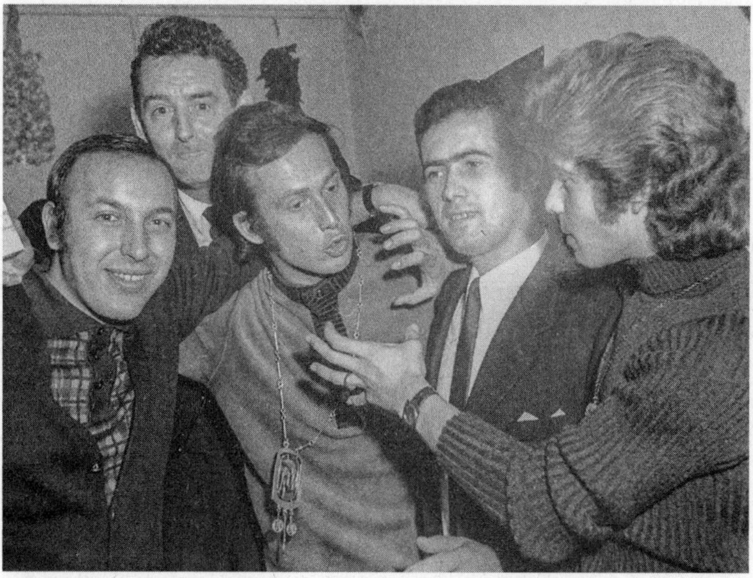

Con Camarón y Paco de Lucía entre otros

Acompañando a Romerito de Jerez

Paco Cepero, Camarón, El Sordera, entre otros

Con Geraldine Chaplin

Con Raul Sénder

Con Paco de Lucía y Pedro Carrasco

Con Rafael Escuredo

Con Chiquetete, Chari y La Marelu, entre otros

Con Yul Brynner y Manolo (El Policía)

Paco Cepero con Juan Tejero e Irene Carrasco

Paco Cepero con Isaac Moreno, su esposa y Manolo Sanlúcar

Con Pedro Carrasco y Cantinflas, entre otros

Chaparro, Fernando Esteso, Cancanilla y Paco Cepero

Con Isabel Pantoja

Paco Cepero con un componente de Camela y El Arrebato

Con Manolo Caracol, entre otros

Javier Molina Cundí, primer profesor de Cepero

Con Fernando Terremoto

Filmado por Hugo Stuven

Recibiendo un premio de manos del alcalde de Jerez

En Caripen, con Lola Flores

Paco Cepero en familia

Manuel Alejandro, Téllez, Rafael de Paula y Paco Cepero

Con Antonio Ruiz Soler

Dolores García Zarzuela, madre de Paco Cepero

Con Jesús Quintero

Paco Cepero con Agustín Gómez, Curro Malena, Pulpón hijo, Romerito de Jerez, Fosforito, y Pedro Bacán entre otros

Cepero con Moncho, El Fary y Antonio el de Los Marismeños, entre otros

Con Felipe González

Con SS.MM. Los Reyes de España

Saludando a SM el Rey Don Juan Carlos I

Paco Cepero con Felipe González, El Lebrijano (a su izquierda) Paco Gandía, Pedro Peña y El Turronero (a su derecha) Chano Lobato a la izquierda de la fotografía

Paco Cepero recibiendo la medalla de oro al mérito de las bellas artes por Don Juan Carlos

Paco Cepero y su esposa (Chari) en la costa gaditana

Paco Cepero con Juan Manuel Moreno Bonilla
(presidente de la Junta de Andalucía)

Con José Manuel Caballero Bonald

Con Los del Río

Cepero y Chari con María Jiménez

Con Manuel Alejandro

Con Laura Gallego

Con Miguel Salado

Paco Cepero con un grupo de personas en Madrid
(Camarón a la izquierda de la foto)

Con Omar Montes

Con Curro Romero

Paco Cepero con La Chispa

Paco Cepero en su casa de Jerez

Paco Cepero con Diego Amaya, Paco León, Antonio Reyes, Mercedes Ruiz y Santiago Lara

Paco Cepero junto a una guitarra de bronce

Paco Cepero con El Cabrero y Rancapino hijo

Con María del Monte

Con Felipe Campuzano

Con Álvaro Domeq

De izquierda a derecha, Paco Cepero, Samuel Serrano, Antonio Reyes y Enrique Montiel

Con José María Escribano

Con El Barrio

Paco Cepero con Samuel Serrano y Chicharito

Con José Manuel Cuaresma

En el monumento a la Perla de Cádiz

En el monumento de Lola Flores

Con Juanito Villar

Paco Cepero con sus hijos

Con su hijo Paco

Con Chari y Bárbara Rey

Paco Cepero con José María Escribano y otros amigos

Con la doctora Pilar Pradilla

Con su socio Juan Antonio Prieto

Con el exobispo de Jerez y su nieto

Grabando con Gracia Montes

Paco Cepero con Juan Valdés y su esposa (Chari), mostrando
la portada de un disco y el retrato de Chari

Paco Cepero junto a Manuel Ríos Ruiz; arriba, Rancapino, Manuel Martín Martin y Samuel Serrano

Paco Cepero con Esmeralda Rancapino

Paco Cepero con Paquito León

Con Chari y Curro Romero

Con Rafael de Paula

Rancapino Chico, Paco Cepero y Pitingo

Con Rafael Peralta

Con Borja Jiménez

Paco Cepero junto al monumento a Camarón

Paco Cepero acompañando a José el de La Tomasa

Paco Cepero con Carlos Herrera y Luis Miguel

Con María Vargas

Con el Dr. González

Con Antonio Murciano y Enrique Montiel

Con Francisco Cuaresma (hijo)

Paco Cepero con Curro el de Los Conejos

Con Jose Mari Manzanares

Portada de Amuleto

Con Dolores Agujeta

Con Francisco Cuaresma (Autor)

11. MIS GUITARRISTAS PREFERIDOS

Paco Cepero declara que escucha a todos los guitarristas, pero no profundiza en ello porque dice que le puede gustar y entonces abandonaría su línea, la cual tiene perfectamente definida. Es como si alguien escribe una poesía personal, comenzara a leer a Miguel Hernández, por ejemplo, y se dejara influenciar por su poesía abandonando la suya propia. A Cepero le agrada el panorama guitarrístico de la actualidad porque se está tocando la guitarra mejor que nunca, y han llevado la guitarra a unas cotas que va a ser difícil superarlas, pero declara que tienen que poner atención porque se está perdiendo el sabor flamenco.

«Sordo no soy, y he escuchao a numerosísimos guitarristas, por lo tanto, tengo que tener a la fuerza una opinión de *to* ellos, yo respeto a *to* mis compañeros, y cada uno tiene su toque y su sello. La lista sería larguísima de modo que si se me pasa algún nombre pido disculpas, pero si los nombramos a *to* este capítulo sería inacabable.

Antiguamente los guitarristas tenían su sello propio; hoy, *pa* saber quién toca la guitarra tengo que darle la vuelta al disco, porque tocan *tos* iguales, son un clon unos de otros, exceptuando a algunos, claro. A mi casa vino un guitarrista *pa* que lo escuchara y me dijo: —«Maestro, sea usted sincero conmigo, ¿qué le ha parecido a usted mi toque?»— y comienzo a balbucear y a decir palabras incomprensibles, después le digo —«¿Tú me has *entendío* a mí?»— y dice —No—, y digo —«Pues yo a ti tampoco. Dame tiempo que yo pueda digerir lo que tú me estás tocando, tú estás haciendo piruetas, tocando dificilísimo, conoces el diapasón de arriba abajo pero dame una notita que me ponga el vello de punta, picha».

Pues así está la guitarra hoy: en técnica y musicalidad, tremenda, pero de flamenquería nada. Yo he *sacao* adelante a algunos guitarristas, ahí está Paquito León que tiene técnica, tiene pulsación, sensibilidad, a ese le suena la guitarra, yo lo he *llevao* desde pequeñito, también a Miguel *Salao* que toca estupendamente. Durante un tiempo me acompañó Diego Amaya, el cual, era un ataque epiléptico y cuando se vino conmigo yo lo apacigüé, un día lo vi tocando a Aurora Vargas y le dije —«anda, anda, joder tú no tocabas así pichita»—. Sin embargo, en los medios está la virtud porque algunos se pasan de lentitud, sobre *to* los cantaores, yo por ejemplo le he *tocao mu* despacito a Rancapino chico, pero hoy se acompaña que se les va a caer un huevo y partir una loseta».

PACO DE LUCÍA

«*Pa* mí Paco de Lucía ha sido el mejor guitarrista de la historia, una persona cósmica, un genio de la guitarra inigualable. Mucha gente lo admira por su capacidad técnica. Sin embargo, Paco tenía dulzura, nostalgia, gran duende, te envolvía con su toque, su flamenquería, su técnica, su pulsación, transmitía muchísimo, tenía limpieza, en sus notas había lamento, su pulgar era envidiable. En *to* los discos que hizo trató de superar al anterior y lo consiguió. Era un mago con las cuerdas de la guitarra el mejor del mundo, lo tenía todo, *pa* mí el mejor es Paco de Lucía por *to* los motivos. Paco de Lucía era completo, va a tardar siglos en volver si es que vuelve al flamenco una figura como Paco de Lucía.

Estuvimos varios años tocando juntos con motivo del espectáculo *Festival Flamenco Gitano*, que lo promocionaban Horst Lippmann y Fritz Raü. Era *mu* bromista, recuerdo que estando en Londres, me echó un bote de pegamento Imedio en la pelvis en la zona de mis partes, de modo que se me quedó el pantalón pegao al asiento, no le dije na. Sin embargo, esperé la ocasión de que él se durmiera *pa* echarle otro bote de pegamento en el pelo. Él tenía complejo de calvo y eso le sentó fatal. Cada vez se hacía la raya más cerca de la oreja y se echaba to el pelo hacía el *lao* contrario. Alguna vez, venía una racha de viento y él se ponía de los nervios y yo que estaba a su lao me reía.

—Chiquillo Paco —le decía yo— déjate ya de sufrir, pelo acá y pelo allá, échate tu pelo *pa* atrás y *sacabao...*, si al final es lo mejor, eres bien *parecío*, un tío guapo, importante, mentalízate, olvídate de eso, que tú eres un tío que vales mucho más y como sigas así te vas a hacer la raya en el sótano del Corte Inglés.

Yo era un tío que lo quería una barbaridad y le tenía admiración, yo era cinco años mayor que Paco y siete mayor que Camarón.

Paco se cruzó de piernas, nos cruzó de piernas a *tos* en el teatro de la Zarzuela y nos caímos *to* los guitarristas, porque nos llevamos una hora y pico con la pierna cruzada y cuando fuimos a saludar se nos quedó dormía la pierna, *to* el mundo se hartó de reír.

—¿Paco tú cómo ves que yo me cruce de piernas? —me dice otro día.

—Mira, pues no se ponen los clásicos sus taburetes, pues hazlo como tú quieras.

Fui un día con Enrique de Melchor a ver un concierto, el único concierto que he ido a ver a Paco de Lucía, lo llamé al hotel y me dijo:

—¿Tú vendrás solo no?

Lo vi *mu* nervioso, al otro día escuché la entrevista suya de un argentino, y habla perfecto, quizá sea la mejor entrevista de Paco de Lucía. Yo ahora lo estoy escuchando más que nunca, no se puede tocar mejor, no se puede tocar más con más sensibilidad, no se puede tener más pulsación, más flamenquería. Paco no era tan *complicao* sino que arremetía con los *picaos*, estaba tocando y *piripi*, la verdad es que impactaba pero él tocaba *mu* sencillo y te estaba tocando melodías nuevas a cada instante.

Era un tío deportista, un día estábamos en el Pueblo Español en Mallorca y había una piscina de esas olímpica. Dice «yo me hago doscientos a lo largo», y nos hicimos una apuesta, pero el tío se los hizo, el tío era deportista, por eso cuando me dijo mi mujer: Paco, Paco, Paco de Lucía se ha muerto, yo no me lo quería creer, eso era imposible, todavía no me lo creo.

Paco puso la guitarra donde está, después se ha *rebosao* y todo lo que se quiera decir, pero el primero fue Paco y eso se lo lleva él. Además, Paco es eterno, hay artistas que son eternos, a mí no me gusta hablar de él porque una vez se me ocurrió decir que Paco iba a veme al tablao en Madrid y me pusieron verde y te diré, el mayor admirador que tiene Paco de Lucía soy yo, y el mayor admirador que tenía yo era Paco de Lucía. Yo no he visto una persona más sincera, en todas sus entrevistas siempre habla de mí, un día viniendo con mi mujer en el coche estaba en el programa de Luis del Olmo y le preguntaron a Paco de Lucía: «¿Usted escucha a alguien?», y respondió: «Mire usted, escucho a un guitarrista que no es que sea *mu* técnico pero tiene una flamenquería impresionante que es, Paco Cepero».

Estando grabando con Paco de Lucía, en *Fonogram* éramos como hermanos, me fui yo a la mesa y ocurrió que aunque Paco que no falla ni una nota, en aquel momento se lía a fallar y no da una, y ya cuando se hartó me dice:

—Te quieres ir ya…

—¿Qué te pasa?

—Que no puedo tocar estando tú ahí, vete y cuando termine te vuelves —y me tuve que salir.

En otra ocasión fuimos a Manchester con aquel festival flamenco gitano, y allí solo llenamos cinco filas de butaca. Sin embargo, una semana después iba a tocar *Manitas de plata* y ya tenía el teatro lleno desde hacía seis meses. Qué coraje le dio a Paco de Lucía, yo le decía:

—Anda, anda, ronea, ronea.

—Con lo malamente que toca ese gitano —me respondía.

Eso es una muestra de que el éxito de un artista en ocasiones no va unido a su talla profesional. En torno a ese espectáculo flamenco gitano producido por dos mecenas alemanes: Lippmann y Raü recorrimos *to* el continente europeo y americano juntos dejando atrás momentos inolvidables».

MANOLO SANLÚCAR

Era uno de los mayores músicos de nuestra tierra, siempre ha quedado a la sombra de Paco de Lucía, pero el aficionado tiene que tener en cuenta que son dos formas distintas de tocar, de entender la música. Paco era impetuoso, sus melodías eran vehementes, cobraban vida propia, era como si la guitarra embistiera a sus enemigos; Manolo, por el contrario, ejecutaba una música mucho más pausada, con claras influencias clásicas, técnicamente depuradísimas, musicalmente envolventes. Así como Paco de Lucía creó el *alza púa,* Manolo creó el *trémolo redondo* constante, que nos invita a escuchar en temas como *Oración* de su disco *Tauromagia,* o en una rondeña que le dedicó a su hijo, desgraciadamente desaparecido. Manuel era un erudito de la música, llevaba en su alma las notas de todas las culturas que pasaron por Andalucía. Sabía solfeo, armonía, tenía todos los estudios que hay que tener en guitarra, de ahí su influencia clásica. Tiene obras magníficas que forman parte del pentagrama clásico, obras que ya constituyen un legado sin parangón. Nunca hizo fusiones ni mezcló la guitarra clásica o flamenca con otros géneros. Enseñó a importantes figuras del toque en la actualidad, figuras de la guitarra flamenca los cuales llevó a su casa sin cobrarles un duro. Era una persona absolutamente amante de su tierra: Andalucía, la cual jamás abandonaría.

Pasará a la historia de la música nacionalista española, como lo han hecho Albéniz, Tárrega, Narciso Yepes, Joaquín Rodrigo, etcétera.

SABICAS

Desde el principio, Sabicas mostró un virtuosismo sin límites llevando a cabo técnicas con la mano derecha que jamás se habían hecho. Introdujo nuevos conceptos en la ejecución, destacando la limpieza y la velocidad.

Fue un auténtico revolucionario de la guitarra con gran influencia en todos los guitarristas modernos. Hasta su aparición imperaba el toque de Ricardo, pero Sabicas tenía una ejecución impresionante, las técnicas de Sabicas pertenecen al mundo del virtuosismo exclusivo y ortodoxo. Su toque no está a la mano de cualquiera, además sus temas revisten gran belleza por sus cadencias melódicas y por los difíciles movimientos de ambas manos. Sabicas era capaz de dar un bajo con el pulgar interpuesto entre el dedo corazón y anular con los que arpegiaba. Tiene temas como *Noches de Cádiz,* pieza por soleá que culmina con un trémolo sencillo que reviste una limpieza y pulcritud inigualable; o *Noches de Puerto Real,* también una soleá que resulta sorprendente. Además, tiene grabadas todas las modalidades del toque flamenco y también clásico. Era conocido cariñosamente con el apelativo de tío Sabas.

«Cuando Sabicas llegó aquí a España, que venía de América, estábamos *reuníos to* los guitarristas en Madrid: Manolo Sanlúcar, Paco de Lucía, Serranito, Los Habichuelas, Juan Maya Marote, yo qué sé, todos..., Félix de Utrera, Antonio Arenas, *to* los guitarristas. Entonces le dijo Sabicas a alguien:

Dile a Ceperico que me toque un poquito por bulerías —y a mí aquello, fíjate tú, un hombre de esa categoría...

—¿Qué? —digo yo.

—Hombre, tócale un poquito a Tío Sabas" —me dicen.

—Yo qué voy a tocar, voy a tocar.

Hoy no pasan esas cosas, hoy te coge uno que lleve dos minutos y te dice trae *pa cá* la guitarra que te voy a mondar, hoy no hay respeto. Entonces había un pudor de ver a un fuera de serie, fíjate, una leyenda de lo que es la guitarra como es Sabicas».

ENRIQUE DE MELCHOR

Era hijo del gran Melchor de Marchena, se formó en el tablao Los Canasteros, donde trabajó por primera vez. Le tocó tanto en disco como en directo a todos los grandes cantaores de su época. Es uno de los más importantes guitarristas de la historia y al mismo tiempo olvidado. Su música no se escucha mucho, no haciéndole la verdadera justicia que merece. Tocaba bien en solitario, pero acompañando era todo un león, tenía una mano derecha depuradísima, con unos rajeos por soleá que solo él hacía.

«A mí me dijo en cierta ocasión

—Paco, parece que el hijo de Melchor eres tú, porque se te nota más la influencia de mi *pare* que a mí.

Era una gran persona. Como su *pare* más tarde, cuando falleció este le tocó al maestro Antonio Mairena. Paco de Lucía me dijo en una ocasión:

—A Enrique da coraje escucharlo, no falla ni una nota.

Grabó varios trabajos en solitario, que no han gozado de mucha difusión. Con Enrique se nos fue un guitarrista técnico y creativo que fue mi compañero durante muchos años».

ESTEBAN SANLÚCAR[28]

Emigró a Hispanoamérica estableciéndose en Argentina y Venezuela, donde alternaba su toque con la docencia. Paco Cepero lo conoció personalmente en un tablao en Venezuela. En la ciudad de Caracas se asentó durante un tiempo, para años más tarde volver a Argentina. Por entonces ya había acompañado a los mejores cantaores de la época. Compuso entre otras obras *Perfil flamenco, Castillo de Xauén, Aromas del Puerto, Primavera andaluza, Horizonte de Málaga, Mantilla de feria* y *Panaderos flamencos.* Paco Cepero nos refiere que era una persona extraordinaria.

---

28 https://www.expoflamenco.com/firmas/guitarrista-esteban-delgado-bernal-al-maestro-esteban-de-sanlucar-semblanza-a-su-memoria

NIÑO MIGUEL

Miguel Vega de la Cruz nació en Huelva en 1952, hijo del guitarrista almeriense *El Tomate,* abuelo de Tomatito, este lo obligó a estudiar de niño horas y horas. En 1975, con tan solo veinte y tres años sacó un disco que creó una revolución en el flamenco, pudiéndose decir, que en ese mismo 1975 no había en España ningún guitarrista que se le pareciera. Mendigó muchos años por las calles de Huelva tocando con menos cuerdas de las habituales. Grabó un segundo disco si bien carente de la excepcionalidad del primero, no por ello menos asombroso, con temas como *Lamento,* que es también un vals acompañado por orquesta de gran belleza, aunque más sencillo que su *Vals Flamenco.* Desgraciadamente cayó enfermo de esquizofrenia y no pudiéndose cuidar se metió en el mundo de las sustancias arruinando su carrera.

«El Niño Miguel tocaba la guitarra que te cagabas no se puede tocar mejor, muchas veces, cuando veo algo en *YouTube* del Niño Miguel me lo pongo y lo escucho tocar con tres cuerdas. Me dijo una vez uno de Nerva que es profesor Modesto me dice:

—¿Tú sabes una cosa que me dijo un día El Niño Miguel?, que los dos únicos que le gustaban tocando la guitarra eran Paco de Lucía y Paco Cepero —eso me dijo—. Los demás *na,* a mí me gusta este y el otro, los demás sobran.

Si me gustaba todavía me gusta más. En la época de Paco de Lucía era el único que le estaba haciendo sombra y Paco lo reconoció. Tenía una fuerza y creatividad excepcionales. A pesar de haber *ganao* en la Peña Los Cernícalos varios premios, vino a Jerez otra vez a presentarse *pa* coger el Premio Nacional de Guitarra, pero esta vez no se lo pudimos dar, era una calcomanía de lo que había sío el Niño Miguel. Yo lo digo, yo no quiero hacer el ridículo, si algún día los que sois seguidores míos me veis así, que se limiten a escuchar mis discos, porque yo digo lo que dijo la Piqué, más vale una retirada a tiempo que una victoria».

MARIO ESCUDERO

Contemporáneo de Serranito y Sabicas también era un virtuoso de la guitarra con capacidad creativa y peculiaridad, las dos cualidades más importantes en un tocaor. Tiene grabado en solitario la mayoría de las modalidades del toque flamenco.

PEDRO BACÁN

Era un guitarrista bastante largo, sabía acompañar perfectamente pues era hijo de Bastián Bacán, un gitano que interpretaba especialmente bien las soleares de *Juaniquí* de Lebrija. Durante los años ochenta impartió docencia en la Peña Los Siete Claveles de la localidad sevillana de Camas. Su estilo de enseñanza era cantar y que fuera acompañado por un grupo de no más de cuatro chavales. Aunque viajó por todo el mundo, fue en Francia donde más éxito tuvo, teniendo en París su segunda residencia. Murió de forma trágica en un viaje de Lebrija a Sevilla tras haber estado ensayando con su primo Juan Peña en Lebrija.

PEDRO PEÑA

Primo hermano del anterior, era un guitarrista menos largo, aunque también acompañó perfectamente a su hermano en infinidad de ocasiones, su profesión principal fue maestro de enseñanza primaria. Se crio en una familia de cantaores de la talla de Perrate, tío carnal del guitarrista por ser hermano de su madre María Fernández La Perrata. Sus tíos Vicente Peña y Bastián Bacán también cantaban. Es padre de Dorantes, pianista y compositor, y de Pedro María Peña, guitarrista.

GERARDO NÚNEZ

Nació en Jerez de La Frontera en 1961, fue como Paco Cepero, alumno de Rafael del Águila. Es un tocaor que pertenece a una nueva generación, tocaor muy veloz y con gran capacidad técnica, pica incluso con los tres dedos inferiores de la mano derecha.

RAFAEL RIQUENI

Fue un niño prodigio, salió como cohete del disparadero, llegó a ser Premio Ramón Montoya de Guitarra en Córdoba en el año 1977 con solo trece años de edad, cuando Paco Cepero ganó el Premio de Acompañamiento. Con posterioridad, y por motivos que no vienen al caso, su carrera se torció, aunque actualmente parece estar recuperado de ese periodo ausente que tuvo.

«Recuerdo que di un concierto en La Puebla de Cazalla y ¿quién fue a verme?, Rafael Riqueni con su *pare*, que era un niño, porque Rafael Riqueni me lo llevaba su *pare* al Puerto, y él lo tenía todo..., ya conocía la historia de Niño Ricardo, de Sabicas, de Montoya, de Miguel Borrull, de Paco de Lucía, de Manolo Sanlúcar, de *to* los guitarristas, entonces el niño tenía unos catorce o quince años, fíjate, entonces me llama, y me dice el *pare*,

—¿Tú que ves que le falta a mi hijo?

—Tu hijo tiene *to* los conocimientos del diapasón, tiene una técnica, tú hijo está *sobrao*, pero le falta eso, digo le faltan muchas horas de tablaos, noches, fiestas, etcétera.

Fíjate tú, es uno de los guitarristas más largos que hay, ¿eh? fíjate como es Riqueni. Después él ha *sufrío* mucho con lo de su *pare* y lo de su *mare* y eso lo ha *apagao* también a la criatura y él no está como tendría que estar, pero *demasiao* que está».

PEDRO SIERRA MARTÍN[29]

Es un guitarrista catalán, nacido en Barcelona en 1968. Recibió sus primeras enseñanzas del maestro Remolino. Se

29 https://elartedevivirelflamenco.com/guitarristas74.html

inició en las peñas de Cataluña con tan solo nueve o diez años, más tarde, se trasladó a Madrid formando parte de las mejores compañías de baile y acompañando a importantes cantaores y bailaores flamencos. Finalmente fijó su residencia en Sevilla donde contrajo matrimonio con *La Tobaja* y comenzó a acompañar a Manuela Carrasco, Farruco, Mario Maya, Remedios Amaya, entre otros. También es un guitarrista de gran singularidad. Toca flamenco, tiene gran técnica y es muy creativo, llevando a cabo composiciones innovadoras.

LOS HABICHUELAS

Constituyen toda una saga de guitarristas ya desde su abuelo Habichuela El Viejo de donde tomaron el apodo, pasando por su padre, José Carmona y sus hermanos Pepe Habichuela, Carlos y Luis, todos guitarristas flamencos.

«Pa mí, el que más talento ha *tenío* tocando es Juan, un acompañante perfecto en la guitarra como demostró con creces. Cuando desapareció, le compuse este poema:

Hoy la Alhambra está de luto,
toda Granada está rota,
el flamenco dolorido,
las guitarras mudas todas.
El Sacromonte vacío,
los gitanos todos lloran.
El Albaicín compungido
las gargantas todas roncas.
Hasta el aire de rodillas
falta Juan. ¿Quién toca ahora?
Juan Carmona "El Habichuela"
patriarca de una estirpe
su guitarra ya ha hecho historia.
Adiós, compañero, adiós
esperándote en la Gloria
está Morente y Camarón

quieren que toques ahora,
¿quién le va a tocar mejor?
Si ya lo saben de sobra.
¡Te echaremos ya de menos!,
a ti compañero, Juan.
Pero esperándote están
los flamencos en la gloria».

JUAN MANUEL CAÑIZARES[30]

Cañizares es un destacado guitarrista y compositor flamenco apreciado mundialmente tanto en el repertorio clásico como en composiciones propias. Es un guitarrista de altísima técnica, prueba de ello es que Paco de Lucía, que tenía una especial visión para descubrir los talentos, cuando lo escuchó tocar se lo llevó con él formando el famoso trío durante una época con José María Bandera, su sobrino.

En 1982 ganó el primer Certamen Nacional de Guitarra, y en los años siguientes acompañó a las principales figuras del cante como Enrique Morente, Camarón, Pepe de Lucía, Juan Manuel Serrat, Rocío Jurado y Alejandro Sanz, además de algunos músicos extranjeros que tocaron junto a él. A finales de los 80 hizo una gira con *El último de la Fila* y después fue parte del terceto con Paco de Lucía. Es maestro de guitarra de la Escuela Superior de Música de Cataluña. También ha interpretado el Concierto de Aranjuez acompañado de la Orquesta Filarmónica de Berlín.

VICENTE AMIGO[31]

Considerado como uno de los mejores intérpretes de su generación, con gran temple y capacidad de transmisión tocando. Es partidario de la fusión, él mismo declara: «Las músicas se mueven por unos campos inabarcables y todas

30 https://jmcanizares.com/
31 https://vicenteamigo.com/

pueden ser hermanadas con respeto, rigor y conocimiento. Yo parto del flamenco y me gusta acercarlo a otras manifestaciones musicales para hallar la emoción, aunque siempre procuro no desvirtuar a ninguna de ellas».

Tiene una gran técnica y en opinión de Paco Cepero es de los que tienen más identidad tocando en la guitarra actual.

JOSÉ ANTONIO RODRÍGUEZ[32]

Guitarrista cordobés afincado en Los Ángeles, como todos los de su generación tiene una gran técnica, él manifiesta que «la técnica es necesaria para que tenga lugar la expresión porque no se podría escribir poesía si no se conoce el idioma».

«Hay muchísimos más, que si me pusiera a enumerarlos no cabrían en este libro».

32 https://cordobaflamenca.com/guitarristas/jose-antonio-rodriguez/

12. AUTORES LITERARIOS DE MIS CANCIONES

«En este capítulo solo decir que yo he leído a *to* los poetas, y cada vez que sale alguien que es un poeta nuevo yo lo leo, y me pasa como con los cantaores, cuando leo quince o veinte páginas digo, esto no vale *na*, está vacío no tienen la altura que yo me esperaba. Por ejemplo a mí encanta Neruda, Juan Ramón Jiménez, del que me he leído sus obras completas, siendo de la generación del 98 en mi opinión es el padre de toda la generación del 27. Otro poeta que me encanta y la gente discute que sea del 27 es Rafael de León. También he leído mucho a Manuel Benítez Carrasco, al que abordaremos más adelante que además es *mu* lorquiano porque es *granaíno.* Pero Rafael de León es el *pare* de *tos* nosotros porque hace una canción, en tres minutos y no se puede contar una historia mejor que la ha *contao* Rafael de León. Manuel Alejandro me lo dijo a mí cuando se murió.

—Vamos a tomarnos una copita y a emborracharnos porque a él le hubiera *gustao* tomarse una copa con nosotros, que se ha ido nuestro patriarca, a él le hubiese agradado que nos emborracháramos el día de su entierro.

Tengo cientos de poesías en el teléfono, que el día que me lo roben se van a llevar *to*, porque es mi ordenador personal.

JOSÉ CARRASCO DOMÍNGUEZ[33]

«Es un autor literario al que tengo que agradecer muchísimo en esta vida, yo le gustaba mucho porque él me daba a mí letras tales como *Marinero,* y muchas cosas más. Compuso infinidad de temas a los que yo puse música, sin embargo, yo también le supe corresponder, puesto que una canción triunfante en la música de Bordón 4 *Qué cara más bonita,* está compuesta por mí tanto la música como la letra, y no obstante, yo le di el cincuenta por ciento a José Carrasco.

—No hombre no —me decía.

—Sí joder.

Porque era la persona más generosa y menos codiciosa que yo he *conocío,* la que menos le gustaba el dinero. Él te lo daba todo a ti, él siempre estaba *agradecío,* era un encanto de persona y como lo respetaban mucho en la compañía Belter, pues yo grabé con El Rufo, Antonio Suárez que era barbero, con Antonio Chacón, Chiquetete, José el de La Tomasa, etcétera. To esos artistas me los facilitó él por lo que le estoy eternamente agradecío. Después yo le puse letras de él a canciones de La Marelu entre otros muchos. Pero ese hombre cayó en mi vida como maná del cielo, puesto que yo estaba en el anonimato y el hecho de proporcionarme intérpretes a los que darle mi música me impulsó de tal manera que pasé a ser una figura importante de la composición y eso se lo debo a José Carrasco Domínguez».

Le compuso a José el de La Tomasa temas como, *No hay Pena como mi pena, A nadie pido favores,* en 1976; a El Cabrero, *A esta tierra que es mi madre, A las claritas del día, El arao en la besana,* también en 1976, *Tierras duras* y *Los dos trabajan en la tierra,* en 1977, *Que corra de boca en boca* (Diamante 1983); a Antonio Chacón, *¿Dónde andará esa gitana?, Contigo yo no puedo vivir, Dentro de mis venas,* en 1977, todos ellos grabados en Belter; a Pansequito, *Viendo a Curro torear, Canastero yo nací* (Movieplay

33 https://www.discogs.com/es/artist/1053010-Jos%C3%A9-Carrasco-Dom%C3%ADnguez

1977), a María Celeste, *Ella te espera, Sola* (Discophon, 1978); a Juanito Villar, *Tus ojos negros* (Movieplay, 1978); a Manolo Escobar, *Me voy pal campo* (Belter, 1979,), A Turronero, *Torero* (Olivo, 1980), A Juanito Villar, *Llegó el amor,* tangos (Movieplay 1980); El Chozas, *Adiós venta de Antequera, El tamboril del Rocío, A mi hermanillo el ocho, A la memoria del maestro,* dedicado a Antonio Mairena (1981), *De Sevilla a la Marisma* (1982), todas grabadas en Belter; Tina Pavón, *Ecos de La Alameda, Los claveles de mi Reja, Me encuentro como perdía* (Belter, 1982); El Turronero y El Chozas, *Qué pena, qué pena* (Perfil 1985); Itoli de Los Palacios (Hispavox, 1985) entre otros muchos.

IGNACIO ROMÁN[34]

Este hombre era actor de teatro, también había escrito obras en este género, pero sobre todo escribió la letra de un importante número de canciones y melodías flamencas. Nació en Málaga en 1925 y nos dejó en Madrid en 2011.

En 1946 había fundado el Teatro Radiofónico el cual radiaba sus representaciones con la emisora Radio Nacional. A pesar de tener escritas decenas de obras teatrales, fue la composición de letras lo que le valió la fama, habiendo registrado en la SGAE más de mil seiscientas canciones. Escribió para Lola Flores, Estrellita Castro, Antonio Molina, Isabel Pantoja, Marifé de Triana, María Jiménez, Rafael Farina, El Fary, Manolo Escobar, Chiquetete, María del Monte, Javier Subires, entre otros muchos artistas, siendo de los primeros Estrellita Castro y Manolo Escobar.

En 2007 sacó el libro con dos CDs titulado *Crónicas de la Copla* donde repasa su vida como autor de letras importantes en la canción española. Él mismo confesó que su mayor deseo era haberle compuesto una canción a Rocío Jurado.

En 1965 produjo una antología de flamenco con artistas como La Perla de Cádiz, Pepe El Culata, Enrique Orozco,

34 https://www.aireflamenco.com/noticias/596-fallece-ignacio-roman-autor-imprescindible-de-la-musica-popular-copla-flamenco-280611

José Salazar, Rafael Heredia, El Momo de la Línea, Rafaela de Córdoba, Antonio de Canilla, Antonio Arenas, Marote, etcétera. Una recopilación de casi cuarenta cantes que se acompañó de un libro escrito por el compositor. el famoso tema: *No te vayas de Navarra.*

Fue también un colaborador de Paco Cepero, poniendo letras a las canciones cuya música era compuesta por el guitarrista, especialmente a Chiquetete. Supuso una continuidad como colaborador porque haciéndole las letras le daba una gran ayuda puesto que Cepero afirma que ya no tenía tiempo de sacar la letra a la ingente cantidad de canciones que estaba componiendo.

MANUEL BENÍTEZ CARRASCO[35]

Fue un poeta y rapsoda granadino que ejerció su máxima influencia en países latinoamericanos, especialmente en México. Nació en la casa parroquial del El Salvador donde su familia se vio acogida por el coadjutor de la parroquia. Más tarde entró en el seminario menor de los jesuitas exiliados en Portugal, durante la II República, fue novicio durante un tiempo hasta regresar a El Puerto de Santa María. Escribió varias obras de teatros y hasta una novela, sin embargo, su palo fuerte sería la poesía.

En 1947 se trasladó a Madrid, donde intervino como rapsoda por primera vez en espectáculo de Conrado Blanco *Alforjas para la poesía.* Hizo apariciones esporádicas, también como rapsoda en los teatros de La Comedia y el Español de Madrid, y en el Palacio de la Música de Barcelona. Un año más tarde publicó su primer libro *La muerte pequeña.*

Residió muchos años en México, trabajando como relaciones públicas de la firma Domecq y recorriendo su geografía para dar más de mil recitales. En México publicó los libros: *De ayer y de hoy* , *Antología poética, Caminante* y *México,*

35 https://www.poetasandaluces.com/profile/111/

sonoro y mágico, y los discos: *Mi poesía andaluza* (HIXPAVOX); *Mira si soy desprendido. Campanas de Belén*; *México sonoro* (ORFEÓN); *Caminos*; *Poemas taurinos* (BELART); *Cachito de España* (MUSART).

En 1980 se asentó en Andalucía donde compondría una gran cantidad de canciones.

ANTONIO GALLARDO MOLINA[36]

Fue poeta compositor y fotógrafo, nacido en Jerez, nació en la calle Antona de Dios donde se crio y disfrutó desde niño del flamenco y la copla española. Fundó la Academia de Cante y Baile y guitarra de Jerez. Fue desde 1986 miembro de la Academia de San Dionisio de Ciencias, Artes y Letras. Colaboró con distintos medios de comunicación como Cope, Localia Jerez, Radio Jerez y Diario de Jerez.

Registró en la SGAE unas setecientas canciones, la mayoría de ellas escritas para La Paquera, Rafael Farina, La Sayago; cantantes como Rocío Jurado, Lola Flores, José Mercé, Miguel Poveda y Jesús Méndez han hecho distintas versiones de su obra. Hasta la cantante Rosalía en su álbum *El mal querer* de 2018, presenta obras de este autor, como *Reniego* y *Que no salga la luna.*

Entre sus canciones más conocidas destacan *Maldigo tus ojos verdes, Solea de mis pesares, La luz de tus ojos grises* y *Sendas del viento, así como los villancicos jerezanos A la hojita verde* y *Por el camino de Egipto;* y también el villancico *Tu carita divina.*

«Recuerdo que un día nos vimos en El Puerto de Santa María en una vivienda que yo tenía, habíamos quedado para tratar de ponerle música a algunas de sus canciones, y ese hombre iba francamente nervioso, como quien se presenta a unas oposiciones, en aquel día yo le puse música a ocho canciones, y me dijo: «Paco, tú sacas las canciones lo mismo que una gallina pone sus huevos».

36 https://www.diariodejerez.es/jerez/legado-creador-innato_0_913108838.html

Él solía decir en homenaje a mí:

Tengo un dolor tan entero
que me parte el corazón,
díselo a Paco Cepero
que él te escriba una canción
porque no existe alegría
ni premio más canastero
que pisar Andalucía
y encontrarte con Cepero.

PEDRO RIVERA CROSS[37]

Poeta y psiquiatra jerezano, autor de numerosos libros de poesía y letrista de artistas tan importantes como Lole y Manuel, Rocío Jurado y Raimundo Amador.

Gran defensor de la poesía del pueblo, era todo un erudito, tenía una gran sensibilidad y le gustaba casi todo lo que implicara belleza, le encantaba el flamenco y la novela. Su vida transcurrió entre dos importantes bastiones de nuestro arte Jerez y Triana.

Nació al igual que Paco Cepero en el barrio de San Miguel, y está considerado como uno de los mejores poetas del flamenco cada vez que podía paseaba por sus callejones, que él decía «se emborrachan con solera».

Autor de letras flamencas como,

Campana de Santiago
campana de San Miguel
las dos campanas flamencas
que despiertan a Jerez.

O aquella de,

Me levanté, me levanté,
oliendo a yerbabuena del amanecer

37 Fallece el médico y poeta jerezano Pedro Rivera Cross, autor de 'Alfileres de colores' (diariodejerez.es)

Y tantas otras letras. Pedro Rivera estudió Medicina en Sevilla, donde le escribió a Lole y Manuel el disco *Al alba con alegría,* con temas como *Cabalgando van los gitanos, Los tangos del almendro, La nana a Alba Molina, Al calor de la manta, etcétera.*

Le escribe a Chiquetete, a la familia Montoya, al grupo Alameda el tema de Granados, Noche andaluza de luna llena, etcétera. Con Paco Cepero escribe para Rocío Jurado y fue tan prolífico en letras, que sería imposible enumerar todas.

RAFAEL DE LEÓN[38]

Rafael de León y Arias de Saavedra (1908-1982) destacó por escribir las letras de coplas y canciones que llegaron a ser muy populares en España. Fue VIII marqués del Valle de la Reina, VII marqués del Moscoso y IX conde de Gómara. Escribió de forma tardía, con treinta y tres años publicó su primer libro de versos: *Pena y alegría del amor.* Su influencia lorquiana es patente, el manejo del octosílabo es magistral en este autor. Respecto a las coplas y canciones le escribió a Lola Flores, Rocío Dúrcal, Raphael, Nino Bravo o Isabel Pantoja, los cuales interpretaron sus canciones. Muchos estudiosos consideran que ha sido un poeta olvidado. Es autor de canciones tan conocidas como como *Tatuaje, Ojos verdes, Francisco Alegre, La Zarzamora, A ciegas, A tu vera, A la lima y al limón, Pena, penita, pena, Con divisa verde y oro.*

Nació en el seno de la aristocracia española. Sus padres fueron José de León y Manjón, terrateniente, marqués del Valle de la Reina, y su madre, María Justa Arias de Saavedra, marquesa del Moscoso y condesa de Gómara.

Rafael de León recibió una educación privilegiada, cuando tenía ochos años, comenzó a estudiar como alumno interno en el colegio de los jesuitas en El Puerto de Santa

38 https://www.lifeder.com/rafael-de-leon/

María. Allí se relacionó con Rafael Alberti. Más tarde estudió Derecho en la Universidad de Granada, donde trabó amistad con Federico García Lorca, después volvió a Sevilla participando en tertulias de cafés y frecuentando los teatros. Se ausentó y estuvo nuevamente en Sevilla, donde conoció y colaboró con el letrista Antonio García Padilla, alias *Kola,* padre de la actriz y cantante Carmen Sevilla, y de aquella relación surgieron ya algunas canciones conocidas. Como letrista, *Kola* no llegaba a la depurada calidad de Rafael de León, pero aceptó de buen grado ser colaborador, en parte, para facilitarle la entrada al mundo de la creación artística, siempre reacio a los aristócratas. Además, en ese tiempo, 1926, De León escribió su primera canción, que tituló *El saca y mete.*

Durante el servicio militar escribió algunas letras para la intérprete Estrellita Castro, y conoció a la cantante Conchita Piquer. En 1935 se puso en las tablas del teatro Poliorama la comedia musical escrita por Rafael de León, llamada *María de la O,* musicalizada por su amigo Quiroga.

En 1936 se estrena María de La O. Cuando la guerra estalla está en Barcelona, el poeta fue detenido y llevado a la cárcel Modelo. Se conocieron dos causas de su captura, la primera se debió a su parentesco con la nobleza, y la segunda, por una denuncia que hizo el actor Juan Andreu, quien alegó que de León formó parte de la Falange Española. Después de dos años en prisión, en 1938, el Consejo de Guerra lo sentenció a muerte. Con posterioridad, en 1939 fue liberado, de forma milagrosa, casi por los pelos, al entrar los rebeldes en Barcelona. En 1941 salió a la luz su primer poemario, *Pena y alegría del amor.*

En 1943 publicó su segundo libro, *Jardín de papel,* además llevó a escena las presentaciones *Retablo español* y, en 1944, *Zambra* y *zambra.* Se mantuvo siempre activo en cuanto a la vida artística. En 1952 compuso las letras de los espectáculos *El puerto de los amores* y *Aventuras del querer,* con la colaboración de Manuel Quiroga.

En los años siguientes escribió *Copla y suspiro , El patio de los luceros, Puente de coplas y Carrusel de España.* En 1958 salió a la luz, su libro *Romance del amor oscuro*. Los últimos años de Rafael de León fueron de intensa labor como compositor y creador de espectáculos, y de letrista en varias películas. En 1970 se estrenó *No me quieras tanto,* y en 1975 Isabel Pantoja protagonizó *Garlochi,* con canciones escritas por él. Cabe señalar que también fue autor de una de las canciones que le dieron fama a Isabel Pantoja como *Embrujá por tu querer.*

Rafael de León murió el 22 de diciembre de 1982, en Madrid, tras sufrir un infarto de miocardio.

El estilo literario de Rafael de León, en cuanto a su poesía, mantuvo el carácter popular, con un lenguaje sencillo, que recogía el gracejo andaluz. De ahí la influencia de Federico García Lorca en cuanto a los romances gitanos. La temática más frecuente fueron las tradiciones, el amor, la alegría, las fiestas y a veces la tristeza.

Rafael de León puso en práctica en algunas de sus estrofas el uso de los versos octosílabos de los romances. Sin embargo, las seguidillas, coplas y redondillas fueron abundantes. Además, su rima era de alta sonoridad, y en algunos casos blanca.

De ningún poeta español del siglo XX han sido tan recitadas sus poesías y tan cantadas las letras de sus canciones. La obra de Rafael de León, queda dividida en esos dos grandes apartados: poesía propiamente dicha y letras para canciones. En casi toda su obra, inspirada en ambientes muy típicos de Andalucía, queda reflejado el gracejo popular andaluz.

Hacia el final de su dilatada carrera de letrista, escribió para los cantantes Nino Bravo, Raphael, Rocío Dúrcal, Rocío Jurado, Isabel Pantoja.

La vida y obra de Rafael de León están intrínsecamente ligadas a la tradición poética andaluza y al folclore de su tierra. Sus versos, llenos de pasión, amor y melancolía, han conquistado los corazones de muchas generaciones

JUAN GABRIEL GARCÍA ESCOBAR[39]

Nació en Almería en 1934 y murió en Madrid en 2011, de pequeño formó parte de una rondalla que era conocida como *Los niños de Antonio García.* Más tarde formaron un grupo llamado *Manolo Escobar y sus guitarras,* a partir de entonces compuso numerosos éxitos que popularizó su hermano Manolo Escobar.

Se casó con María Dolores Lechón y tuvo una hija llamada Esperanza Fernanda.

Han sido muchos sus éxitos, como por ejemplo *Mi pequeña flor* que compuso para su sobrina Vanessa, llegando a ser disco de oro. Esta canción fue popularizada por su hermano el cantante y actor Manolo Escobar. Otras composiciones que ha compuesto entre otras muchas son: *Pregón de amores, Brindis, Tu papá se llama Juan, Viva el sol de España, Moderno pero español, Amor en El Viso, Por los caminos de España, Aquel hombre, La niña de los ojos verdes, Copla de amor, ¿Dónde está Eva?, En una buhardilla , Marinero soy, Los que se quieren, Morenita, El pueblo no se equivoca, Dura de pelar, Tres amores, Pájaro ciego, Ni muerto, Estaba enamorada* y un largo etcétera.

39 https://www.discogs.com/artist/1053012-Juan-Gabriel-Garc%C3%ADa-Escobar

12. MIS OPINIONES EN GENERAL

En este capítulo voy a hablar algo de mí a nivel general, como persona, como ser humano, *pa* que los aficionaos al flamenco que me hayan visto tocar en escenarios y hayan *escuchao* mis composiciones sepan que yo soy gente de a pie, que me encanta relacionarme con las personas que me demuestran cariño y que se declaran amigos míos con sus hechos. Porque la palabra amistad es muy cara, y hoy, la mayoría de la gente se arrima a ti buscando sacar provecho de algo.

Como suelo decir, yo el de *Media Mark* no soy, por el eslogan que usó dicha cadena de tiendas: *tonto no soy*, la costumbre ha hecho que se consolide ese dicho en mí. Con ello quiero decir que, a mis ochenta y dos años, la vida me ha *dao* la suficiente psicología para conocer a la persona que se acerca a mí, y sé quién viene queriendo sacarme algo y quién no.

La mejor composición que he *formao* en mi vida es mi familia, compuesta por Chari, mi esposa, y Paco, Jesús y Rocío, mis tres hijos, que viven conmigo aquí en Jerez, y mi mayor patrimonio son mis amigos, los de verdad, no los ficticios, porque la palabra amistad es muy cara. Recuerdo que antes de venirme a Jerez, en la época de las composiciones yo ganaba bastante dinero, era propietario de un chalet con piscina, un césped inmenso, jardines, tenía montada mi casa con todas las comodidades. Ese era mi patrimonio cuando yo ganaba dinero, sufrí muchas fatigas antes de llegar a ese estado. Sin embargo, nada más comencé a ganar dinero antes de comprarme cualquier vivienda, le mandé a hacer una casa a través de un albañil y un arquitecto, aquí en Jerez a mis padres, como se ha dicho anteriormente. Con los años también me llevé a mis padres a Madrid. Pero cuando Rocío tenía catorce años, le dije a mi esposa:

—Chari, ya va siendo hora de que nos vayamos a Jerez, porque como ella se eche un novio aquí ya nos quedamos *pa toa* la vida aquí.

Y no era esa mi intención. Yo soñaba con volver a Jerez y soñaba con comprarme o hacerme una casita en la misma calle donde nací, es decir, en la calle Encaramada. Vendí mi chalet de Madrid, también un apartamento que tenía en Sevilla y me hice esta casita en Jerez tan apropiada *pa* nosotros, cómoda pero no excesivamente grande, donde convivimos Chari y yo, donde vienen a verme mis hijos, mis nietos y mis biznietos, que también los tengo ya, y donde recibo a *tos* mis amigos.

Yo me considero un hombre *chapao* a la antigua como es natural cuando se tienen ochenta y dos años, sin embargo, no tengo más remedio que poner los pies en el día de hoy y adaptarme a los nuevos tiempos, porque en la vida, o te renuevas o mueres.

Hoy estamos viviendo una sociedad donde está *mu* establecido el género, todo gira en torno al género, la violencia, el matrimonio homosexual, etcétera. Yo respecto al feminismo pienso que la mujer no debería ser más que el hombre ni viceversa, sino que deberíamos estar en igualdad de condiciones.

Otro asunto *mu* controvertido en la actualidad es la inmigración, yo he *sío* emigrante y soy defensor de que acojamos al emigrante y le demos trabajo, lo que no puede ser es que el emigrante se pasee por nuestro territorio ilegalmente sin control alguno. Pero cuando el emigrante viene a trabajar, eso le da riqueza a un país, y yo, como emigrante que he *sío* no puedo estar en desacuerdo con la inmigración.

Respecto a la juventud del presente, con *to* mis respetos, yo creo que se han *perdío* ciertos valores, yo veo que hoy no se respetan a los mayores, yo cuando era un chaval y alguien mayor me llamaba la atención en cualquier aspecto, lo escuchaba, tenía *mu* en cuenta su opinión, sus consejos, respetaba sus tradiciones, eso hoy se ha *perdío*. Por otra parte, respecto a la sexualidad, siempre ha habío homosexuales, eso es algo propio de la naturaleza y respetable. En el mundo del flamenco no pocas primeras figuras lo han *sío*, y no por eso se les ha *dejao* de dar su sitio, pero cuando hoy veo por ejemplo a dos niñas de trece años sentadas en un banco de la plaza darse un beso *prolongao* en la boca, pues no sé, me da pudor, eso era algo que ante no se veía. Trece años me parece una edad *mu* temprana *pa* que un joven o una joven tenga independencia de sus padres en lo que al terreno sexual se refiere. Y hoy no se respeta ni a la policía siquiera, cuando una autoridad se dirige a las personas jóvenes, pues te percatas que lo dicho no cuenta para nada. Respecto a determinadas costumbres, pues el comportamiento de las generaciones de hoy en día es lógico, por ejemplo, los botellones yo en principio no los veía bien, pero si a una criatura le cuesta un cubata siete u ocho euros solo tiene *pa* un cubata, pero si con ese mismo dinero se puede comprar en una tienda un mayor volumen de bebida, pues ¿qué le va a hacer la criatura si no organizar el botellón?, entonces, le estamos dando la única opción que tienen de divertirse.

Sobre los defectos de las personas suelo ser extremadamente tolerante, porque yo reconozco que tengo mis propios defectos y por tanto, en la vida he *aprendío* a ser tolerante. Hoy se suelen llamar defectos a lo que antes se llamaban pecados capitales: pereza, avaricia, soberbia, lujuria, ira..., ¿cómo me cae a mí una persona que tenga todos esos defectos? Pues mientras no me haga daño, que sea como la persona quiera ser, ahora bien, yo lo que no perdono es que alguien haga daño a mi familia, si me lo hace a mí incluso lo podría perdonar, no sería la primera vez que se haya *dañao* de *mu* diversa forma a mi persona y tarde o temprano he *perdonao*, porque no te vas a morir llevándote mal con nadie, pero lo que jamás podría perdonar es que alguien le hiciera daño a mi familia. Respecto a los pecados capitales, pues la envidia no es sana, pero cuando una persona tiene un sello, ocupa un lugar *privilegiao* en el flamenco, es creativo, y si a la postre le ha *sacao* rentabilidad a su trabajo, pues es normal que se le tenga envidia, y en mayor grado a quien yo no le guste. Yo asumo que habrá personas a las que le gustaré mucho y otras personas que no me podrán ni ver, o no aguantarán ni un minuto de mi música, el libro de los gustos está en blanco, eso es ley de vida. Respecto a la pereza, no me gustan las personas perezosas porque yo soy un trabajador nato pues la creatividad requiere trabajo, trabajo y trabajo, pero si no me hace daño el perezoso él allá con su vida. La ira transitoria es un gran defecto que yo he *tenío* y que me ha *costao* muchos disgustos, mi pronto; ello fue lo que ocasionó que me suspendiesen de empleo y sueldo en la bodega de Palomino y Vergara, hay que tener cuidao a veces con la ira. Respecto a la soberbia, yo no lo soy en absoluto, yo soy la persona más sencilla del mundo, lo que pasa es que el que no me conoce cuando me ven se aparta —ya le pasó a un amigo mío y no digo quién es— pero la soberbia no es precisamente mi pecado capital y, aunque pueda parecer lo contrario, es algo que no soporto en la persona que no tenga méritos *pa* ser soberbio, lo que hago es no escucharlo y punto. Respecto a la avaricia, *pa* quién la tenga, allá cada uno y, finalmente la gula y la lujuria son defectos que corresponden más que a una forma de ser, a transgresiones que se hacen con el cuerpo, y en el cuerpo de cada uno manda uno mismo, así que no me molestan especialmente.

Otro aspecto que la gente quiera saber respecto de mí es mi actitud con el dinero. Yo he *ganao* mucho dinero, muchísimo, especialmente con las composiciones, y he gestionado asuntos con una importante suma. He prosperado mucho en esta vida, mis comienzos fueron duros, desde quedarme en pensiones míseras hasta tener pisos en propiedad y por último un gran chalet. También pasé de tener un Seat 600 de segunda mano, hasta poseer varios Mercedes nuevos. Conocí el Rocío en circunstancias penosas, pero acabé teniendo dos casas en la aldea almonteña. Pero ahora, en la etapa que estoy no soy en absoluto una persona que ame al dinero, yo quiero tener lo justo y lo preciso *pa* vivir. A veces pienso en personas que tiene palacios de enormes dimensiones con grandes y múltiples baños, con amplias salas, coches de alta gama, etcétera. Yo creo que, con un pequeño inodoro, un platito de ducha *pa* la limpieza, una salita pequeña *pa* vivir con tu compañera o compañero, y lo imprescindible *pa* pasar la vida es suficiente. En esas circunstancias una persona puede ser mucho más feliz que con muchísimas cosas más. *To* el dinero que he *ganao* se lo he *entregao* a mi familia, todo. Respecto a si soy o no *agarrao*, pues no sé si tendré fama de ser *agarrao* en la calle en verdad, yo me tengo por una persona generosa, pero yo no voy a invitar a un café a alguien que no me guste, *pa* yo invitar a un café o una copa me tiene que agradar mucho la persona en cuestión. He *ayudao* muchísimo sin pedir nada a cambio.

Suelo ayudar muchísimo a los artistas que salen nuevos, y me mueve hacerlo pues si no lo hacemos nosotros, que ya somos veteranos y estamos en la etapa otoñal de nuestra vida, ¿quién lo va a hacer? Si no lo hacemos esto se perdería. Hay que darles sitio a los nuevos valores, a los que tú pienses que pueden dar de sí algo, tienes que tenderle la mano y ayudarlo *to* lo que puedas y aconsejarles muchísimo. Pues si a mí me hubieran *aconsejao* no hubiera hecho las tonterías que hice, que he hecho en mi vida, y entonces le hubiera *dedicao* mucho más tiempo a la guitarra, puesto que yo tenía muchísima facilidad y el dinero no lo es todo en la vida. El dinero te ayuda a comprar muchas cosas, pero las cosas importantes de la vida no se compran con dinero. La edad no se compra con el dinero, la salud no se compra con el dinero, la felicidad no se compra con el dinero. Hay que tener el dinero justo y necesario *pa* tú vivir humildemente, cómodo y ya está, ¿*pa* qué quieres más?, ¿*pa* qué quiere uno vivir en un palacio mejor si vas a acostarte en una cama igual?, ¿y *pa* qué quieres tener una cocina con yo no sé cuántas encimeras si con una más pequeña es suficiente?

Otro aspecto que le interesa a las personas de mí es mi ideología política, a lo cual tengo que contestar que soy apolítico, sí me considero tradicional en la forma de pensar, pero de ningún color político. Mi partido es el P. C., iniciales grabadas en una de mis guitarras. Como antes se ha expuesto, doña Carmen Romero creyó que era el Partido Comunista, pero en realidad es Paco Cepero.

Respecto a las composiciones, nunca vienen cuando uno quiere, sin embargo, si uno no coge la guitarra, si uno no trabaja, nunca te va a venir esa inspiración. *Pa* que esta tenga lugar es necesario el trabajo. Cuando yo cojo la guitarra, intento hacer cosas nuevas, pero no siempre acierto. También cuando tengo hechas canciones, deshecho papeles porque me siento disconforme con lo *creao*, suelo ser *mu* exigente conmigo mismo. Pues *to* lo que yo hago no siempre considero que esté bien, yo dudo mucho de mí. Cuando me atrevo finalmente a darle luz verde a una creación y tiene éxito, eso me causa una gran satisfacción y digo: «Bendito Dios», es decir, yo hago las cosas por impulso y después tiene lugar una gran criba. Todavía sigo soñando con hacer la creación de mi vida, algo que probablemente nunca llegará.

De todas formas, yo ya me puedo sentir satisfecho, pienso que a *to* los creadores nos ocurre lo mismo, que siempre soñamos con nuestra obra cumbre. No obstante, le pido a Dios que el día que yo me muera, en este mundo haya *dejao pa* los que les guste un aroma a Paco Cepero, no solo en la guitarra sino también en las canciones y en marchas procesionales, de las que ya tengo compuestas catorce. Me satisface mucho que, dentro de cincuenta años, cuando yo ya no esté, se siga tocando a la entrada y a la salida de esas cofradías, de los pasos de esas imágenes que se mecen al compás de mi música. Puesto que por mucho que cambien las juntas de gobierno de una hermandad, las marchas procesionales quedan ahí de por vida y eso es inalterable y se puede decir que son eternas, mientras la tradición no excluya a la Semana Santa claro. Eso me ha *pasao* en Jerez con La Virgen del Valle y la Esperanza de la Hiedra. Las marchas se siguen tocando en la calle y además, me siguen pidiendo que haga más. Cuando hago las marchas procesionales me pongo a pensar en el Señor o en la Virgen porque me influyen y las hago rápido, porque las siento fluir dentro de mí, flotan en mi corazón.

Al volver de Madrid a Jerez, durante cinco años me di cuenta de que estaba *olvidao* y tuve que empezar de nuevo. Se llevó cinco años sin sonar el teléfono de mi casa, yo que estaba *acostumbrao* a que me llamaran de las casas discográficas, de producciones, de organizaciones de espectáculos, etcétera, prácticamente a diario. Pasé de estar rozando el cielo a estar rozando el fango. Yo me daba cuenta de que no se acordaban de mí ni como compositor ni como acompañante. Yo lloraba a diario, estaba inmerso de una depresión, hasta mi familia notaba que yo no era quién era, estaba *desesperao.* Todavía no acierto a saber la causa de ese trance, pero lo tengo que resaltar como los cinco años más amargos de mi vida. Me sentía ausente de la música, de la creación, del aplauso, *to* eso lo echaba yo en falta. En esa época practicaba mucho deporte, andaba *to* los días dos o tres horas.

Estando en ese aciago periodo, alejao de las composiciones y de la guitarra, me pregunté a mí mismo:

—¿Paco tú qué sabes hacer?

—Tocar la guitarra —fue mi respuesta.

Pues venga, ponte a tocar la guitarra. Entonces es cuando compuse el disco de Pura Cepa donde está grabao el tema *Agua Marina,* que fue un gran éxito y es como si Dios me hubiese puesto la mano encima.

Quizá se me castigara porque la crítica decía que yo había prostituido el flamenco y la verdad es que yo hice cosas aflamencadas, canciones que sonaban a flamenco, pero a mí no se me ocurrió cambiar una seguiriya, una soleá, un taranto, porque entre otras cosas yo le tengo mucho respeto al flamenco que es un legado que nos han dejao nuestros mayores. Las canciones sí tenían sabor flamenco, además sirvió *pa* que la juventud se acercara a este arte, porque como se comprenderá fácilmente, *pa* iniciar a un adolescente en el flamenco, una seguiriya no es lo más *adecuao*. Además, después de cuarenta años, estoy viendo que la adulteración del flamenco está siendo un fenómeno creciente.

También tengo que aclarar que, como *to* los artistas, tengo los amigos exactos que se suelen tener en el mundo del flamenco, es decir, no soy amigo de cualquiera. Por ejemplo, cuando yo enterré aquí en Jerez a mi *pare* y a mi *mare*, artistas vinieron pocos, en esos momentos se ve el que te aprecia y el que se olvida de ti. Por otra parte, yo soy una persona de gran espontaneidad en el discurso, nunca llevo las frases preparadas, digo lo que pienso tal cual en el momento, sin contención ni filtro alguno. Y eso me ha *granjeao* más enemistades que amistades, sin embargo, el que me ha *demostrao* con hechos su amistad, tiene de mí lo que quiera, a esa persona se lo doy todo. Cuando uno es un personaje público, mediático, que sale en la televisión, que produce composiciones, cuya guitarra o sus melodías suenan por ahí, eso no siempre suscita sentimientos agradables por parte de otros, no pocas veces aversiones y envidias, y de forma concomitante indisposiciones y en última instancias enemistades.

Las personas aficionadas al flamenco, y sobre todo a la guitarra les gustaría saber de mí cuáles son las cualidades más sobresalientes que deberían primar en un tocaor de guitarra, cuáles son los aspectos más a destacar en cuanto a las aportaciones al toque flamenco. Ahí yo creo que un tocaor lo primero que tiene que dar es pellizco o duende, tiene que poner el pelo de punta. Técnicamente, tener una gran pulsación de pulgar, una ejecución perfecta y redonda en los rajeos, que durante los mismos no se note ninguna solución de continuidad en el sonido. Es absolutamente indispensable en un guitarrista flamenco que conozca el cante, cada uno de los tercios y las modulaciones a la perfección, si además, quiere dedicarse a la guitarra de concierto, ahí se le va a exigir que dé mucho más de sí, ahí tiene que picar a gran velocidad, tiene que recorrer el diapasón de arriba a abajo conociendo todas las equivalencias de acordes, *pa* aprovechar la posición de la mano dando el tono correspondiente y con la rapidez adecuada y sin perder tiempo en el desplazamiento. También tiene que hacer las técnicas: arpegios sencillos, doble, trémolos, alza púas y muchas más con pulcritud y limpieza, con seguridad. El conocimiento del diapasón es esencial, la mano izquierda tiene que desplazarse por él como pez en el agua y pararse y hacer justamente presión en los espacios adecuaos, pisando las cuerdas que se requieran *pa* esbozar la tonalidad correspondiente. Eso es válido *pa* la guitarra de concierto y con mucha más razón en el acompañamiento, donde se podría llevar a un cantaor sin siquiera la necesidad de cejilla si se supieran identificar y ejecutar sus correspondientes acordes en una determinada latitud del diapasón. Esas son las cualidades, los valores obligatorios pa ser hoy día un buen guitarrista flamenco.

Para acompañar una seguiriya, por ejemplo, el guitarrista debe conocer todos los estilos de seguiriyas que existen, de Jerez, de Triana, de Los Puertos, etcétera. Lo mismo pasa con la soleá y *to* el amplio abanico de los cantes que llevan el compás de la soleá, la caña, la bambera, la bulería por soleá, la bulería con *to* sus tonos, y *to* el grupo de cantiñas: alegrías, caracoles, mirabrás, etcétera. También conocer los cantes libres: malagueñas, cantes de las minas, granaínas, etcétera, con todas sus variantes. En definitiva, hay que ser un gran *aficionao* al flamenco. El estudiante oficial de guitarra sale del conservatorio con sus años de solfeo, de armonía, y otras asignaturas de ese programa de enseñanza, pero si no conoce los cantes, ni los siente, nunca los va a llevar bien. El buen acompañante sabe, por ejemplo, en la soleá *apolá* de Silverio, cuál es el principio, cuál la meseta, el descenso y la resolución hasta la tónica. Ese acompañante siempre va a estar al *lao* del cantaor, èl cual nunca se va a sentir en *estao* de desamparo. Eso es esencial, de lo contrario, podrás tener toda la técnica del mundo, *to* los conocimientos musicales, de armonía, pero nunca vas a dar los tonos correspondientes *colocaos* de forma correcta en el tiempo.

La guitarra es todo un recorrido, una trayectoria. Yo observo a los nuevos valores que se inician y de momento quieren llegar a la máxima altura. Este arte tiene unas gradas que es necesario subir peldaño a peldaño, la habilidad se adquiere con los años mediante la constancia en el trabajo. En la actualidad, en dos años de aprendizaje el avance es enorme respecto a nuestra época. Si yo tuviera que haber *tocao* lo que hoy se toca con tan solo un par de años de aprendizaje, ni soñarlo. En la actualidad se tiene mejor preparación, profesores, el aprendizaje está mejor estructurado, la música y los tutoriales están mucho más asequibles y eso facilita enormemente la enseñanza, pero también se pasa menos hambre que antiguamente, y el hambre agudiza mucho los sentíos.

Yo no quiero interferir en su preparación, pero si alguien quiere dedicarse a la guitarra, que se lo tome con muchísima ilusión y que se espere, que no va a encontrárselo fácil, la clave es trabajo, trabajo y trabajo, esto es cuestión de una lucha constante. Después, el tiempo es algo infalible y pone las cosas en su sitio, pero aquí se consiguen las cosas trabajando mucho. A la vista está el maestro Paco de Lucía, las horas que tuvo de estudio, su padre no lo dejaba, tenía que estudiar ocho o diez horas *to* los días. Hoy hay guitarristas buenísimos a los cuales observo y me embobo, cuando veo un guitarrista tocando el instrumento con esa seguridad y esa destreza, me doy cuenta hasta la altura que ha *llegao* la guitarra. La armonía, las armonizaciones que se saca de la guitarra son preciosas, pero te voy a decir una cosa, el flamenco es mayor de edad. No se le puede quitar su duende al flamenco, porque *pa* eso está el jazz, *pa* eso están el blues, y todos esos señores que ahora se creen que son alguien, se van a América y nos mondan, ¿en qué? En conocimiento, porque están preparadísimos. La palabra flamenquito no me gusta, el flamenco es tan importante que no se puede tirar por tierra; es mi forma de ver. No estoy en posesión de la verdad, pero las cosas hay que cuidarlas.

Conmigo ha salido un chaval, Paco León, que es un gran guitarrista ya, y yo le decía:

—Tú tocas *mu* bien la guitarra, pero lo que yo quiero ver es qué me haces tuyo, cierra tu mente a lo que has *escuchao,* céntrate en ti mismo e intenta ver qué sale de tus adentros, porque eso es lo difícil.

Todo consiste en trabajar y escuchar mucho, el flamenco nos ha dejao un legado *mu* importante, lo dejaron nuestros mayores y no podemos tirarlo por tierra. A pesar de eso, nadie se puede estancar, te renuevas o mueres, la vida es vanguardista y uno tiene que avanzar, y el que hace una cosa que es buena habrá que aplaudirle; ahora bien, si la hace mal, que se eche *pa* un *lao*.

Es fundamental darle a la juventud su sitio, yo me acuerdo de mí, y el que llama a mi puerta procuro ayudarlo, porque yo lo pasé *mu* mal, a mí no me hacían caso, hasta que me tocó la hora, después mandé yo, Cuando *tú vendes te lo dan todo pero el que empieza* lo tiene difícil.

A mi cuando me preguntan sobre los nuevos valores no sé, porque pronosticar es difícil, pero cualquier cantaor joven que ves que hoy que no es ninguna figura, tal vez dentro de algunas décadas sea un referente de cante o cuando menos una gran figura. En la actualidad, hay un par de cantaores que estoy ayudando: Rancapino chico y Samuel Serrano. En ocasiones voy a las peñas a acompañarlos. Pues sigo estando todavía de pie, hago lo justo y veo la reacción del público que es enormemente positiva. En ocasiones me coge bien, en otras no tanto, mal nunca, y eso es consecuencia de la madurez que me han *dao* los años, pero lo que yo nunca hago es tocar igual. Hay artistas contemporáneos que son una moviola, siempre hacen lo mismo, las mismas salidas, los mismos *ayes*, y el tocaor, las mismas falsetas, de esa costumbre siempre he huido, porque yo escucho al cantaor, y según lo vea así toco yo; cuando no está *mu* fino yo tampoco lo estoy; pero si se engrandece me da una inyección de estímulo y toco mucho mejor.

Otras personas piensan que yo soy un cantaor o un cantante *frustrao*, puesto que en mi trabajo *Made in Cepero*, pongo mi voz en dos temas, a ello tengo que decir que yo tengo dos operaciones de garganta a causa de *to* lo que he *cantao* en mi vida. ¿He *sío* un cantante o cantaor *frustrao*? Puede ser, pero creo que no es esa la respuesta exacta, sino que ha *sío* el medio de transmisión de las canciones desde la composición al intérprete. Al haber *procedío* de esa forma muchos intérpretes de la canción, entre ellos José Luis Rodríguez *El Puma*, me han dicho:

—¿Maestro, usted nunca ha grabao cantando? Pues hágalo pues será exitoso.

Esa frase del Puma se me quedó grabada y bueno, aunque no sea un cantante profesional el hecho de que haya gente a la que le pueda gustar cantando, y con la circunstancia de que el *disco* en que canto lo he *financiao* yo, pues me he permitido el lujo de cantar en dos temas. Incluso me planteo la idea de grabar una amplia recopilación de mis composiciones, especialmente las baladas y canciones afines ejecutadas con mi voz, puesto tengo que confesar que cada dos años he grabao un disco de guitarra y he *innovao* cosas. He sido creativo e innovador, pero ahora, a mis ochenta y dos años siento limitada esa faceta, por lo que quizá me sea más fácil grabar un disco con recopilaciones de temas *cantaos* por mí que *instrumentalizaos* en la guitarra, al que le guste bien, y al que no, que no lo escuche. Tengo que aclarar también que normalmente, cuando un autor compone la música lo hace con piano, escribe la partitura y se la pasa al intérprete *pa* que la escuche y él adapte su voz a la letra, a su vez compuesta por otra persona o por el mismo autor musical. Esta circunstancia no ha sido la mía, yo no sé solfeo ni sé escribir en un pentagrama, y hay que tener en cuenta que intenté aprender y me compré un piano dispuesto a ello sin embargo, a final me percaté que a cierta altura de mi vida no me compensaba el aprendizaje del lenguaje musical. Lo seguí haciendo a mi manera, eso hice con Chiquetete, que tiene el mismo tono mío con una voz mucho más bonita y mucho más dulce.

Y ya que ha *salío* a colación, tengo también algo que decir acerca de las voces en el flamenco, no es lo mismo la voz de Chiquetete o la voz de Camarón de la Isla, que yo las considero voces dulces o voces bonitas, *mu* aptas *pa* sacarle disfrute a la música que producen sus gargantas, puesto que son enormemente alegres y festeras. Otro tipo de voces son las de Chocolate, Fernando Terremoto, Tío Borrico, las cuales, sin ser tan bonitas, son una importantísima herramienta de transmisión del duende o esa esencia indefinida que tiene el flamenco que duele, son voces que te hieren, te producen una turbidez interior que rompe tu paz. Por poner un ejemplo de lo expuesto solo tenemos que escuchar un fandango de Manolo Caracol *interpretao* por Camarón de la Isla y también por Fernando Terremoto —se puede ver en *YouTube*— cuya letra es:

A la sombra verde clara
de la Torre de la Vela.
Fabricaba mi gitana,
canastitas de canela
y por flores las cambiaba.

Observamos claramente que a pesar de ser una bellísima melodía nacida de una y otra garganta, no genera la misma inquietud interna en el oyente uno que otro.

Mu relacionao también con el aspecto anterior está el ser artista y no serlo, y siempre me ponen ejemplo de personas que yo considero artistas como la copa de un pino, cuyo ejemplo más singular podría ser *El Beni de Cádiz*, y otros que, aun siendo verdaderos maestros enciclopédicos, larguísimos en el conocimiento del cante como era Antonio Mairena, no eran tan artistas. Porque en un escenario Mairena no era artista, era cantaor, lo hacía *mu* bien mejor que nadie, pero no era un artista. La palabra artista no siempre es fácil de definir y es *mu* cara. El artista desde que comienza a hablar ya gusta, hace palmas, echa mano del aspecto cómico, bailotea si se da el caso, en un momento *dao* puede abandonar el micrófono como hacía La Paquera, son esa serie de detalles las que en conjunto califican al intérprete como artista. El cantaor se limita a ejecutar su melodía y punto.

Respecto a si me considero un artista con suerte, aclararé que la suerte está siempre relacionada con el trabajo, el maná lo echó una vez Dios en el desierto, pero aquí, si tú no te buscas las habichuelas, la suerte no te va a acompañar en la vida. Eso sí, hay personas que han *trabajao* mucho y no han conseguido cosas porque puede que no hayan tenido el apoyo que merecían y eso duele. Yo he conocío a gente que son más que graciosos y están en el anonimato.

Soy una persona a la que le gusta leer poesía, novelas, ensayos, porque la literatura, especialmente la poesía impregna, transmite riqueza de vocabulario y cuando uno lee mucha poesía estimula el dominio de la metáfora y el arte de la rima, algo que es fundamental a la hora de componer una letra si se diera el caso. En tu subconsciente de esa forma, leyendo mucha poesía prolifera tu capacidad creativa. Por supuesto que aparte de la literatura poética he leído muchos libros, generalmente los más vendidos, y para no estar ausente de la actualidad, pues la prensa.

Mis cantaores han sío Rancapino, Juanito Villar, Pansequito, Chiquetete, Turronero, La Marelu, etcétera. Después le he *tocao* a *to* el mundo, siempre he *tratao* de adaptarme a ellos y he *sío* un sastre a la medida, era la única forma de limar las asperezas que podría surgir con cada uno de ellos.

Me gusta mucho Antonio Mairena, pero si tuviera que elegir un cantaor me quedaría con Manolo Caracol. Ese no te cantaba igual dos veces, derrochaba arte hasta llamando a un taxi, y la prueba está en que a Antonio Mairena lo han imitado muchísimos cantaores de forma más o menos acertada. Sin embargo, ¿cuántos cantaores han imitado a Manolo Caracol? Pues ahí es donde se ve la genialidad del artista.

14. MI VISIÓN DEL PANORAMA ACTUAL

Antes de seguir quiero aclarar una serie de aspectos que siempre me han *preguntao*, cosas de interés *pa* los jóvenes pero que antes apenas se le daba importancia. Lo primero es si hago ejercicios con la guitarra, quiero decir, si además de tocar acompañando y como solista, si hago escalas de picaos, de alza púas, rajeos, etcétera; mi respuesta es que no hago ningún tipo de ejercicio, yo practiqué muchísimo durante los dieciocho años de mi vida que me llevé en los tablaos tocando *pa* bailar. Tenía otro guitarrista a mi *lao* y esa era mi base. Mientras el otro estaba tocando yo me liaba a picar, hacer trémolos, arpegios, y toda clase de técnicas, esos han sido los ejercicios que yo he hecho toda mi vida, me daban las tres y las cuatro de la mañana picando más que un pollo en el estiércol por no decir otra palabra.

Mis manos son pequeñas, yo me he *adaptao* siempre a lo que tengo, y tengo que poner siempre la cejilla *pa* grabar al dos o al tres porque al aire haciendo cejilla no me llega la mano. Yo cuando veo estos guitarristas que tienen esos pedazos de mano que son capaces de hacer una octava digo: Dios mío, yo no he *tenío* esa suerte. Pero me he *adaptao* a lo que tengo y pico rápido, no con un dedo y con otro, sino arrastrando *parriba* de una cuerda a la otra, pero así me las he *ingeniao toa* mi vida y no me ha ido mal.

No tengo preferencias sobre ningún tipo de guitarra, ni ningún constructor, ni ninguna madera, mis guitarras son casi todas de Conde Hermanos.

Respecto a las maderas, a mí me gustan de ciprés, pero la mejor guitarra es la que a uno le vaya bien, sea la que sea. Yo digo que en la guitarra me pasa como en el cante, si un limpiabotas va y me pega dos *quejíos* y me hace saltarme las lágrimas, ese *pa* mí es el bueno. Tengo más de veinte guitarras, yo cojo la que me va bien a mi pulsación y cambio cuando veo que no va tan bien, cojo otra que me vaya mejor, y así de forma sucesiva. Ahora mismo me está haciendo una guitarra un chaval que construye guitarras que son pianos, Jerónimo Pérez, el cual tiene un año y medio o dos años de espera, que ya es muchísimo. La mayoría de las guitarras que he tocao en toda mi vida son de Condes Hermanos, pero los viejos, de Mariano y de Faustino, no los actuales. Tengo también una Gerundina, tengo una Montero pero ya te digo, tengo unas cuantas. Sobre el tipo de madera he de decir que las de ciprés son más flamencas, pero también hay un tipo de guitarra de arce o de palo santo, nosotros en la época nuestra no había volumen de sonido, entonces a la guitarra le tenías que sacar el sonido tú, la juventud dice, dale más volumen, y yo digo dale tú más fuerte ¡cojones!

Lo mismo me pasa con las cejillas y con las cuerdas, todo es adaptarse. La mejor postura tocando es como más cómodo te encuentres la que te venga bien, cruzando las piernas, con la guitarra apoyada en el muslo derecho, con un banquillo; de todas esas formas se puede tocar. A lo largo de mi vida he *tocao* en la postura que más comodidad me ha *dao*, eso depende de muchas cosas, ahora por ejemplo que peso más no puedo cruzar las piernas.

La longitud de las uñas es con la que estés acostumbrao a tocar, no uso pegamento, al principio me ponía pegamento Imedio con algodón lo mejor es tocar con tus uñas, porque el tacto que tienes con tus uñas no lo tienes con uñas postizas. Recuerdo que un guitarrista de Sanlúcar me trajo uñas chinas, me las pegué con Loctite y se me pudrieron las uñas, me llegó a la carne, y cuando fui al dermatólogo me dijo «pues esto tiene usted para tiempo», entonces gracias a un gel pude tener mis uñas y desde entonces uso ese gel en prevención.

Paco de Lucía era igual tocaba con pocas uñas, con las imprescindibles, y seguridad la que tenía Paco. Tocaba el *tico-tico* y se lo ponía a tres velocidades más y me decía barbaridades y el tío no fallaba una nota, eso es lo máximo que ha *existío*.

Hicimos muchas giras juntos, en una ocasión estuvimos por Buenos Aires, nos íbamos allí a los 36 billares, allí es donde yo he *dormío* menos de mi vida porque allí había muchos gitanos de España, eran vendedores, y no salíamos del Imparcial, del Globo. Yo me iba a La Estancia que era el restaurante más caro de Buenos Aires, y allí es donde aprendí yo a comer la carne, los guisos de chorizos. Entonces por quinientas o seiscientas pesetas comíamos cinco o seis, yo he tenido momentos *mu* bonitos y también momentos *mu* amargos, sobre *to* en los aviones.

Tampoco suelo usar afinador, tengo una aplicación en el móvil *pa* eso. No uso cuerdas de carbono sino de nylon. No suelo trasnochar, la noche es *pa* descansar.

Al principio, como ya he *contao* estaba carente de compás y era totalmente un neófito, pero no tardé en tomar la fuerza necesaria *pa* alegrar las noches con mi guitarra, a la cual siempre le he puesto entusiasmo, impulso, verdadera pasión.

Aprendí con Rafael del Águila pero lo importante es el legado de nuestros antecesores: Ramón Montoya, Miguel Borrull, Niño Ricardo, Manolo de Huelva, Melchor de Marchena, Diego el del Gastor, gente que han *dejao* un legado impresionante, yo pienso que existe una vanguardia y que hay que avanzar pero sin olvidarte del flamenco, de las raíces flamencas. Siempre he *sío* un seguidor nato de Melchor de Marchena y eso se nota, yo cuando escuché a Melchor de Marchena tocar con la sonoridad y la flamenquería que tenía ese hombre, eso no tenía parangón, también me encantaba Manolo de Huelva.

Entre Melchor de Marchena y Diego el del Gastor se nota su influencia en mucha en muchos aspectos de mi toque, en los ligados que hago se nota la influencia de Diego el del Gastor. Morón ha *tenío* su sello como lo ha tenío Lebrija, como lo ha tenío Utrera, o Cádiz, Málaga y Huelva también.

En Los Canasteros conocí a Melchor de Marchena que me deslumbró con su forma de tocar, tenía una exquisitez increíble, yo no he oído sonar una guitarra más flamenca que la de ese hombre. Junto con Diego el del Gastor ha sío el espejo donde siempre me he *mirao* aunque después yo he *luchao* y he adoptado un toque personal.

Ni mi padre ni yo estábamos en un ambiente propicio que diera lugar a transformarme en un guitarrista. Ya desde pequeñito a mí me atraía la guitarra y desde que tengo uso de razón tengo una guitarra entre mis manos, vamos que me quitas la guitarra y no soy nada, como fue mi realidad cuando estuve aquel tiempo sin tocar delante del público, durante el cual no me reconocía a mí mismo, me refiero cuando me dediqué de forma exclusiva a la composición.

Cuando volví a Andalucía y estuve nuevamente en mi ambiente, sentí como si hubiera vuelto a nacer por volver a mis raíces, retomé la ilusión de quien comienza, puesto que yo notaba una falta en mí grande y no sabía exactamente qué me pasaba, hasta Chari y mis hijos se extrañaban de mí. Cuando tras treinta y seis años viviendo en Madrid volví a Andalucía, fue como abrirme otra vez a mis raíces, interaccionar nuevamente con *to* lo que me ha *rodeao* de siempre, y es en ese momento cuando me doy cuenta de que yo necesito tocar la guitarra.

Es en esa época cuando rompí el hielo con mi tierra, venía conmigo a los conciertos Diego Amaya al cual tengo mucho que agradecer. Se venía conmigo a *to* los conciertos de un *lao* pa otro, también solía venir a mi casa con muchísima frecuencia y eso me incitaba a todavía más a componer.

En pleno siglo XXI ha *sío* la etapa más prolífica de mi toque en solitario. Siempre he incluido en *tos* mis trabajos melodías comerciales puesto que era la única forma de que se vendiera más. Sin embargo, la mayoría de los temas han *sío* puramente flamencos.

Estando tocando la vasta guitarra que mi padre me había *comprao*, él le preguntó a un amigo suyo íntimo:

—Entonces…, ¿cómo ves tú a mi hijo?

—Paco hijo, yo no sé si tu hijo llegará a ser algo, pero de momento está tocando en el tronco de un árbol.

La guitarra era *mu* mala pero vamos, eso es algo necesario, se empieza en cualquier tipo de guitarra a estudiar y a perfeccionarse, que ya tendrá uno tiempo de tener mejores instrumentos. En aquella época mi primera guitarra fue mala, pero ¿qué más daba si yo no sabía tocar? ya podía haber *tenío* entre mis manos una guitarra de Esteso o Santos Hernández que yo no sabía tocar solo aporreaba la guitarra.

Pero antes de esa un primo mío me regaló una guitarrita, que dejaba yo en cualquier lado de mi casa en el almacén. Un día, estando yo tocándola me *salió* un ratón por la boca de la guitarra y la mandé a hacer puñetas, porque un bicho así de pronto impone por lo menos a mí, de forma que mi reacción fue tirarla lo más lejos posible.

La guitarra nunca pasa de moda, transcurrieron veinte y tres años desde el disco *Amuleto* que se grabó en 1977 hasta principios de siglo XXI en 2000, que fue cuando lancé *De pura cepa.* A pesar del cambio en la línea musical impuesto por la madurez y la comercialidad de ciertos temas, ni *Amuleto* hace ya cuarenta y tres años, ni *De pura cepa* con veinte años menos, han *perdío* actualidad en el mundo del flamenco. Si no la ha perdío Pastora Pavón, don Antonio Chacón o Manuel Torre ¿la va a perder algo mucho más contemporáneo? Y que conste que tuve miedo antes de grabar *De pura cepa* porque después de la polémica que mi nombre suscitó en el flamenco con los trabajos que le hice a Turronero por ejemplo, y otras tantas cosas, le tenía muchísimo respeto a la recepción de mi nueva música por parte del público. Gracias a Dios esta respuesta fue extraordinaria y creo que eso pasa cuando las cosas se hacen con honestidad y sin dobleces, así soy yo, el que quiera que me acepte y al que no le guste pues nada, que no me escuche.

En *De pura cepa* grabé unas bulerías que yo creo que fueron de época, unos tanguitos, una colombiana, rondeña, etcétera; un trabajo donde se veía a leguas a Paco Cepero. Entre *to* esos temas metí *Agua marina*, que revestía cierta comercialidad, es como cuando Paco de Lucía tuvo que incluir *Entre dos Aguas* en medio de toda aquella música de *Fuente y Caudal* puesto que es algo que te exigían las casas discográficas las cuales querían algo comercial *pa* poder lanzar el disco, puesto que por desgracia, el flamenco no tiene ese poder de mercado que nosotros quisiéramos sino que es *pa* pequeñas minorías. Si yo grababa un disco con una seguiriya, una soleá, taranta, malagueña, etcétera, me lo podía comer con papas, o tendría una venta *mu* limitada exclusiva *pa* los aficionaos avanzaos al flamenco. Los temas más vendibles se diferencian del flamenco más puro porque los primeros suelen tener un estribillo, como *toas* las canciones, mientras que ello no suele ocurrir en los toques más hondos salvo los tangos y algunas otras variantes. A pesar de esto, tengo que afirmar que lo mío es el flamenco, es lo que toco más a gusto, lo que más siento y donde me muevo como pez en el agua, pero como dice el refrán: entre col y col bien se puede meter una lechuguita.

Antes, *to* los guitarristas tenían su sello personal, escuchabas a Niño Ricardo, Ramón Montoya, Manolo de Huelva, y no había lugar a dudas, hoy: *tos* suenan iguales. En el cante también, *to* el mundo tenía su sello personal y hoy no ocurre eso.

En cada trabajo posterior he *tratao* de superarme y seguir adelante, innovando en la medida en que buenamente he *podío,* pero también sin perder el soniquete, algo que está totalmente *acabao.* No quise descubrir nada, yo creo que la guitarra está descubierta, lo que si noto hoy en día es que falta alma en ella. *Tos* quieren partir de un grado *avanzao* saltándose el básico y eso no es bueno. Creo que los años te van enseñando mucho, y yo me he *dao* cuenta con los años que siempre tengo algo que aprender, que nunca se termina, que es un ciclo permanente en el que siempre estás empezando.

En mi disco *Sueño latino* metí un tema cantando y comprobé que la repercusión fue positiva, a la gente le agradó, por eso en *Made in Cepero* metí dos temas en los que yo canto. Tendría que decir que fue una temeridad hacer eso pues como sabe *to* el mundo yo dudo mucho a la hora de hacer algo, no solo incluyendo temas donde canto sino también en el resto de mis composiciones, cuando hago una canción me siento yo. No estoy *pa* demostrarle nada a nadie porque hoy la guitarra está a una altura que ya no se puede tocar mejor. Hay unos cuantos guitarristas maravillosos que han *llegao* al tope en técnica, armonía, y aspectos musicales diversos; la pena es que se está perdiendo el pellizco, lo cual es absolutamente necesario *pa* transmitir. Técnica hay que tener la suficiente *pa* que puedas desarrollar lo que llevas dentro de ti, pero si tú to lo basas en el virtuosismo, eso es un síntoma de que uno está vacío. Recuerdo las palabras de un músico experto que me impactaron mucho y es que «el arte comienza donde te olvidas de la técnica». A la hora de componer tú debes ensimismarte meterte contigo mismo sentirte y olvidarte de la técnica, aquello debe ser corazón y alma, aquello no consiste en meter quinientas setenta y siete notas en un minuto porque te va a dar un ataque epiléptico.

Otra persona me dijo, mira Paco, *to* el que se basa en la técnica es una señal de impotencia. Si lo basas *to* en técnica no dices nada, después me dijo, «el arte empieza cuando te olvidas de la técnica». Hay que ensimismarse y sentirse uno mismo cerrar los ojos y decir ahora voy a tocar pa mí.

Ahora pasa una cosa, bien sea basar el toque en la más depurada técnica o centrarse más bien en el pellizco, lo importante en *to* los instrumentos son las horas de estudio, cuantas más horas les dediques más satisfacción te van a dar. En ocasiones estoy *to* los días cogiendo la guitarra, y digo voy a descansar dos o tres días. Si hago eso, cuando voy a retomarla compruebo que necesito diez días para obtener la soltura que tenía cuando la dejé.

Pero yo sé lo que he hecho, no es una falsa inmodestia, sé las cosas que yo he hecho, son un *legao* bastante amplio, además no solamente en la guitarra sino en composiciones en marchas procesionales, ahí hay una obra sinfónica, ahí hay muchísimas canciones. Mi trabajo ha *sío* duro y sobre *to* he *tocao* muchos palos y en muchos palos he *triunfao* en mi vida.

Le tengo que dar gracias a Dios que he *estao* en una profesión que me ha *gustao* una barbaridad y encima me ha *mantenío* a mí y a mi familia. Fíjate qué cosa más gloriosa eso que me ha *dao* Dios. Por eso le tengo que dar gracias *to* los días, pero yo ahora mismo, también reflexiono mucho. Yo me creía que yo era alguien cuando empecé me creía que yo era, vamos..., ahora te das cuenta de que no eres nada, un ser ínfimo, que hay tanto camino por delante por recorrer... Entonces de lo que yo estoy contento es de que Dios me ha *dao* la oportunidad de demostrar algunas cosas, no *to* lo que yo hubiera querido, ni tampoco *to* lo que he hecho hasta el presente puesto que aún no he hecho la obra de mi vida porque esa obra, eso siempre se muere uno con el deseo de haberla hecho. Cuando hago una canción, hago una composición, siempre tengo la duda, digo Dios mío, yo qué sé ¿estaré *equivocao*?

No obstante, ya voy a retirarme de la guitarra en solitario. Tras el gran paréntesis de *Amuleto* inicié mis grabaciones a principios de siglo con *De pura cepa* hasta *Made in Cepero*, he *sacao* prácticamente un nuevo disco cada dos o tres años pero hasta aquí llegué. Quiero retirarme dignamente porque sacar un disco nuevo, además de prepararte *mu* bien, tienes que tocar muchas horas *pa* estar en forma y que te salga *to* perfecto en la grabación. También implica hacer numerosos conciertos, numerosas actuaciones en directo, y yo me pongo *mu* nervioso, no es como tocando *pa* acompañar. Momentos antes del concierto siempre me pongo *mu* tenso, después, una vez que rompo el hielo me invade una extraordinaria sensación, y cuando termino el concierto, pues ya me doy por satisfecho ese día. Pero el ciclo se repite en cada ocasión y eso llega un momento en que no es bueno. Sobre 1998 creo, me tuvieron que ingresar en Alemania por una crisis de hipertensión, fue con motivo de un concierto y el diagnóstico que me dieron fue *Hipertensión emocional*.

Cuando entro en faena ya pasa todo ¿sabéis que hago? Hablar, hablar, eso me relaja, cojo la botellita de agua y pego dos o tres buches, y eso me relaja, empiezo a encontrarme mejor. En el festival de la guitarra de Córdoba en el Medina Azahara me cogió bien yo iba bien *preparao*, toqué con Paquito León y otro guitarrista más, el violín de Sofía y Carlitos Medina con la percusión.

—Carlos vamos a hacer una colombiana —digo.

—Maestro, toque usted *Agua marina* que lleva usted dos horas tocando.

Le tengo que agradecer mucho a estas personas que me han *aguantao* y que sin ellos no hubiera *sío* nada, porque tener que empezar de nuevo ¿cómo cojo yo ahora un guitarrista nuevo a enseñarle *to* el repertorio mío? Eso sería partirme las manos otra vez pero con ellos, llevaba una seguridad, una tranquilidad y la verdad es que llegaba a sentirme estupendamente.

En una ocasión fui a tocar Chiclana y sin calentar ni nada no fallé una nota, hice *Mi Andalucía* que son los tanguillos, pero hice *Varadero* que tiene unos picaos tremendos, y en ese momento me puse como un flan. En el teatro Falla toqué la mar de a gusto, en el primer tema estuve un poquito nervioso pero el segundo mejor y el tercero más, hasta que tuvieron que decirme: «vámonos ya maestro, que cierran el teatro, que la gente a las doce se va».

Pero eso de los nervios yo creo que le ocurre a *to* los guitarristas no solo me ocurre a mí como es natural, Manolo Sanlúcar me dijo en una ocasión:

—Paco yo no sé qué me pasa, que estoy cada vez peor, llevo cuarenta y cinco años en contacto con el público y cada vez que voy a tocar no puedo controlar mis nervios.

—¿A mí me lo vas a decir?

Él tomaba whisky antes de salir. Paco de Lucía decía lo mismo él envejeció mucho y era por los conciertos, por los nervios, porque tú cuando vas a tocar en un teatro la responsabilidad te come.

No tomo alcohol, tendría que tomar *Valium* porque me pongo como un flan cada vez que voy a salir a actuar especialmente, cuando voy a tocar solo yo me muero de miedo. Estoy abajo en el camerino, se me quedan las manos más frías que el llavero de un sereno, y la boca seca y digo ¿qué me ha *entrao* a mí? Después, cuando hago el primer solo, como el picao me salga bien ea, ya mando yo, pero como me salga al revés ya no doy ni pie con bola. Me tomo unas pastillas que se llaman *Sedati* que son homeopáticas, y me dice el que viene conmigo:

—Cepero a mí me das miedo, te he visto la cara de un loco.

En realidad es cuestión de entrenamiento todo, por ejemplo, si estás grabando un disco y tocas *to* los días, tienes preparación y menos nervios. Sin embargo, cuando tú dudas estás preso de una gran tensión.

Fíjate tú que yo cojo la guitarra y me sobran las cuerdas, pero si tú vas al teatro a dar un concierto como estés dudando ya no das una y yo me asusto. Hubo quién me dijo a mí que tomara las flores de Bach.

No quiero recordar cuando estrené la obra sinfónica mía, un director junto a mí, yo tocando de memoria toda la obra con ochenta profesores. Me decía a mí mismo,

—Cepero, cálmate que va a ser el petardo del siglo:

Después me vine arriba y ya fue *to mu* bonito, pero hay un mientras sale y no sale que se zurra uno vamos, por lo menos a mí me pasa.

En el camerino me como la guitarra, los mismos que vienen conmigo me dicen:

—Maestro, vaya usted como está usted hoy ¿no?

Y cuando voy a salir al escenario se me seca la garganta y se me ponen las manos heladas, no sé dónde estoy, dicen que se me cambia hasta la cara. Ahora bien, cuando toco el primer tema ya es otra cosa. Me ha *pasao* dos veces con *Noche andalusí* cuando voy a hacer el fandango, se me olvida y no sé dónde estoy, me quedo en blanco.

Vuelvo a recordar mi actuación en teatro Falla de Cádiz, concretamente el 18 de mayo de 1999; hubo uno de los números en que la gente no me dejó terminar, el directo tiene un calor del que carece la música encapsulada y eso a un artista lo llena, te sientes *elevao,* como si estuvieras en el cielo en un momento. Ello me motivaba *pa* volver a tocar a pesar de la ansiedad previa, pero seguía estando ahí con mi tensión y *to* porque de eso me reponía con prontitud. Después la sensación posterior compensaba espiritualmente *to* lo *sufrío* merecía la pena. Pero el día del concierto yo me llevé una semana antes sin dormir, tomaba flores de Bach.

Otra cosa que te impone la madurez es la calma, la meditación, yo antes no echaba cuenta en *na*, ahora he aprendido a reflexionar, a observar la naturaleza, a empatizar más con las personas. Por ejemplo: cuando veo un niño enfermo sin cura se me parte el alma. No tolero que se maltrate a un animal delante de mí, mi tolerancia con las personas es mucho mayor que antes, disfruto de las cosas sencillas. Tengo muchos *conocíos*, personas que veo *to* los días en la calle, a las cuales saludo, me gastan y les gasto bromas, y ahí yo no me siento artista. Yo donde soy artista es donde tengo que serlo, en los escenarios, en el estudio de grabación, etcétera; en mi día a día hace años que he *dejao* de serlo.

También existe una diferencia importante entre la guitarra de concierto y de acompañamiento. Porque ahora se están agregando al flamenco instrumentos adicionales que no ha *tenío* de forma tradicional como la percusión, ya hace años que no se da un golpe en la madera de la guitarra porque *pa* eso está la percusión, pero yo sigo tocando como siempre. Ahora bien, el cante sin guitarra (salvo los martinetes, tonás, deblas, etcétera) es un alma desnuda, eso pertenece a épocas *mu* primitivas. Sí es cierto que el cante nace antes que la guitarra, hay cantaores a los que les encanta gritar, y como decía Caracol: el cante no es *pa* sordos, hay cantaores que hacen música y hay cantaores que no hacen música, intentan cantar, gritan, chillan, pero no hacen música.

Cuando viene a mí un joven que quiere ser guitarrista le pregunto, ¿tú qué quieres dar concierto o acompañar? Pues si quieres acompañar las directrices son totalmente diferentes, olvídate del concierto y aprende a acompañar. No es fácil y otra cosa que les digo a todos:

—Acostumbra a los cantaores a ti, que ellos te echen en falta porque ahí está la madre del cordero.

Yo llegaba a un festival y les tenía que tocar a siete u ocho. Recuerdo que, en un festival en Pegalajar vino Juan *El Habichuela* —al que yo he *admirao* siempre muchísimo— y con la escopeta *cargá* me dice:

—Hombre lo que tú estás haciendo, eso no se hace con un compañero.

—¿Qué hago yo Juan?

—Que le estás tocando a todo el mundo.

—¿Por qué no se lo dices tú a los cantaores?

Pero date cuenta quienes eran: Pansequito, Juanito Villar, Turronero, Camarón y *to* el mundo, decían:

—No, a mí me toca Cepero... El otro, a mí me toca Cepero.

Pues, ¿qué quieres que haga yo?

Me ocurrió igual en Madrid donde iba a tocarle a La Marelu y me harté de tocarle a *tos* los de Caja Madrid, y yo iba de guitarrista con La Marelu, y entonces estaba cantando el Indio Gitano y Remedios Amaya. Se viene el Indio Gitano, fíjate la voz que tiene el Indio Gitano, y me dice:

—Tú no me vas a dejar que me toque a mí este gachó, para que me quede más mudo de lo que estoy.

—Escúchame, pero es tu guitarrista hombre —le dije.

—A mí me tienes que tocar tú, total que le toqué yo.

—*Quillo*, yo le toco muy a gusto pero yo no quiero desmerecerte a ti —le digo a su guitarrista.

—Nada maestro tóquele usted, él está encantado con que usted le toque y yo no tengo inconveniente.

Y ahora dice Remedios Amaya:

—A mí si no me toca Cepero, yo no canto.

Viene Alejandro Reyes y me dice:

—Yo te voy a pedir el favor de mi vida, por favor, que es que dice esta mujer, y está el teatro esperando que, si no le toca usted que no sale a cantar, por favor, yo lo recompensaré. —No me tiene usted que recompensar —le respondí.

Yo me sentía mal por los guitarristas, pero entonces vinieron estos y me dijeron que no tuviera cargos de conciencia, así pues, le toqué a Remedios, le toqué a los tres. Puedo contar muchísimas anécdotas de ese tipo, llegaba me miraba las manos y parecía que en vez de tocar la guitarra había estao arreglando bicicletas, del verdín que tenían. Los festivales de antes empezaban a las diez y media de la noche y eran las siete de la mañana y se seguía, yo he *tocao* en Chiclana pegándome el sol y cerrando el ojo a las diez menos cuarto de la mañana, decía yo: esta no es una hora *pa* tocar flamenco ni *na*, pero en fin...

Otra cosa que quiero aclarar es que la gente está *confundía* conmigo, yo como he dicho en mitad del cante hacía falsetas y me aplaudían, pero mientras está cantado el cantaor no lo molesto en absoluto, yo cuando hago una falseta es porque me la pide el cantaor, *pa* respirar, eso es importantísimo. Una vez le toqué a Calixto Sánchez y quedó tremendamente satisfecho, y es que, esos cantaores de voces agudas cuando están roncos no saben taparse, solían decir ellos:

—Verás tú el petardo que voy a meter.

—No te preocupes —le decía.

Porque metía la mano y les ayudaba. Cierto día Pilar López entró en el camerino y cuando la vi entrar, con el respeto que impone esa señora me levanté y me dice:

—Maestro, ¿me deja usted que coja su pulgar?

Entonces le tendí la mano, cogió mi pulgar de la mano derecha y lo besó diciendo:

—Voy a darle un beso al pulgar más flamenco que he *escuchao* en mi vida.

Otro día estaba cantado alguien muy mal y dijo Antonio Murciano:

—Si a este le tocara Cepero no veas tú cómo cantaría.

Y en un papel escribió:

Pa entrar cantando en el cielo
cante gitano andaluz,
cuando me muera yo quiero,
que pongan junto a mi cruz
la guitarra de Cepero.

Algo fundamental en la guitarra de acompañamiento es el rajeo, hoy se rajea *mu* poco, lo justo y lo necesario que exige la música, hoy *to* es falseta y acordes no habituales, que no quiere decir que no sean correctos, lo que digo es que son posturas diferentes a las que se han puesto de forma tradicional. La guitarra flamenca de acompañamiento antigua era *mu* simple, se basaba fundamentalmente en el rajeo con la inclusión de falsetas cortitas y esos pormenores, sin embargo, ni un extremo ni otro, hoy casi ni se rajea. A colación de eso tengo que contar una anécdota que me pasó con el guitarrista Juan Manuel Cañizares. Me quedé sorprendidísimo, Cañizares es uno de los mejores guitarristas que hay en España y con una técnica impresionante y me preguntó estando en el estudio.

—Maestro, ¿a ver cómo rajea usted?

—Hombre, ¿me vas a preguntar como rajeo yo como tú tocas la guitarra?

—Es que usted rajea de una manera especial, fuera de lo común.

El tema está en que ahora los guitarristas se están acostumbrando *mu* mal, que es que quieren mucho al revés, mucho al revés porque al dar una nota esta es envolvente. No están *acostumbraos* como nosotros que hemos *tocao* sin micrófono toda la vida de Dios, y teníamos que apretar a la guitarra *pa* sacarle sonido. Actualmente las cosas no funcionan así, la tecnología ha *permitío* programas que modulan la tonalidad, ecualización, etcétera, cada componente de una grabación. Así el guitarrista se esfuerza menos y de camino se parte menos las uñas puesto que el rajeo tiene ese inconveniente cuando se hace con potencia, que parte las uñas, y los guitarristas se cuidan mucho de eso, rajean con mucha indecisión, mucho más *achantaos*, lo cual resta toda la esencia que tenía por ejemplo una seguiriya o una bulería. Para compensar, y con creces, a nivel técnico la guitarra no puede estar mejor, pero es cuestión de dar una nota que te llegue al alma y no quinientas seguidas que no transmiten nada.

Paco de Lucía, decía:

—Es que Cepero siempre con el pulgar...

—Chiquillo, es más importante dar una nota bien dada que no veinticinco a destiempo

Yo creo que lo importante también es tocar con gusto, con alma, poniendo el corazón. Hay personas que yo las veo tocar con una técnica inconmensurable pero están vacíos.

Al joven que se inicia hoy en la guitarra sus padres le compran la mejor guitarra, tienen los mejores programas de grabación, toda la gama de discos, se empapan de tal forma que en un año se está comiendo la guitarra, se la está bebiendo pero están vacíos. Nosotros no éramos así, sacábamos menos cosas pero una sola notita estaba revestida de todo el sentimiento.

Algo parecido ocurre con los cantaores, hubo una época, en la que el cantaor comenzaba cantando atrás, es decir, detrás de la figura principal, que era el bailaor o la bailaora. Detrás estábamos el guitarrista, los palmeros y el cantaor en cuestión, el cual ya podía darse con un canto en los dientes si comenzaba cantando así, es decir detrás, así lo hizo Juanito Villar, Turronero, Pansequito, etcétera, así lo hicieron *tos.* En cierta ocasión le propuse a Chiquetete que se viniese conmigo por Europa, ya que *to* los años yo hacía una tournée por *to* el continente.

—Antonio, ¿te gustaría venir con nosotros un mes, que vamos una plebe, vamos, Fernando el de la Morena, viene El Mono, viene Juan Tejero, Carrasco, Diego Amaya, La Debla, Antonio Gades, viene un sinfín… ¿Tú quieres venir...?

—Claro que me gustaría, a mí me gustaría contigo por recordar los tiempos de nosotros.

—Es que vas a tener que cantar detrás, no vas a cantar delante como figura sino que vas a tener que cantar atrás *pa* bailar.

—Lo que sea.

—Pues venga, que nos vamos dentro de veinte días.

Es un ejemplo para dar a entender que en el mundo de este arte, a *tos* los niveles, tanto del cante como del toque al menos, hay que escalar una serie de peldaños de obligado itinerario para desarrollarse y formarse como buen portador de esta cultura, de lo contrario estás saltándote unas reglas que no te van a llevar a buen puerto salvo que seas un gran genio algo que, por reglas naturales no es un fenómeno frecuente.

Hasta ahora he *estao* hablando de guitarra, la composición es punto y aparte, por eso el lector advertirá que entro y salgo en el tema, hablando me deslizo entre el toque en solitario, el acompañamiento y las composiciones como si de la misma cosa se tratasen, no es así, sino que son totalmente distintas. Sin embargo, una persona se conoce a sí mismo mejor que nadie y procesa sus pensamientos, sus reflexiones, su autocrítica como si fuese un bloque. En consecuencia, hablo de mí mismo y tiendo a unificarlo todo, que me perdone el lector, pero la persona que me ha *seguío* y me conoce no ignora que esos tres ejes, concierto, acompañamiento y composición convergen en Cepero. Por ejemplo, Chiquetete en mi vida ha *sío* la base primordial, voy a explicar por qué, porque la mayoría de mis éxitos han *sío tos cantaos* por él. No obstante, el primer éxito que yo tuve me lo dio Lolita con *Amor, amor.*

Pero el flamenco es mucho más difícil, por eso no lo puedo apartar de mí, son sensaciones que no por haberlas *vivío* numerosas veces te quitan la intensidad que tienen en el espíritu. Es enorme el impacto emocional tantas y tantas veces haciendo voz en los camerinos, calentando, como el atleta que lo tiene que hacer *pa* después darlo *to* en el escenario, vivencia más hermosa no se puede tener. Son como mis cimientos, que más fuertes y más *reforzaos* no existen, en aquellos momentos ni calentar era necesario porque cuando las cosas se hacen a gusto, cuando realmente proceden de lo más profundo, son cuando mejor salen. Si las partículas de aire pudieran volver a vibrar como lo hicieron aquellas noches en *mi* ya lejano Jerez, el tiempo quizá se pare algún día *pa* regalarnos nuevamente aquellos sonidos sin punto de comparación. Y es que, en el ritmo yo tengo que agradecer tanto a Jerez... En ese barrio de Santiago a aquellos gitanos que he *mentao* páginas arriba, les debo tanto y tanto... Porque me hicieron llorar mucho pero me inculcaron y me metieron el compás dentro de mi corazón y de mis fibras. Yo en estos momentos juego con el compás pero a mí me costó sudor y lágrimas. A mí me decían, niño ven *pa cá* y hacían burla de mí, pero *pa* que yo aprendiera, una vez que ya me enseñaron dijeron *ea*, ya tú puedes hacer lo que tú quieras que ya tienes el doctorado. Yo soy Jerezano a tope, admiro a los Parrillas y los Moraos porque son una familia guitarrística estupenda y maravillosa, Moraito yo me lo comía, él me decía tío Paco..., porque como Morao no se podía tocar más flamenco y con más soniquete aquí en Jerez. A su hijo Diego, me lo llevé conmigo a Alemania y yo me llevaba a *to* el Barrio de Santiago en todas las tournée que yo hacía por el extranjero, a mí mi tierra me gusta, ¿cómo no me va a gustar mi tierra? Pero hablando de guitarra a mi quien me soltó fue Rafael del Águila que me ponía una falseta y yo le exigía otra, pero hoy, aprenden a tocar la guitarra de forma distinta tienen toda la técnica, no sé cuánta armonía y otros pormenores, pero les falta la vivencia de estar buscando la vida, de estar bajo el hambre, con las fatigas que hemos *pasao* nosotros y eso se nota.

Si los cimientos de un edificio no soportan bien el peso que llevan, por *mu* bien construido que esté después el bloque aquello se derrumba. Para un artista es lo mismo, si no tienes un buen soporte desde el principio la cosa no funciona, mi base no pudo ser mejor con aquel grupo de buscavidas. Ahora ya no me pierdo ni debajo de agua. Sin embargo, yo he escuchado durante *toa* mi vida cantar a *to* el que me ha *interesao* porque tenía que aprender, uno no nace sabiendo y escuchando se aprende.

En el Madrid de los sesenta había cantaores *pa to* los gustos, allí se cocía *to* el flamenco de la época, había ocho o diez tablaos, cabarets, salas de fiestas y *to* eso nos daba vida a los artistas. También estaban las ventas donde nos buscábamos la vida después de terminar en los tablaos: la venta Manzanilla, la del Palomar, allí en Puerta de Hierro, y muchas más donde nos íbamos a tocar después de los tablaos hasta altas horas de la madrugada, a veces hasta el día siguiente.

Respecto a la buenas o menos buenas opiniones que se puedan tener de mí en esos tres ejes que convergen, no se trata de valer más o valer menos, son sencillamente la cantidad de años que uno lleva en el mundo del arte. Dios me ha *dao* más defectos que virtudes, siempre me asaltan grandes dudas a la hora de hacer cualquier cosa. Dudar ha *sío* bueno, pero la incertidumbre también produce estrés y este a cierta edad hay que apartarlo ya *pa* pasar a vivir una vida totalmente relajada.

En la preparación de mis discos la duda, el quitar y el poner, el modificar, el ensayar las cosas de varias formas, en definitiva, el haber *creao* un abanico de posibilidades musicales antes de lanzar mis temas de forma definitiva ha *sío* un ejercicio de humildad. El artista no se puede creer que está en posesión de la verdad. Hay un refrán de Paco Toronjo que dice:

«*To* aquel que dice yo soy es porque no tiene a nadie que le diga tú eres».

Así, es mucho más bonito que las personas comenten ¡cómo toca este tío! o ¡qué buena es esa canción! Que uno vaya presumiendo por ahí y diga porque yo, porque yo... ¿premios? Los tengo casi todos menos uno, y ese me duele, pero lo voy a dejar ahí, al final del texto en un apéndice el lector podrá consultar mis premios. Te sientes bien cuando tienes tantos premios, porque a título póstumo yo no quiero que me den *na*. El motivo de tantos premios es que llevo muchísimos años trabajando, y en la vida uno recoge el fruto de lo que ha *sembrao*; si siembras viento, recoges tempestades. No he *trabajao pa* competir con nadie, toco por impulso, hago lo que me dicta el corazón. Habrá personas a las que no les guste tocando y otras a los que maravillaré.

En definitiva..., ¿qué puedo pedirle yo más a Dios? Yo me levanto dándole gracias a Dios y me acuesto dándole gracias a Dios, y yo le pido que el tiempo que Él me quiera tener aquí que me tenga con facultades, hasta que me diga: «hasta aquí» porque yo no voy a ser eterno. Lo que yo nunca haré es el ridículo. En el momento en que yo me vea que no estoy *pre-*

parao pa tocar en un escenario que ya no puedo cojo y digo adiós, me retiro y punto.

A mi casa ha venido muchísima gente a los cuales les he compuesto y les he *enseñao* a tocar, por ejemplo, Paquito León, el cual a mí me gusta muchísimo, Miguel Salado, Dieguito Amaya, José Ignacio Franco, esos son como hijos míos. Cuando veo que están en lo alto siempre les pregunto qué opinión tienen de mí, y me adoran.

Admiro que haya coloquios e intercambio de opiniones en este mundo del arte, yo he *dao* conferencias y entrevistas, y no es que me sienta por encima de nadie, pero soy una persona de ochenta y dos años con más de sesenta años de profesión a mis espaldas. La gente me da un sitio que no sé si merezco. Antes yo veía que los aficionaos se reunían y tomaban una copa de vino, ahora veo que esto está *mu* decadente, mira si son listos los ingleses que ellos no toman whisky o ginebra sino que vienen a nosotros a tomar el vino nuestro, y nosotros nos pasamos a su música y a su cultura sin echar mucha cuenta en la nuestra. Hay que ser tonto, es necesario darle un estímulo a nuestra juventud *pa* que no pierdan las creencias de nuestra idiosincrasia, que esto siga, porque tienen gran pasión por el flamenco. Yo me fui a Japón con treinta y cinco años, llegué y me veo a una japonesa bien vestida de gitana como cualquiera de nuestras bailaoras, con una flor en el pelo, más bien puesta que la mar, sentada como hay que sentarse, empieza a tocar las palmas.

—¡Toma ya y no tiene novio... Esas papas aliñás! —suelta.

—¿Cuánto tiempo has *estao* en mi tierra? — le pregunté cuando terminó.

Y comprobé que ni siquiera me había *entendío*, es decir, que se había *aprendío* esa frase de memoria, al pie de la letra.

Nuestra cultura es riquísima, y dentro del flamenco hay compartimentos estancos que corresponden a determinadas áreas geográficas. El mejor que ha *cantao* por Huelva, por ejemplo, se llamó Paco Toronjo, antes hablaban de José Rebollo y de Paco Isidro, pero yo le toqué una noche a Paco

Isidro y eso era lo más *pesao* del mundo, diciendo toda la noche:

—Y digo yo, y digo yo.

Y cantaba, pero lo hacía por lo grave el fandango cané de Alosno, decía

—Alosno, calle Real del Alosno…

Siempre sin esforzarse, y yo pensaba «este tío no se queda mudo ni debajo de agua» y yo echando sangre por los *deos* al lao de don Jaime Domecq que era *mu aficionao* al cante, el padre de Santiago Domecq el ganadero de ahora, el padre era *mu* amigo mío, y estuvimos con Paco Isidro en una fiesta en Cuatro Caminos, y cuando estaba ya en la calle que me había *pagao* el señorito y to, ya *pa* coger un taxi y *pa* irme, y seguía.

—Y digo yo, saca la guitarra ahí.

¿Qué no habré que haya tenido que aguantar yo en casi setenta años dedicado a esto? Los principios siempre son malos, después te vas abriendo camino y eres más respetado, hasta que consigues que nadie te moleste, pero para llegar a eso hay que pasar antes las de Caín.

15. MIS DÍAS CON CUARESMA

Francisco Cuaresma, que así se llama mi amigo el cual tiene nombre hasta de penitencia, es una persona instruida, con educación y bastante psicología, como yo, pues tiene la misma escuela que yo, que es la de la calle, de la cual he aprendido muchísimo en la edad que tengo. Debe ser algo inseguro, en eso se parece a mí, duda mucho antes de dar por sentado cualquier cosa que escribe, pero es agradable estar con él, con su esposa y sus hijos. Un día habíamos quedado para comer en Sanlúcar y mientras venía de Chipiona, donde estaban, comencé a leer el manuscrito que había hecho. Lo llamé sobre unos veinte minutos antes de llegar *pa* advertirle que se había *explayao* en el capítulo de Javier Molina, que yo quiero mis memorias, no una novela, porque el tío tiene mucha imaginación y escribe y escribe conforme le vienen las cosas, pero claro, lo entiendo, cuando se puso a escribir mis memorias se conoce que sabía poco de mi *vida, y esta es mu* dilatada y rica en vivencias, el problema está en que se las cuento tal y como me vienen a la memoria sin seguir un guion estricto. Tampoco soy capaz de darle fechas, soy un cúmulo de hechos, circunstancias, acontecimientos y relaciones con *to* tipo de personas, cada una hija de su *pare* y de su *mare* y, poner en orden esta vida mía tan intensa, tan vivida, tan disfrutada y sufrida al mismo tiempo, tan trabajada sobre *to,* no es tarea fácil.

Él trata de plasmar en el papel lo que yo le cuento y darle forma al texto. Es un buen *aficionao* al flamenco, tanto al cante como a la guitarra, y un incondicional admirador mío, pero claro, yo podría ser su padre porque tiene veintidós años menos que yo, un año mayor que mi Paco, que ya me ha hecho bisabuelo.

Con la prudencia que lo caracteriza, había *aparcao* en una esquina del parking del Arenal y me llevó derecho a la escalera del subterráneo cuando le dije que si cogíamos el ascensor nos iban a cobrar lo mismo, porque él no había caído en la cuenta de que el parking tiene puertas donde al ascensor se accede desde la calle. Sacó su coche azul monovolumen que, dicho sea de paso, *pa* mí fue cómodo porque es alto y me costó menos trabajo subirme que al mío.

Dios mío, qué poquito cojo ya el coche, me estoy acomodando de forma lenta pero progresiva, aunque todavía yo me encuentro *mu* bien, bueno, tanto como decir bien... Me partí el tendón del cuádriceps hace ya once años —Dios mío cómo pasa el tiempo—, también me partí el supraespinoso del hombro, tengo un tímpano *perforao*, tengo artrosis cervical y lumbar, y tengo inflamada una sacroilíaca o como se llame, me ha dicho este señor que me está ayudando a contar mi vida..., ¿yo qué sé? A mí lo único que me falta en esta vida es montar en globo y por detrás, ni una puntilla a martillazos. La vista no es que la tenga tampoco *mu* fina. Recuerdo que hace unos años veía como unas motas que iban de un lao *pa* otro, como moscas, se me nublaba la vista, sentía una opresión en los ojos, total, que fui al oftalmólogo y me dice:

—No tengo más remedio que operarlo esta misma tarde.

—¿Qué está diciendo usted? —le dije.

—¿Sabe usted cuánto tiene de tensión en la vista? Casi treinta, vamos que si no lo opero ya se puede quedar ciego para siempre.

Y así pasó, menos mal que aquel hombre me operó.

Tengo ya también el paso lento y corto, siento pereza hasta *pa* coger la guitarra *to* los días —aunque si digo la verdad yo nunca me he *mostrao mu* diligente con la guitarra, ni muchísimo menos— yo veía a Paco y a Manolo Sanlúcar que se pasaban *to* el día tocando, claro, *pa* eso eran los mejores, déjalos tú a ellos, siempre tocaban como solistas, y el que algo quiere, algo le cuesta. A picar con un dedo y con otro, que yo embestía con *toas* mis fuerzas allí en los tablaos y no veas cómo sonaba aquello, esa ha *sío* mi sabiduría y así se lo dije a Paco cuando fui a verlo al hotel, que no quería que llevase a nadie allí, «¿a quién voy a llevar yo al hotel huidor del mundo?". Nada, tú estudia con *toa* tu técnica que *pa* eso eres el mejor, pero yo me quedé en Cepero permitiéndome mis lujos. Si un día tengo que coger la guitarra cinco o seis horas *pa* hacer un concierto en solitario ya me las arreglo yo pero si es para acompañar casi no necesito ensayar.

¡Qué suerte he tenío en esta vida! He sío un privilegiao de Dios, no porque haya sío un artista excepcional, no, que eso, ni me lo creo, ni me lo he creído nunca —bueno, al principio algo— sino porque he *sabío* trabajar lo justo y lo preciso *pa* desarrollar lo que trajera entre manos a cada momento. Yo conmigo mismo, con mi acompañamiento, mis falsetitas, mis composiciones, mi compás y mis silencios, he sabido conseguir un nombre en el flamenco, mi trabajo me costó, aquellos casi veinte años malvividos en los tablaos del Madrid de los sesenta y setenta.

¡Cuántas gracias tengo que darle a Dios! Porque me puso la mano encima y me ha *permitío* atravesar con holgura esta vida desde la juventud hasta el presente, pero al igual que Dios regala diez talentos, exige que le entregues otros diez, y yo creo habérselos devuelto.

Llegará el día en que el Todopoderoso me llame. Le pido que los añitos que él me quiera seguir teniendo por aquí sean de la mejor calidad posible, tanto *pa* ella como *pa* mí, que no progrese más su desmemoria, sus lagunas, su irritabilidad, su actitud, a veces extraña, nada parecida a como yo la he *conocío*, esos dislates que tanto me enraman cada día los ojos habiendo *sío* ella la persona más dulce del mundo.

Hoy este amigo mío nos llevó a Sanlúcar, la criatura se escabulló y cuando yo me di cuenta había pagao el almuerzo. Se ha *dao* cuenta de que yo soy un hombre de mundo, los artistas lo somos todos, aunque entre nosotros hay también quien tiene guasa, como suele pasar en todas las clases de personas. Él se ve que es del pueblo llano, no parece que tenga dobleces.

Se ha reído conmigo menos mal, cuando llegamos a Sanlúcar se relajó. Quiere escribir mis memorias y a veces se desanima, y mira que yo más claro no se lo puedo decir, que se relaje, que hablando la gente se entiende, y yo creo que lo vamos a conseguir, es trabajador y a mí me admira muchísimo. A él no le importa escribir todo lo que le digo, y es llano, se le nota que no lo mueve interés alguno, que su mayor incentivo es escribirle una semblanza a Paco Cepero, pues nada hombre, yo pondré de mi parte *pa* que ambos consigamos sacar algo entre mano.

Hoy estábamos comiendo en La Gitana, al *lao* de Balbino bajo cuarenta y cinco grados, bajo sombrillas blancas y pulverizaciones de agua cada cinco minutos. Nos comimos unos langostinos, bocas de cangrejo, ventresca de atún y tortillita de camarones en medio de ese ambiente abrasador. Detrás de él había una persona que pesaría ciento veinte kilos por lo menos, y Chari me dijo como diez veces:

—Mira cómo está ese muchacho Paco.

—Sí Chari, pero tiene oídos.

Allí mismo me llamó Samuel Serrano *pa* que fuera a acompañarlo a Manilva, en la Costa del Sol, y me dijo que me ofrecían ochocientos euros y que a *to* lo que podían llegar era a mil doscientos. Le dije que mil doscientos euros los doy yo por no verlos a ellos.

No es un acto de codicia, pero a mis ochenta y dos años no me puedo prostituir tocándole a un chaval de treinta y tantos al que le van a dar tres veces lo que a mí. Este Samuel canta *mu* bien, pero se tiene que renovar, tiene que aprender más cantes y ofrecer un repertorio más amplio, no se puede quedar en las bulerías y los tangos, porque se va a acortar él solito y va a quedar peor que la falange en Bilbao, como se decía antiguamente.

También tengo la sensación de que se han *olvidao* de mí. No me siento demasiado integrado en el flamenco de la actualidad. Entiendo que el flamenco tiene que renovarse y hay que dar paso a la gente joven, de lo contrario siempre seríamos los mismos, pero los más viejos tampoco merecemos quedar en el olvido, como quedó Tío Borrico, ahí en un rincón muerto de hambre; que el flamenco es cultura señores.

Deberíamos estar más protegidos por las instituciones públicas, mi vida laboral son cero años *cotizaos*; ni pagaron a la Seguridad Social en Los Canasteros, ni en Torres Bermejas, ni en ninguno de aquellos tablaos para los que trabajaba, ni siquiera los años que estuve en la Bodega de Palomino y Vergara están reflejaos en mi vida laboral, cuando me contrataron de meritorio. Con lo contento que estaba mi *pare* y mi *mare* con aquel trabajito, que era lo que antes se quería *pa* los hijos, un trabajito fijo y a echarte a morir. Que si no es porque se me fue la mano con aquel infeliz compañero que me manchó el traje, no me espabilo en el tema de la guitarra y no hubiera *sío* artista, qué bruto fui.

Mientras almorzaba con Cuaresma, su señora y Chari, se acercaban personas indigentes, vendedores de cupones, mendigos escuálidos, gente necesitada con la ropa rígida, tiesa de ponérsela *to* los días y la piel curtida de sol y poca higiene. Mi alma no es indiferente a esa pobre gente, pero son muchos y si tuviese que darle a cada uno no tendría suficiente *pa* mí siquiera, y claro, las criaturas quieren tener cabida también en la sociedad. Algunos intentan sacar *pa* comer, pero otros piden *pa* chutarse algo y colgarse durante un rato, que de *to* hay en la viña del Señor pienso yo, que no estoy en posesión de la verdad. Son ya tantos y tantos, que a uno le dije:

—Lo siento picha, pero no tengo suelto ni el vientre.

Suelo salir a comer *to* los días, porque no puede ser de otra forma, yo a Chari como está no la voy a meter en la cocina a diario *pa* darle la puntilla. De esa forma, la llevo cada día a La Taberna, que allí ya me conocen y me reservan una mesa. Por la noche ya nos tomamos algo ligero y a dormir, bueno a dormir digo, cuando consigo descansar, que esta maldita flema no me deja ni por la noche ni por el día. Ahora me sube una flema a la garganta que me tiene *to* el día escupiendo. Si siempre tengo algo, si tengo aburrida a esta criatura que intenta escribir mi vida.

El pasado mes de mayo sentía unos dolores detrás en la cabeza insoportables, y cuando me medía la tensión arterial se me había ido por las nubes, a punto de un repique vamos, cogía el teléfono y a llamar a mi amigo Cuaresma. Hubo unos días en que lo tuve loco, *na más sentía el dolor en el cuello, me tomaba la tensión y ¡hala!,* veinte o más, y encima los pies *hinchaos*. Este pobre hombre me cambió una veintena de veces las pastillas hasta que se reguló el tema. Esa es la que hay, anda que no le ha caído *na* conmigo, y él me decía que no, que lo llamara cuantas veces fuera necesario, y de esa forma había días que lo llamaba diez o más veces, y nunca me fallaba. Se conoce que sufría la criatura porque no acababa de controlarme ¡coño!, que un día acudí a urgencias del hospital, muerto de miedo, porque ya Cuaresma me dijo:

—Mira Paco, vete al hospital, no vaya a ser que te pase algo.

Pero qué va, si estoy como un reloj en el fondo, yo creo que son los nervios que se me meten en *to* los sitios. Ahora *pa* que no se me hinchen los pies me ha *mandao* un diurético y tengo *to* el día la picha —o lo que me queda de ella— en la mano de las veces que orino.

Con la edad llega *to* como bien he referido renglones arriba, y en la esfera sexual ya mejor callarse. Recuerdo cuando el director de una discográfica tuvo trillizos que le dije:

—¿Qué tal está usted?

—Muy bien

—Por cierto, tengo que felicitarlo porque ha *sío* usted padre de tres de un viaje y de camino decirle, ¿podría hacerme usted un favor?

—Lo que sea maestro, si está en mi mano, lo que haga falta.

—Présteme usted la picha durante un par de meses.

El pobrecito mío se quedó que no sabía dónde meterse, se le subieron unos colores que casi revienta.

Eso se lo conté a Cuaresma en la heladería «La Ibense», donde nos tomamos unos *helaos*, porque yo cuando termino de almorzar como no remate con un *helao* parece que no me entero. *To* el tiempo, mientras le contaba las cosas mías a Cuaresma él me grababa con el móvil y lo paraba en los diálogos normales.

Se nota que él está acostumbrado a vivir lejos del mundanal ruido, en un pueblo *perdío* del Andévalo. A mí, lo que más me suena de allí es Alosno, no por nada, sino por los Hermanos Toronjos, los cuales despuntaron estando yo en la compañía de La Paquera, con un señor que tocaba por los medios el fandango.

Por Huelva eran unos fenómenos, porque Huelva es punto y aparte, *pa* hacer las cosas de Huelva hay que ser de allí, eso sí hay que respetárselo a esta gente. Aquellos dos hombres sonaban a gloria cantando por Alosno, y este guitarrista, run run, run run, los llevaba estupendamente, aquel hombre era malísimo tocando flamenco, pero aquello sonaba estupendamente. Qué fenómeno Paco Toronjo cantando por Huelva, por lo suyo, vaya. Él quiso cantar flamenco, pero no pudo ser, «zapatero a tus zapatos» como respondí cuando me lo preguntaron en una entrevista. Él quiso hacer sus pinitos en otros palos del flamenco, pero Caracol le dijo que mejor que no abriera la boca salvo por fandangos. Lo que mejor se le daba era el quejido de salida por seguiriyas, por eso lo metió durante toda su vida *pa* cantar el fandango por los medios. Con qué fuerza cantaba ese hombre, qué escenificación en la forma de decir el fandango, sus gestos, su expresión, sus movimientos, la forma de meterse en el papel de las letras que cantaba era espectacular. Tardará muchos años en salir, si es que sale otro que cante por Huelva igual, no como ahora, que dan un *quejío* largo que más parece un perro barruntando agonía que un cante por Alosno, me voy a callar nombres, pero hijo mío, parecen cantaores de invierno, a mí me da hasta que tiene mal bajío cantando, como la petenera.

El hijo de Cuaresma sí canta bien por Huelva, por otras cosas no tanto, pero por Huelva es un fenómeno también. Ahora bien, le gana al padre en naturalidad, sencillez y espontaneidad, qué muchacho más bueno, es un libro abierto, qué sincero, qué educación, qué clase y don de gente más natural tiene el chiquillo ese, y se lo dije a su *pare*, por si lo tiene que poner también en el libro de mi vida, porque por él nos conocimos y de ahí nos viene la amistad.

El segundo día los llevé yo a comer atún, *pa* que probara el *shasimi* y otras delicias similares, lo más *codiciao* de la gastronomía japonesa, todo crudo, en salsa de soja con algas y *to* sus preparos. Ellos no han *probao* eso en sus vidas y, yo si los recibo aquí en mi ciudad, no voy a escatimar nada mientras pueda *pa* que no se vayan a medias.

Además, de las conversaciones que mantiene conmigo en los almuerzos, él saca sus conclusiones sobre mi personalidad, que no creo que sean malas porque yo no me he dirigido a él de mala forma ni lo quiera Dios. Escribir no sé si tendrá *pa* escribir, pero fotos les he *mandao* todas las que tengo, el primer día le mandaba las fotos y le decía los nombres tal cual las veía, pero claro, comprendo que no conoce a muchas personas, por eso después me esmeré y le puse por *WhatsApp* el nombre de cada uno de los personajes que aparecemos a pie de foto. Yo no sé si tendrá contenido *pa* escribir, pero al menos tendrá más que suficiente material gráfico, así le será más fácil sacar sus conclusiones y hacer la transferencia de mi pasado al texto que él redacta.

Tras haberle *mandao* casi ciento cincuenta fotos, él, con la sensatez que lo caracteriza, me pidió permiso *pa* entrar en la bodega y tomar aún más imágenes de *tos* los cuadros que están en la pared. Mi bodega, la cual está irreconocible porque *to* el que trae una cosa va a parar a la bodega. A pesar de eso, se metió allí con sus bártulos, y por la noche, se conoce que debió recortar y retocar de forma adecuada *to* cuanto había *captao*, porque me mandaba imágenes casi perfectas *pa* que yo identificara los personajes que aparecían en las mismas.

Mira tú qué cosa, *toa* una vida plasmada en fotos, y eso que antes se hacían muchas menos porque era una tarea de fotógrafos, pero hoy con los móviles, fíjate tú, *tol* mundo hace sus fotitos. Nada más en la fiesta de la nieta del Turronero nos vimos cientos de famosos, desde Pitingo y Omar Montes, a Bárbara Rey y Ortega Cano, y *tos* nos hicimos una foto para el recuerdo.

A ver si a mi amigo no se queda sin contenido *pa* plasmar, porque a él se le da *mu* bien la ficción y me traía escrita una novela, como he dicho antes, de modo que ahora tendrá que cortar texto y agregar información por otra parte si quiere ceñirse a lo que ha sido mi vida.

Yo le he dicho que escriba de tal modo, que la persona que esté leyendo, quiera seguir avanzando, que no se aburra, que le produzca intriga lo que lee y quiera terminar y, así tal vez nos salga un libro que no resulte del *to aburrío*. Él me dice los requisitos que impone una editorial *pa* hacer una edición, que no son pocos. A ver si la editorial me facilita las cosas, porque después del trabajo que se está tomando mi amigo Cuaresma, sería una pena que su obra no viera la luz.

A los cuatro o cinco días vino su hijo el mayor de Madrid, que se llama como él Francisco. Un muchacho con una educación también exquisita, otra dulzura de niño, como el chico, este último se ha *meao* de risa con mis cosas. Le comento yo a este amigo mío la suerte que ha tenido con sus hijos, porque se puede dar con un canto en los dientes.

Tampoco yo me puedo quejar de mis hijos, tengo a mi Paco que tiene cincuenta y nueve años, es el más próximo porque es quien más viene a mi casa, tengo a mi Jesús, que le ha *dao* un infarto al corazón hace dos meses y casi se me muere. Se salvó porque alguien *allegao* a su novia había fallecido una semana antes con los mismos síntomas, de modo que, en cuanto comenzó a estar malito, llamaron a una ambulancia y directo a la UCI del hospital. La menor es mi Rocío, esa fue la última que vino y la única mujer, como se lo pedí a mi Virgen del Rocío.

Mi amigo Cuaresma cuando vuelve a su hostal en Chipiona, donde tiene su base, se pone a escribir con su ordenador, voluntad tiene más que Teresa de Calcuta, así que a ver si sacamos entre los dos algo que sea medio atractivo, *Repasando mi vida*, es el título que quiero ponerle a este trabajo.

16. CONOCIENDO A PACO CEPERO

El motivo de haber abordado el personaje de Paco Cepero, es un hecho que no ha estado exento de romanticismo.

A Paco Cepero lo he admirado desde hace muchos años, justo desde la primera vez que lo escuché acompañar a los distintos cantaores en la radio, en discos, y sobre todo, en los festivales de verano donde actuaba. Lo he visto en el festival de Mairena, el Potaje de Utrera, el Gazpacho de Morón, el festival de Moguer, en las ya pasadas quincenas flamencas que se celebraban cada año en Sevilla, y un sin fin de sitios, donde yo iba, la mayor parte de las veces acompañado de Manolo Bohórquez. Ambos nos beneficiábamos mutuamente: yo no tenía dinero para pagar las entradas de los espectáculos, y Manuel no tenía coche para desplazarse en la geografía flamenca, de esta forma nos dábamos mutuamente lo que no teníamos cada uno por separado: yo lo llevaba de un lado para otro y él me permitía entrar de balde en los espectáculos.

Cuando Paco Cepero actuaba con Turronero formaban un dúo que atraía la atención del público poderosamente y suscitaban ovaciones espléndidas. Además, solía acompañar a Juanito Villar, Chiquetete, Pansequito y muchos más, porque cuando actuaba en los festivales, los cantaores se lo rifaban. A pesar de lo anterior, el semblante de Cepero no era agradable, yo lo contemplaba perfectamente repeinado, con la raya más bien alta y el pelo perfectamente amoldado, su expresión era siempre seria, en alguna ocasión pasé cerca de él y lo vi enfadado, hacía aspavientos como si algo le hubiera molestado. De esa forma, me hice la idea de que aquel señor no tenía cara de muchos amigos, y por supuesto, ni se me hubiera ocurrido pedirle un autógrafo, y mucho menos hacerme una foto con él, en una época donde yo ya tenía fotos con Lebrijano, Calixto Sánchez, Camarón, Manolo Sanlúcar, entre otros, que no me las hice para posar, sino porque gozaba de cierta relación con ellos. En la actualidad, Paco Cepero me ha confesado que tenía ese semblante debido al nerviosismo por la responsabilidad de tocar en público.

También tenía noticias de que había dado algún que otro corte a determinadas personas, de modo que ya podía tocar como los ángeles, pero a mí no me parecía una persona amigable. Por motivos que no entran al caso, yo disponía de su número de teléfono, pero jamás se me hubiese ocurrido ni marcarlo ni dárselo a nadie, si no quería salir mal parado. Así pasaron siete u ocho años hasta que uno de mis hijos, José Manuel, cuando tenía unos veinte años, le dio por pedirme el número de Cepero, lo cual me resultó muy molesto, porque si se lo daba podía meter la pata hasta el corvejón. Le planté pues una rotunda negativa y no me hice de rogar, pero él insistió, porque este hijo mío tiene los mismos gustos que yo, especialmente en el flamenco, y le encantaba también Paco Cepero. Se puso tan pesado que finalmente le solté el número, por supuesto bajo la condición, no solo de que no lo revelara a nadie, sino que también guardara en absoluto secreto la fuente del mismo.

Pero José Manuel tiene un don que quizá yo no tenga, o si llegué a tenerlo, hace muchos años que no echo mano de él, pues con la madurez me he vuelto una persona empedernidamente tímida por no molestar. Sin embargo, mi hijo tiene la habilidad de caer bien desde el primer momento y, sobre todo, cuando se le conoce mejor. Así que un día le dio por llamar al maestro y, como suele ser habitual con la mayoría de las personas, fue bien recibido por Paco Cepero. Hasta tal punto que, al cabo de meses de conocerse, era el maestro quien lo llamaba a él e intercambiaban pareceres, se tocaban uno a otro la guitarra por el teléfono y establecieron una confianza que a mí me pareció impropia, sobre todo con la idea preconcebida que tenía del guitarrista jerezano. José Manuel me ponía al día de las conversaciones con Paco Cepero.

Suelo escribir poesía, sobre todo sonetos, de los que debo tener más de cien escritos y están por ahí en varias páginas de Internet, mi hijo se los dio a leer al maestro y a este le gustaron. Pasada la pandemia del coronavirus, Manolo Bohórquez y Quico Pérez Ventana, ambos representantes de Expo flamenco, hicieron una visita a Paco Cepero para hacerle una entrevista. José Manuel me pidió que hablara con Bohórquez para que lo dejara ir con él a ver al maestro, y así fue, mi hijo lo visitó junto con Manolo y Quico en 2021, lo cual intensificó aún más sus relaciones. Tan intensa y avanzada era ya su relación con Cepero que entré en su Facebook y le pedí amistad. Pasó el tiempo y no me la concedía, algo a lo que no le di importancia alguna, pero un buen día, concretamente el 11 de febrero de 2024, me dio por escribirle por el *Messenger* de *Facebook* diciéndole: «(...) desde que tenía catorce años admiraba su capacidad de acompañamiento, la velocidad de sus picados, la fuerza de su pulgar, etcétera... Usted era un referente de la música española del momento, lo admiraba, me hubiera encantado conocerlo personalmente. Lo vi en muchas ocasiones, pero no me atreví a decirle nada por no molestar, ahora que lo escucho hablar con este hijo mío, siento que, de alguna forma, él ha conseguido lo que yo no fui capaz (...)». A los dos días, como no tenía mi teléfono, me hizo una llamada de audio por el *Messenger* que ni siquiera vi y acto seguido, llamó a mi hijo solicitando que yo lo llamara. Por fin, después de cuarenta y seis años tenía lugar el milagro, mira por dónde conocía personalmente al maestro Paco Cepero.

El primer día que hablé con él me pareció simpatiquísimo, se rompieron todos los esquemas previos que yo tenía acerca de él. Desde entonces, desde ese momento, establecimos comunicación con cierta regularidad, y unas tres semanas más tarde le hice una visita a Jerez.

Cuando lo conocí en persona, aumentó la percepción de simpatía, ya estaba naciendo un vínculo que duraría hasta el presente. Para mí es una lástima no haber conocido a este hombre hasta sus ochenta y dos años, pues sentí que había perdido un tiempo precioso, si no de joven, sí que podía haber aprovechado su amistad con mi hijo para establecer una relación con él.

El grado de confianza se incrementó por mi profesión, pues me dedico a la medicina de familia y él, como es natural por su edad, padece algunos trastornos crónicos, esa circunstancia hizo que se intensificara nuestra relación. Me he convertido en su médico personal, pero en la distancia, lo que limita mucho el trabajo.

El día que fui a verlo, nos invitó a comer, eso es algo totalmente inherente a Paco Cepero, sus invitados en Jerez, pueden olvidarse de sacar la cartera. No he visto persona más desprendida con las personas ajenas a su entorno familiar y cotidiano.

Hay un estilo de soleá que admiro especialmente, quizá sea el que más me gusta, me refiero a un estilo de Enrique El Mellizo, no el más conocido o de inicio, sino otro que entraña mucha mayor dificultad, normalmente utilizado como de transición o cierre. Poco tiempo antes le había aconsejado a José Manuel que lo aprendiera y lo estudiara, porque es un cante espectacular, un cantaor que lo hacía especialmente bien era Tomás Pavón, y de los más modernos Juan El Lebrijano, Chocolate o el mismo Camarón, no muchos más. Estando sentado en la mesa, antes de servirnos el almuerzo, nos estaba narrando Cepero cosas de los cantaores que le enseñaron el compás, y de pronto cantó ese mismo estilo, lo cual me impresionó de gran manera. Por supuesto, me transmitió lo que le dijeron en su día cuando él les hizo ese cante tanto a Camarón como a Chocolate, ambos le dijeron:

—¿Cómo? ¿Cómo lo has hecho? A ver, cántamelo otra vez.

Pues eso mismo le dije yo y volvió a cantar ante el asombro mío y el de mi hijo, el cante que Luis y Ramón Soler clasifican como segundo estilo de *Enrique El Mellizo*[40].

Estaba tan pletórico de júbilo en aquella mesa que le pregunté a Cepero por qué nadie le había escrito nunca unas memorias, una biografía o un abordaje a su persona, dado que tenía a sus espaldas casi sesenta y cinco años de vivencias en el singularísimo mundo del flamenco. Casi sesenta años de tablaos, de fiestas en las ventas, de Rocíos, de giras internacionales, de acompañamiento, de composiciones, de discos en solitario, de trasnochar y ver amanecer. Eso pesa una barbaridad, esa es una escuela única e inigualable, no comparable a nada. Me dijo que no, que había habido algunas intenciones, pero ninguna había salido adelante. En ese preciso momento le dije que a mí me encantaría escribir algo sobre su persona, se quedó dubitativo, pero aceptó, todavía no teníamos nada planificado, no sabíamos nada el uno del otro, pero por intentarlo no pasaba nada. Me imagino, ahora que lo conozco mejor, qué pasaría por su cabeza cuando le hice la propuesta, probablemente nada raro, porque Paco Cepero tiene un atisbo psicológico impresionante, precisamente por esos sesenta y tres años aprendiendo en la escuela de la calle. Por eso no lo dudó ni un momento, puesto que a él no se le escapa una, no hacía ni dos horas que me había conocido y ya sabía de qué pasta estoy hecho. Sin dudarlo aceptó y para mí, por supuesto, para mí fue todo un honor.

Antes de la visita, él me había comentado que tenía un dolor lumbar, y tras el almuerzo lo estuve explorando a él y a su esposa, la cual por esos días había tenido una tos productiva con algunas décimas de fiebre. Finalmente, le diagnostiqué a él una sacro-ileitis, y a su esposa, Chari, una neumonía del lóbulo inferior derecho. El tratamiento le resultó adecuado y, cuando consultó a un médico que él tenía en *Sanitas*, el diagnóstico coincidió con el mío y aprobaron mi tratamiento. Eso

40 http://canteytoque.es/mellizo2tomas10.mp3

hizo que confiase en mí profesionalmente y desde entonces me convertí además de amigo en médico personal.

A los pocos días de estar de vuelta lo llamé para indagar de él los primeros datos que plasmar en el papel, en cuanto los supe comencé el borrador del manuscrito. He escrito poesías y relatos, pero lo que nunca había trabajado es en el género biográfico, pues se me da mucho mejor la ficción, de forma que lo que él me contó de su infancia lo novelé. Tiré de mi imaginación tanto, que aquello, aunque bien redactado, no había quien se lo tragara, y lo peor es que yo lo sabía de antemano. Entre marzo y julio tuvimos unas ocho o diez conversaciones por teléfono de casi una hora de duración, en la que él me relataba anécdotas y vivencias sin orden alguno, pero muy dignas de que fueran plasmadas para la posteridad. Por lo que al principio me enfrenté a dos problemas: el primero era hacer lo más creíble posible la narración sobre su vida sin tirar tanto de la imaginación. El segundo, fue plasmar en papel lo que él me decía, pues es una persona con una pronunciación andaluza hasta el tuétano y con una sintaxis totalmente anárquica. Pero era él al fin y al cabo quien iba a ser el único que tenía que dar el visto bueno a la obra.

Para primeros de julio, y después de muchas horas de escritura en las que había empleado mi tiempo libre, ya tenía un borrador de aquella manera.

Tomé la primera quincena de julio de vacaciones y nos fuimos mi esposa y yo a Chipiona, porque era un sitio que habíamos frecuentado mucho de toda la vida, además de estar a un salto de Jerez. El primer día le llevé impreso el borrador y estando allí en su casa de la calle Encaramada, fui página por página anotando lo que podría ser definitivo y lo que era revisable.

Comenzó a leer el prólogo y le gustó, lo cual me alegró, pero lo gordo no había venido todavía. En cuanto profundizó en la prosa, no se hizo esperar su disconformidad por haber novelado parte de su vida.

Como yo sabía perfectamente la parte que sobraba, empecé a quitarla de en medio, de ese modo se quitó todo el episodio vivido por su padre durante la guerra civil, la post guerra, y gran parte de la relación que tuvieron sus padres cuando eran novios. Después de pulir todo aquello, me encontré con ciento y algo de páginas escritas, prácticamente un relato, que habría podido encajar perfectamente en una revista. Esos días casi tiro la toalla, me vine abajo totalmente, me sentía incapaz de seguir, llegué a desear que no encontráramos editorial para publicar el libro, que al final se quedara en una buena intención y punto. Al menos lo había intentado, otra cosa no, pero habría estado lleno de voluntad y buenas tentativas. Le sugerí que le diera a algún crítico de flamenco el proyecto, personas que yo sabía que habían escrito biografías de artistas, y rápidamente reclinó la idea. ¡En qué lío me había metido!

Durante la primera quincena de julio, nos vimos prácticamente todos los días, yo ponía mi móvil en la aplicación *Grabadora de voz* y recogía todo cuanto él recordaba de su vida, todo salpicado y sin orden alguno. El único guion que tenía era el que yo me había marcado, y que estaba dispuesto a seguir, aunque se había quedado desnudo. Había una parte que yo desconocía y era el mundo de las composiciones. Yo me había planteado escribir exclusivamente de flamenco, lo cual era un craso error, puesto que se trataba de contarlo todo y una de sus mayores facetas era la de compositor.

El primer día, allí en su casa de Encaramada comenzó a mandarme fotos de varias décadas atrás, y obtuve en torno a ciento cincuenta o doscientas fotos, eso me tranquilizó, pues una vez agregadas con el texto al menos conseguiría dotar de más contenido a la obra.

Fue casi providencial que sobre el tercer o cuarto día nos visitara mi hijo el mayor, Francisco, el cual es un gran aficionado a la canción española y además sabe mucho más de lo que yo me imaginaba sobre el tema, según las cosas que conversó con el maestro. De este modo, no tardé en pedirle datos acerca de las cantantes de coplas a las que Paco Cepero les había compuesto. Obtuve una información que podía agregar de ripio a ese escuálido libro que tenía entre mis manos.

Le pedí a mi hijo que me hiciera un cuestionario para inquirir más sobre ese tema y lo llevó a cabo después, eso inyectó una dosis de contenido al manuscrito, pues yo me había centrado más en el flamenco.

Tengo que contar como anécdota, que el primer día que vino mi hijo Francisco, almorzamos en la venta *El Menuito* de Chipiona, y estando a la mesa, Francisco tiró un vaso de agua que fue a caer en toda la entrepierna del maestro. Este se levantó y por su boca salían serpientes, mi hijo arreboló sus mejillas y ya me imagino lo que pasaría por sus adentros. El maestro recapacitó rápidamente y ya más relajado le dijo lo que podría ser una letra por soleá o bulería.

No te puedo perdonar
que *pa* haberme *conocío*
me hayas tenío que mojar.

Comíamos cada día en Jerez, salvo en tres ocasiones: una en Sanlúcar, en La Gitana; otra en la venta *El Menuito* en Chipiona y también en la venta de Vargas en San Fernando. En los tres sitios me escabullí como quien iba al servicio y pagué el almuerzo, pero en la venta de Vargas, cuando saqué la tarjeta me dice el dueño:

—A ver cómo le cae a Paco que te cobre a ti, verás la bronca que me voy a llevar.

En efecto así fue, se enfadó con el dueño de la venta Vargas y conmigo, me dijo que si yo creía adelantar algo con eso estaba totalmente equivocado, más bien lo que estaba consiguiendo era el efecto totalmente contrario al deseado, de modo que ya no intenté pagar en lo sucesivo.

Para ese día ya él había decidido hablar con un señor muy vinculado con la editorial Almuzara, el cual, según Paco Cepero, en una ocasión le dijo que ya era hora de que alguien le escribiera sus memorias. Me dijo:

—Me han dado su número personal, pero lo he llamado varias veces y no lo coge, será porque está ocupado o bien porque no conoce el número y no lo coge.

Estando a la mesa en la venta Vargas, marcó su número sin éxito, pero al cabo de media hora, sonaba en su teléfono el pasodoble *Aroma de Manzanares,* que tenía puesto como tono de llamada, con la sorpresa de que fue el editor quien le devolvió la llamada. A Cepero lo inundó una tremenda alegría sin embargo, yo todavía no la tenía todas conmigo.

De siempre pensaba que estar junto al personaje biografiado me iba a ayudar a obtener datos que plasmar, pero nada más lejos de la realidad, las conversaciones eran divagantes, dentro de las grabaciones se interponían diálogos inservibles para lo que yo traía entre manos. Finalmente, me di cuenta de que adelantaba más llamándolo por teléfono para abordar cualquier tema que sacárselo de viva voz. Sin embargo, resultaba imprescindible estar junto al maestro para conocerlo y percibir de forma integral su forma de ser y abordar el personaje, y eso lo conseguí en los días que pasé con él.

Paco Cepero es una persona ilustre, un hombre de mundo de cabo a rabo, pero sin peros en la lengua, si te tiene que decir las cosas en la cara te las dice sin recato ninguno. Da cortes como un cuchillo de carnicero. Tiene además unos prontos tales que, me hacen pensar que no me gustaría tenerlo como enemigo. Postergué muchas llamadas por no molestarlo, a pesar de las infinitas advertencias de que me sintiera como si fuera familia. Menos mal que lo voy conociendo y ello me obliga a tener que tolerarles algunas de esas respuestas que te da en tono de broma pero que te hace sonrojar.

Tanto cuando conducía yo, como mi esposa Manoli, él se sentía inseguro, es de esas personas que mejor que se pongan al volante que llevarlas de copiloto. Eso es natural porque nosotros no estamos acostumbrados ya a coger el coche en sitios de mucho tráfico, puesto que vivimos en un pueblo de poco más de dos mil habitantes.

Ya de vuelta recabé más datos, y de este modo, poquito a poco y progresivamente, aunque seguía achicado y no alcanzaba a pronosticar el éxito de la obra, al menos ya tenía ciertos argumentos para agregar.

La ayuda definitiva me vino de la mano de mi amigo y paisano Miguel Ángel Fernández, periodista, que me sugirió que alternara narración con declaraciones del maestro, de esa forma, aunque no muy ordenada, si logré darle cierta estructura al borrador.

Este trabajo ha sido arduo, porque al principio lo hice en modo de narración y lo escribí hablando de Paco Cepero en tercera persona, después, el me sugirió que lo escribiera tal y como él me había contado el contenido con lo cual tuve que pasarlo a primera persona. Finalmente este amigo, como he dicho, me sugirió la alternancia entre narración y declaraciones, por lo que, en una parte del texto están las declaraciones de Paco Cepero transcritas tal cual, y otra parte, está narrada, y aunque también la fuente principal ha sido Paco Cepero, el lenguaje está algo más elaborado. Así he concluido la obra, la cual sé que no es precisamente un libro brillante, pero he puesto de mi parte todo cuanto me ha sido posible.

Paco Cepero es en Jerez y en los sitios donde acude a diario una persona como otra cualquiera, él dice que es artista donde tiene que serlo. En efecto, cuando vamos por la calle todo el mundo lo saluda, el corresponde siempre de buen grado a tales gestos. En muchas ocasiones lo paran personas desconocidas y le piden hacerse una foto con él, a lo que accede sin problemas a pesar de que por superstición es algo que no le agrada, pues dice que cuando se ven las fotos, la mayoría de las personas que han sido motivo en ellas han fallecido, y las que no, están al caer, como todas las supersticiones, no está exenta de extravagancia.

Nos veíamos a diario, pero a mí me daba pudor hacerlo con esa frecuencia pues detesto ser tan pesado, de modo que, en algunas ocasiones yo le sugería un descanso. Al fin y al cabo, él tiene obligaciones que cumplir, pues el maestro no ha dejado de trabajar y sigue con sus composiciones, sus ensayos, y esas cosas relacionadas con la guitarra y la música en general.

Chari es dos años mayor que él, su expresión es seria y tierna, y tiene como es natural sus problemillas de salud. Ella no molesta para nada, suele llevar a Lucy su pequeña perrita

—una pinscher miniatura— en un bolso a modo de cuna y le profesa un gran cariño.

Ella es una persona silenciosa, tremendamente dulce con los invitados de su marido, al que profesa un gran cariño totalmente recíproco. Son sesenta y cuatro años de relación y parece que siempre es el primer día.

De esta forma ya a sus ochenta y dos años, Paco Cepero ensaya con su guitarra todos los días el tiempo necesario. Sigue componiendo melodías sin que la edad redunde en menoscabo de la calidad, pero sí impregna su música de una mayor madurez.

El guitarrista tiene planeado despedirse en junio de 2025 en el teatro La Zarzuela de Madrid. Con él terminará toda una leyenda de la guitarra flamenca, y Dios quiera que lo tengamos entre nosotros mucho tiempo más.

A pesar de que Paco Cepero es un personaje público, es curioso que a cualquier persona joven de hoy día se le pregunte quién es Paco Cepero y lo ignore. A veces da la impresión como si Cepero perteneciera a otra época, cuando sigue componiendo incluso más que en décadas pasadas, prueba de ello son los discos que sacó en 2023 *Made in Cepero y* el pasodoble *Aromas de Manzanares,* primer premio en el concurso taurino del Puerto de Santamaría en su primera edición, es decir en 2024.

Aunque no podemos olvidar su origen humilde, Paco Cepero ha llegado a ser un hombre de negocios, pues hubo una época, en la que además de su trabajo como compositor y guitarrista, regentó dos locales públicos en Madrid, de forma sucesiva, concretamente dos salas rocieras, una llamada *Al Ándalus,* y la otra *Faralaes.* En las que invirtió una importante suma de dinero. Por aquellos locales desfilaron todos los personajes de la noche madrileña, especialmente los aficionados al folclore andaluz. *Al Ándalus* lo tuvo a medias con Juan Peña *El Lebrijano,* y *Faralaes* con su amigo Juan Antonio Prieto.

Ambos locales de costumbres rocieras estuvieron abiertos hasta altas horas de la madrugada, fueron visitados por todos los artistas del flamenco y de la copla. Cuando se tiene un negocio, se espera del mismo la absoluta prosperidad a sabiendas de que en el peor de los casos puede conllevar un nefasto fracaso, sobre todo, cuando se posee a medias con otras personas. Pero pocas causas podrían abocar a la ruina de quien llega a manejar tanto dinero, aunque torres muy altas se han derribado. A continuación, relata una anécdota de Lola Flores.

«Lola Flores iba todas las noches allí a llorarme sus penas, a agasajarse conmigo, y un día dieron las cuatro de la mañana y todavía no había aparecido, y pensé, por fin una noche me voy a ir temprano a casa, pero *na* más evocar eso me dice alguien del servicio:

—Ahí tienes a tu amiga.

¡Ojú, qué tostón!, allí estaba Lola con la cara de pena. Cuando hablaba conmigo se mostraba *mu* seria, porque estaba afligida en aquella época. Una de las veces que entabló una conversación, me dice llorando:

—¡Qué buena persona eres... Y qué buen artista Paco... Cuánto te quiero!

Pero en un momento dejó de llorar, se puso *mu* seria y me dijo:

—Aunque tienes cara de anticuario».

En otra ocasión se presentó en *Al Ándalus* don Isidoro, un importante empresario relacionado con El Corte Inglés. Ese llegó a *Al Ándalus* y pidió una botella de champán. Paco Cepero estaba allí con el papel de relaciones públicas y dijo que no se le cobrase lo servido.

«Cuando don Isidoro pidió la cuenta le dijeron:

—No señor, invita la casa.

—¿Quién ha pagado la consumición?

—El dueño del negocio.

—Hágale venir.

En ese momento me llamaron y me presenté ante don Isidoro, el cual me preguntó:

—¿Usted es cliente de El Corte Inglés?

—Sí señor, además, si usted indaga, verá que no soy de los peores.

—¿Y a usted en El Corte Inglés le han regalado alguna vez algo?

Al instante pensé que él iba a ordenar al Corte Inglés que me diesen un obsequio.

—No señor —respondí.

—Pues cóbreme esta botella de champán. Pues los negocios son los negocios».

Paco Cepero estaba despierto toda la noche para atender a todos los clientes en aquella sala atiborrada de gente, pero al día siguiente tenía que componer, tenía que tocar la guitarra, en definitiva, tenía que trabajar, por lo que, con ese ritmo de vida no se podía aguantar mucho tiempo, ¿cuál era la forma de mantenerse alerta, en condiciones durante la noche y seguir al otro día? El polvo blanco que se esnifa por la nariz: la cocaína.

Es vox populi que todos los artistas flamencos han consumido algún tipo de drogas, y es algo que no está lejos de la realidad, el motivo inicial, la excusa, fue que cuando terminaban en los tablaos, se iban de fiesta a las ventas y allí estaban hasta por la mañana, e incluso hasta el mediodía, teniendo después que volver a trabajar. Cuando una persona se siente agotada y somnolienta, alguien va y le ofrece cocaína, la cocó, como se llamaba en cierta época en Madrid, la cual les quita el cansancio y anula la somnolencia totalmente, pudiendo aguantar un día tras otro, enlazando el día y la noche sin dormir y así sucesivamente hasta el día siguiente. Aunque llegaba el momento en que caían exhaustos. Claro que todo ello tenía sus efectos indeseables, Cepero se transmutó en otra persona, y nos ha narrado experiencias íntimas familiares muy desagradables por sus prontos, por sus excesos de ira. Producía en él una dependencia psicológica, aunque no física, es decir, que su cuerpo no reaccionaba mal ni sufría molestia alguna cuando la echaba en falta, pero si experimentaba un gran impulso por poseerla y consumirla nuevamente cuando transcurría cierto tiempo. Llegó el día en que se dio cuenta que era adicto a esa sustancia, eso le obligó a dejarlo todo y ponerse en manos de expertos para abandonar ese vicio horrible, el cual, deja unas lesiones en el cerebro irreversibles, además de aumentar el riesgo de infarto de miocardio, ictus o infarto cerebral, hipertensión y hasta psicosis por cocaína, es decir, puede dejar a un ser humano irreconocible.

«Recomiendo de forma encarecida a la juventud que nunca pruebe ese veneno, si no quiere entrar en un círculo del que es *mu* difícil salir».

En efecto, como ya ha adelantado él, fue dependiente a ese tipo de sustancias, al principio quizá más por necesidad, y después por vicio. Es lo propio que fluye en el mundo de la noche y de quien maneja grandes cantidades de dinero. Sin embargo, el polvo blanco pega bocados en el sistema nervioso y echa a perder las familias enteras, salvo si estas tienen fuertes resortes y existe alguien con la suficiente resiliencia que soporta la situación y busca soluciones, alguien con una alta dosis de empatía.

Aquí es donde entra en juego una persona esencial en la vida de Cepero: Chari, su esposa.

Le cogía papeles de aluminio, no de usar y tirar, sino de más de cien gramos, y se los tiraba a la tasa del váter, que es el destino más apropiado para ese tipo de venenos. De este modo, gracias a ella, nuestro protagonista hoy, con ochenta y dos años, puede contar que se vio envuelto en ese sórdido mundo, del cual salió gracias a ese ángel custodio que a veces Dios se reserva para algunas personas.

Bendita lección del tiempo
cuanto más años cumplo
voy a morirme aprendiendo.
Paco Cepero

17. LO BONITO ES PODERLO CONTAR

Terminado de escribir el manuscrito, surgió algo imprevisto, algo a lo que Paco Cepero se anticipó. Había firmado junto a Samuel Serrano un contrato para dar un conjunto de espectáculos en Miami del 20 al 26 de agosto de 2024.

Estando almorzando en la venta *El Menuito* con mi familia, recuerdo que lo llamó la empresaria del espectáculo para ultimar con él todos los detalles, los vuelos, el hotel, los horarios, las condiciones y todos esos pormenores.

Dos días antes de salir me confesó que estaba arrepentido de haber firmado ese contrato, que Miami estaba muy lejos, que la diferencia de hora podría trastornar su sueño, que las comidas eran muy distintas, en definitiva, que él, ya sentía pereza para volar largas distancias y encontrarse excesivamente lejos de su tierra. El día anterior se mostró muy nervioso e impaciente, me pidió que le enviase por *WhatsApp* un listado con los medicamentos que consumía para justificarlos en la aduana, y repito, presentaba cierto grado de iracundia y absoluta indisposición a marchar tan lejos.

El martes veinte de agosto, estaban sentados en los salones de espera del aeropuerto de Sevilla aguardando que la megafonía los llamara para embarcar en un vuelo que los llevaría hasta Madrid. Allí la tensión seguía, sin embargo, finalmente embarcaron y el vuelo de Sevilla a Madrid, resultó rápido y cómodo. Ahora quedaba lo más gordo, otro vuelo de casi ocho horas, pero merecía la pena, eso le decía Samuel

Serrano, que iba con toda la ilusión del mundo. Las palabras del joven tranquilizaron a Cepero, aguardaron en el aeropuerto Adolfo Suárez de Madrid a embarcar junto con casi trescientas personas en una enorme aeronave de la compañía Iberia con destino a Miami.

Entre los allí presente había personas de Latinoamérica, turistas españoles y estadounidenses. Entre todos ellos se advertía el murmullo de los diálogos, mientras la aeromoza les explicaba en español y en inglés las instrucciones pertinentes, como es costumbre en todos los vuelos.

En ese mismo instante, las turbinas de los motores acrecentaban su ruido mientras que el avión tomaba la suficiente velocidad para el despegue. El avión había repostado combustible en el aeropuerto madrileño justo antes de la salida.

De pronto, apagaron el aire acondicionado, pues el piloto se había percatado de alguna alarma en el panel de control. Se percibía un aumento de la temperatura dentro del avión, que se incrementaba progresivamente hasta sentir un calor insoportable.

No pasaron más de quince minutos cuando se notaba que el aire era irritante al respirar, además llegó hasta ellos como olor a quemado, momento en el que todos comenzaron a comentar qué podría estar pasando. Hubo quien llamó a la azafata para pedirle explicaciones, pero el mensaje de esta era incuestionable.

—Cálmense, permanezcan en sus asientos, tenemos un pequeño problema que resolveremos en breve, ¿ha visto alguien que hubiese llamas en las alas del avión?

Pero pasaba el tiempo y aquello seguía igual o peor, ¿cuánto tiempo? En realidad, no más de quince minutos, sin embargo, el tiempo es relativo y para algunos tripulantes se hizo eterno. Transcurridos unos veinte minutos, comenzó a salir humo de la parte delantera del avión, estaba claro que aquel humo procedía de la cabina[41], entonces fue cuando

41 https://www.cibercuba.com/noticias/2024-08-21-u1-e129488-s27061-nid287232-cubana-narra-aterrador-momento-vivio-vuelo-iberia

todos comenzaron a gritar: ¡Fuego, fuego! Unos pedían auxilio, otros rezaban, otros se daban la mano mutuamente para no tener la sensación de dejar este mundo en soledad... Paco Cepero se tapó ambos ojos con las dos manos, y repitió para sí:

—Señor, no sé si sobreviviré, pero si no es así, llévame contigo y protege a mi familia.

Le hablaba a Samuel Serrano y este no le contestaba, había enmudecido por la situación que estaba viviendo, aquella circunstancia le había paralizado el habla, era una afasia emocional. Tras alcanzar la máxima temperatura en el interior, el piloto fue hábil y supo reaccionar a tiempo, Paco Cepero se percató por la disposición de las alas, que el avión estaba girando para regresar a su punto de partida. Comenzaba un descenso que los allí presentes refieren como si el avión se estuviese cayendo.

Por fortuna sí hubo un impacto final, pero fue el producido por el tren de aterrizaje contra la pista del aeropuerto de Madrid. Cuando se paró el avión, todos los tripulantes le brindaron una fuerte ovación al piloto, refiere Paco Cepero que le dolían las palmas de las manos de tanto aplaudir.

El piloto, había pedido pista, se cancelaron aterrizajes, despegues, se activaron equipos del 112, tuvieron que salir todos los pasajeros por la puerta de emergencia. La mera estancia en el exterior fue gratificante para todos los viajeros, a pesar del calor y de los destellos naranjas de las luces rotativas de las ambulancias y los dispositivos de bomberos.

A nadie le pasó nada, sin embargo, sí fallecieron muchas mascotas que viajaban en la bodega y cuyos dueños se lamentaban por la pérdida de las mismas. Tras salir todos ellos, los confinaron en un enorme salón. Era una construcción rematada por arbotantes de ladrillos y claraboyas. había dos inmensas columnas con orificios en su parte superior por donde salía aire climatizado. Estuvieron ocho horas amontonados, privados de alimentos, agua y asientos, en espera de sabría Dios qué. No dieron explicaciones algunas, solo que la compañía Iberia estaba gestionando un hotel y un nuevo vuelo. En aquel salón se veían personas sentadas en el suelo, personas que no fueron capaz de soportar de pie tantas horas. Paco Cepero llegó a tener una sensación de mareo y desvanecimiento por haberse prolongado semejante situación. Por allí se encontraba una mujer con un bebé, Paco Cepero se acercó a ella para decirle:

—Buenas tardes señora, ¿no tendrá usted por ahí un poquito de azúcar, un caramelo o algo?

—Lo siento señor, no tengo nada, pero ahí tiene usted una máquina de la que puede sacar alimentos dulces.

Paco Cepero se acercó hacia la máquina expendedoras de chocolatinas y otras golosinas de la cual sacó dos *kits kats* para aliviar su malestar. En el momento de ingerir aquel chocolate se restableció.

Finalmente alojaron a los pasajeros en el hotel Meliá. Paco llegó al hotel sobre las dos de la mañana, no pudo dormir en toda la noche. Horas más tarde lo llamó la empresaria de Miami, y conversó con él.

—Buenos días Paco, cuánto siento lo ocurrido, de verdad que lo siento. Mire le puedo reservar dos vuelos, uno hace escala en Portugal, y el otro pasa por Roma. Voy a intentar sacarle un billete de primera clase para su comodidad.

—Mire usted señora, yo no voy *pa* allá ni aunque me mande usted el avión del presidente de los Estados Unidos.

«Estábamos *to desmayaos* y cuando llegamos al hotel nos pusieron de cena una ensalada de berros, lechuga, todo verdura, como si fuéramos conejos, después dos yogurts, en lugar de un hotel aquello parecía un hospital, una clínica, estábamos en una clínica psiquiátrica… y, ¿tú te puedes creer que con lo que habíamos *pasao*, que estábamos en el hotel en *stand by* a ver qué era de nosotros porque podían llamarnos de un momento a otros? *Po* Samuel Serrano parece que apagó el teléfono y no era posible hablar con él, así que lo llamé desde la recepción y tampoco lo cogía, al final tuve que subir y pegarle dos *patás* a la puerta para que se despertara.

Una vez más la suerte le ha sonreído a nuestro personaje, como en tantos otros pasajes de su vida.

ANEXO I
POESÍA DE PACO CEPERO
Y LETRA DE CANCIONES

POESÍA DE PACO CEPERO

Me agobia tanto pensar
que ya, no vivas conmigo.
El azul del cielo
se me ha vuelto gris
y me nubla mis sentidos.
He cambiado tanto,
te echo de menos,
sin ti estoy hundido.
No me reconozco.
Ya no soy el mismo,
que estando contigo.
Ahora me doy cuenta,
del calor que me dabas
cuando sentía frío.
Nunca asimilaba
tus dulces caricias,
besos y cariño.
Te pido perdón,
vuelve al lado mío.
Que quiero entregarte
lo que nunca te di,
todo el amor mío.

* * *

Tus ojos verde esmeralda,
tu piel, como la canela,
tu sonrisa siempre atrapa
al que se acerca tu vera.
Sin discusión, la más guapa,
el mundo entero te anhela
fuego, volcán, dulce lava
que te atrae, que te quema.
Estás llena de alegría,
en ti no existen las penas,
rebosa tu picardía
al llegar la primavera.
Embrujas con tu mirada
cuando alguien se te acerca,
poniéndole siempre trabas,
y nunca le abres la puerta.

* * *

Qué te ha *pasao* canastera
si cuando miro a tus ojos
tú te apartas de mi vera.
No sé qué te habrá *pasao,*
yo no quiero ni pensarlo.
Alguien te habrá *enamorao*
y has *preferío* callarlo.
Que cosas tendrá el amor,
que por mucho que te empeñes
y por más vueltas que le des,
tu corazón dice, no.
Me dicen que no, que no,
yo digo que sí, que sí,
que igual que yo la camelo,
ella me camela a mí.
Que no lo *pueo soporta.*
Con otro, maldigo el verte.
Se me rompe el corazón.

Prefiero mejor perderte.
Pero qué quieres que te diga.
Desde que te he conocío,
me has *confundio* con mentiras.
Qué ruina me has *buscao,*
ando solo por las calles,
soy un loco *enamorao.*

* * *

Que me expliquen los motivos
del porqué la quiero tanto,
si cuando le doy cariño
siento que se va alejando.
Que nadie venga, a decirme
que me estoy equivocando,
si cuando dejo de verla
su amor me sigue llamando.
Este reto es mi locura.
De ella sigo enamorado
y no cesaré en mi empeño
hasta tenerla a mi lado.
Ella da vida a mi vida,
cobijo en la soledad
en la tristeza, alegría
y luz a mi oscuridad

* * *

Deja, déjame ya,
que ya no puedo creerte.
Mi corazón lo rompiste,
me engañaste, y pude verte.
Ahora maldigo porqué
tuve yo que conocerte.
Fingiste darme cariño,
te creí. ¡Qué mala suerte!
Aunque me duela te diré
que el tiempo lo cura todo,

la distancia y el olvido
van unidos codos a codo.
De ti me quedó el dolor,
el daño que tú me has hecho
no tiene perdón de Dios.

* * *

Que me expliquen los motivos
del porqué la quiero tanto,
si cuando le doy cariño
siento que se va alejando.
Que nadie venga, a decirme
que me estoy equivocando,
si cuando dejo de verla,
su amor me sigue llamando.
Este reto es mi locura,
de ella sigo enamorado
y no cesaré en mi empeño
hasta tenerla a mi lado.
Ella da vida a mi vida,
cobijo en la soledad
en la tristeza, alegría
y luz, a mi oscuridad

* * *

Empaque, torería y pureza
grandeza y es trianero
cómo te araña en el alma
Juan Ortega, es el toreo

* * *

Por mucho siglos que pasen
ya lo sabe el mundo entero
que el arte de torear
lo inventó Curro Romero

* * *

Enjundia temple y pureza
ídolo de los cabales
tiene embrujo y sentimiento
el toreo de Diego Urdiales

* * *

Arte empaque y majestad
pellizco de soleares
el aroma que te deja
José Mari Manzanares

* * *

Temple poderío y grandeza
los taurinos han dicho si
que la llave del toreo
la tiene Gines Marin

* * *

No tiene comparación
su toreo, el más importante
tiene duende y corazón
dueño del arte, Morante

* * *

Con decir tan solo Paula
quien va a entrar en discusión
embrujo arte y pureza
Rafael, dueño y señor

* * *

Personalidad empaque
y pureza, torería,
y es sevillano
tiene temple y sentimiento
el toreo de Pablo Aguado

* * *

Maestría, arte y pureza
su temple es delirante
como dibuja el toreo
Alejandro Talavante

* * *

Poderío, torería y grandeza
el temple también lo tiene
como te pellizca el alma
su toreo, Borja Jimenez

CANCIONES DE PACO CEPERO

PERO NO SÉ SI VIVIRÉ

Canción de María Jiménez

Te quiero más que antes
No sé si es importante
Pero lo siento así
Me haces vivir un mundo
De sueños imposibles
Pero yo soy feliz
Tú eres mi silencio
Tu aire es mi tormento
Pero lo quiero así
No sé cómo acercarme
No puedo acostumbrarme
No sé vivir sin ti
Pero no sé si viviré
Sin tu amor no lo sé
Pero sí te diré
Que en sueños te amaré
Pero no sé si viviré
Sin tu amor no lo sé
Pero sí te diré
Que en sueños te amaré
La veleta de la torre

Me marcó a mí el camino
Que me llevó hacia ti
Y desde aquel momento
Yo me hice un juramento
Que mi amor sería pa ti
Las palabras se terminan
Las miradas no se olvidan
Amor mío, ven a mí
Andaré sola en el tiempo
En la vida, en los recuerdos
Tú serás principio y fin
Pero no sé si viviré
Sin tu amor no lo sé
Pero sí te diré
Que en sueños te amaré
Pero no sé si viviré
Sin tu amor no lo sé
Pero sí te diré
Que en sueños te amaré

SENSACIÓN

Canción de María Jiménez

Desde que te he conocido
Estoy sintiendo algo dentro de mi alma
Porque tú le has transmitido
A mi corazón el sentir con ganas
Por haberle dado luz
A mi sentimiento que no sentía nada
Hoy ya puedo estremecerme
Al sentir tus besos y vivir el alba
Hoy ya puedo estremecerme
Al sentir tus besos y vivir el alba
Sensación,
lo que siento dentro de mi corazón
Sensación,
ya puedo vibrar y sentir tu amor

Sensación,
lo que siento dentro de mi corazón
Sensación,
ya puedo vibrar y sentir tu amor
Son tus ojos verdes mares
Sin mi amor, navega, navega la calma
Ya no existe temporales
Y mi corazón late con más raza
Por haberme dado tú
Esta nueva luz que alumbra mi alma
Qué felicidad la mía el estar contigo
Y amarte con rabia
Qué felicidad la mía el estar contigo
Y amarte con rabia
Sensación,
lo que siento dentro de mi corazón
Sensación,
ya puedo vibrar y sentir tu amor
Sensación,
lo que siento dentro de mi corazón
Sensación,
ya puedo vibrar y sentir tu amor
Desde que te he conocido
Estoy sintiendo algo dentro de mi alma
Porque tú le has transmitido
A mi corazón el sentir con ganas
Por haberle dado luz a mi sentimiento
Que no sentía nada
Hoy ya puedo estremecerme
Al sentir tus besos y vivir el alba
Hoy ya puedo estremecerme
Al sentir tus besos y vivir el alba
Sensación,
lo que siento dentro de mi corazón
Sensación,
ya puedo vibrar y sentir tu amor
Sensación,

lo que siento dentro de mi corazón
Sensación,
ya puedo vibrar y sentir tu amor
Sensación,
lo que siento dentro de mi corazón
Sensación,
ya puedo vibrar y sentir tu amor
Sensación,
lo que siento dentro de mi corazón
Sensación,
ya puedo vibrar y sentir tu amor
Sensación,
lo que siento dentro de mi corazón

¿DÓNDE ESTÁS AMOR?

Canción de Rocío Jurado

Cada vez que me acuerdo de ti
Lo paso tan mal
Pues te llevo tan dentro de mí
No te puedo olvidar
Porque todo de ti lo aprendí
Y sin ti yo no sé caminar
Y mis sueños cabalgan de noche
Repica en mis sienes el duro galope
Me abrazo al recuerdo y grito tu nombre

¿Dónde estás amor? Amor, amor, amor
¿Dónde estás amor? Amor, amor, amor
¿Dónde estás amor?

Cada vez que me acuerdo de ti
Te deseo más
Qué impotencia tener que vivir
Sin poderte amar
Porque todo de ti lo aprendí
Y sin ti yo no sé caminar

Y mis sueños cabalgan de noche
Repica cn mis sienes el duro galope
Me abrazo al recuerdo y grito tu nombre

¿Dónde estás amor? Amor, amor, amor
¿Dónde estás amor? Amor, amor, amor
¿Dónde estás amor?
Amor, amor, amor ¿Dónde estás amor?
Amor, amor, amor ¿Dónde estás amor?
Amor, amor, amor

ELLA O YO

Canción de Rocío Jurado

Sé que me engañas
hace tiempo estoy notando
que estás muy lejos de mí.
Sé que me engañas
te pregunto estás ausente
y no sabes que decir.
Si llegas tarde,
ya no sabes que inventar
para convencerme y no. ¡No!
Ya no tienes que esforzarte
porque prefiero perderte
si no es mío tu corazón.
ni me engañes ni la engañes,
no te burles del amor.
ten coraje, se sincero
quien prefieres de las dos
ella o yo.

AMOR, AMOR

Canción de Lolita

Amor, amor, amor, amor, amor.
Quisiera detener
ahora el tiempo

por estarme contigo
siempre sintiendo
como yo siento ahora
nunca he sentido
me haces soñar despierta
me siento niña
Amor, amor, amor, amor, amor.
Cuando miro a tus ojos
azul del cielo
es blanca tu sonrisa
trigo es tu pelo
yo veo amanecer
en tu semblante
no quiero separarme
de ti un instante
Amor, amor, amor, amor, amor.
Estoy enloqueciendo
hoy quiero eso
vivir de tus caricias
y con tus besos
porque estando contigo
es todo tan hermoso
que me siento feliz
con verte a ti dichoso
Amor, amor, amor, amor,
amor, amor, amor, amor...

CORAZÓN DE ACERO

Canción de Chiquetete

Tú me dices que no quieres
que yo me acerque a tu vera
y me muero por las ganas
de sentir tu cuerpo cerca

Sueño con besar tu boca y me vuelvo loco
siento que mi piel se muere por rozar tu piel

Es tu corazón de acero y no encuentro el modo
de poder salir del sueño donde te inventé.

Tú me dices que no mire
a tus ojos frente a frente
que puedes enamorarte
y eso a ti no te conviene

Sueño con besar tu boca y me vuelvo loco
siento que mi piel se muere por rozar tu piel
Es tu corazón de acero y no encuentro el modo
de poder salir del sueño donde te inventé.
Tú me dices que te olvide
porque ya no crees en nadie
y yo quiero convencerte
porque quiero ser tu amante

Sueño con besar tu boca y me vuelvo loco
siento que mi piel se muere por rozar tu piel
Es tu corazón de acero y no encuentro el modo
de poder salir del sueño donde te inventé

Sueño con besar tu boca y me vuelvo loco
siento que mi piel se muere por rozar tu piel
Es tu corazón de acero y no encuentro el modo
de poder salir del sueño donde te inventé

ME DUELE

Canción de Paco Cepero

Me duele si no puedo verte
Me duele no poder hablarte
Me duele vivir sin quererte
Me duele borrar los recuerdos
Te añoro, que es desesperante
Los celos, me queman por dentro
Me duele, que te roce el aire

Me duele, me duele
No querernos como antes
Me duele, pensar si te pierdo
Y nada consuela mi llanto
Te miro, y me desespero
¿Por qué? Te querré yo a ti tanto
Me duele, vivir la agonía
De no tenerte en mis brazos
Me acostumbré a tu cultura
Sin ti todo sabe amargo
Me duele, me duele

DE CHOCOLATE

Canción de Paco Cepero

Nunca le diré a nadie que me hechizaste testigo el cielo
Un beso te robé, que hasta perdí
La noción del tiempo
Mi espíritu es valiente, me embrujó Cuba
Y el Tropicana
Tengo sangre caliente, pero en el fondo
Mi alma es gitana
Me gustan los claveles, la primavera
También me embriagan
Si escucho un pasodoble, como español
Me rompe el alma. Desde que te conocí
Mi rumbo cambió a tu vera
Me saben a ron tus besos, caña de azúcar
La Habana entera
De chocolate, morena, mi piel canela
Tu ritmo me cautivó
Y a mi corazón le quitó las penas
Le, le, le leré le le le, Le leré le leré le lé
Nunca le diré a nadie que me hechizaste
Testigo el cielo
Un beso te robé, que hasta perdí
La noción del tiempo

Mi espíritu es valiente, me embrujó Cuba
Y el Tropicana
Tengo sangre caliente, pero en el fondo
Mi alma es gitana
Me gustan los claveles, la primavera
También me embriaga
Si escucho un pasodoble, como español
Me rompe el alma
Desde que te conocí
Mi rumbo cambió a tu vera
Me saben a ron tus besos, caña de azúcar
La Habana entera
De chocolate, morena, mi piel canela
Tu ritmo me cautivó
Y a mi corazón le quitó las penas

POESÍA DEDICADA A PACO CEPERO
Ya suena de nuevo el arte,
la guitarra y el flamenco,
huele a vino de Jerez,
música con sentimiento.
El rasgueo más redondo,
el encaje del punteo,
Los silencios bien medidos,
¡Tocar el cielo!
Si toca Paco Cepero.
Moncho Borrajo

MAESTRO CEPERO (SONETO)
Alumbrado en la calle Encaramada
de su Jerez, como un prodigio era,
artistas lo quisieron tan de vera
que sembraron compás en su alborada,

Desde entonces su alma enamorada,
Siempre encontró la nota más certera

que plasmar entre cuerdas y madera
para gloria de nuestra tierra amada.

Prosigue así maestro, con firmeza,
ya con pasos más lentos en tu sendero
con un compás de tanta realeza.

Como un presagio dulce y hechicero
prosigue dándonos tanta belleza,
prosigue siempre así Paco Cepero

ANEXO II
DISCOGRAFÍA COMO SOLISTA COMENTADA

Si tenemos en cuenta la discografía de Paco Cepero, vemos que hubo un extenso intervalo desde 1977, hasta 2000, año en que grabó *De Pura Cepa*, transcurrieron pues veintitrés años entre su primer trabajo y el segundo. Ha sido en el siglo XXI cuando Paco Cepero ha grabado la inmensa mayoría de sus discos en solitario, todos menos uno, es decir, la etapa más prolífica ha sido entre 2000 y 2023. Estableciendo una línea que abarcara desde los sesenta, hasta el presente, podríamos dividir la vida de Cepero en tres etapas: la de los tablaos, la de la composición y festivales, y la de guitarrista en solitario, siendo esta última la más extensa en música de guitarra. Dentro de esta última etapa, tenemos discos como *Corazón y Bordón*, —con picados revestidos de una velocidad y un virtuosismo fuera de lo común— hasta *Made in Cepero*, que denota mucha mayor madurez que no insignificancia, puesto que la carencia de virtuosismo no es sinónimo de simpleza, dado que las cadencias armónicas siguen siendo igual o más ricas que las anteriores.

Su discografía solista la compone:

AMULETO (1977)

1. Nostalgia Flamenca

Es un toque que comienza en tonos menores; si tuviese que identificar un palo del flamenco para encasillar esta modalidad de toque, hablaría de la farruca, es decir una modalidad de tangos en tonos menores. La pieza está, como todo el toque de Cepero cargada de melancolía. Se inicia con cortas rachas de picados, pero enseguida da paso a una hermosa melodía de agudos, donde no falta algún arpegio aislado, pero, sobre todo, como bien procede en este tipo de toques nostálgicos, tiene bellísimos trémolos, que prosiguen con tonos graves no menos melancólicos. La pieza está construida con bloques de picados agregados. Los trémolos entran perfectamente a compás, lo que dice mucho de la gran técnica que tiene Paco Cepero, al que sobre todo se le reconoce pulgar. *Nostalgia flamenca* es un paradigma de absoluto dominio de la técnica. Finaliza con una bella cadena de arpegios en tonos menores, igual que su comienzo.

2. Sueños en Jerez

Sueños en Jerez, es una síntesis del toque de esa tierra, una bulería con unos intervalos melódicos cortos y herméticos, como es el flamenco en Jerez. Su comienzo con arpegio doble, la dota de una dulzura cristalina que, posteriormente, con el juego de pulgar, da lugar a la idiosincrasia de los toques de Jerez, con la velocidad exacta y precisa para sacarle el jugo necesario. Una vez más, Paco Cepero se inspira en temas clásicos para enriquecer su aire flamenco, por eso en un segmento de la bulería emula a Mozart. Los ligados de esta pieza no son tan sencillos como parecen en una primera escucha, la música no deja resquicio fuera de compás, siendo los cierres perfectamente contundentes, impermeables, contumaces. La bulería es uno de los palos fuertes del maestro Cepero, donde sus silencios hacen música, donde el público lo ha interrumpido para aplaudir, donde, revestido de un auténtico distintivo, no se parece a ningún otro guitarrista, tanto es así que en ninguno de sus discos puede faltar un tema por bulerías, como veremos, *Sueños en Jerez,* es todo un paradigma del toque de Cepero, una fuente de la cual, ha tomado siempre falsetas para acompañar a cantaores singulares, como El Turronero, Juanito Villar, Pansequito, etcétera.

3. Rompeolas

Se identifica como un tema comercial revestido de una hermosura inconmensurable, se trata, como casi todo lo comercial de Cepero de una rumba, pero seguimos en la línea de la tristeza y añoranza, y para ello, como siempre, los tonos menores. Es una pieza para disfrutarla, junto al hermano, junto al amigo del alma, junto a la mujer amada, mejor en el seno de la noche y la fiesta. No es apta para estados depresivos, como suele ocurrir con la música de Cepero, pues evoca tanto gozo que en un momento dado puede también conllevar lo contario: tristeza y aflicción. Su duración es corta y su única técnica virtuosa son los picados con los correspondientes bajos en la guitarra flamenca, acompañada de orquesta, bajo y batería

4. Carreta Gitana

Carreta gitana es un tema revestido de un dinamismo que se siente mientras se escucha, tanto el estribillo como los intermedios, dan la impresión de ir en una carreta avanzando por las veredas flamencas, gitanas y puras. Son tangos que parecen una canción, dan una impresión de balanceo que invita al cante en coro, son como la base orquestal a unas tonalidades grupales, pero también al cante arraigado y mordido del gitano que se lamenta. Los arreglos musicales hacen que el acompañamiento coloque una brocha mágica a la nota principal, y más que una guitarra, parece una sinfonía, es para ver lo que puede dar de si, la pequeña caja de madera, a la que Faustino Núñez llama piano portátil. En este caso mucho más allá que un simple piano, porque la polifonía de los tangos de Paco Cepero, emula una orquesta sinfónica. Los picados son cortos, pero tajantes, y cuando se alargan es para decir, señores ésto hay que tocarlo así y no valen medias tintas. Se ejecutan también en velocidades medias para regalarnos una exquisita armonía en los agudos. Como tiene que ser en toda pieza flamenca que se atribuya esta categoría, no falta ninguna de las técnicas de las que dispone el toque flamenco, incluyendo el trémolo. La fuerza de este tema es tremenda, y la sensibilidad con que es tocada evoca amplias añoranzas en la música andaluza. Es otra pieza clave de su primer trabajo, el que salió a finales de los setenta con la fuerza de un siroco, como toda la música de Paco Cepero, envolvente y embaucadora, mágica e impoluta, sencillamente genial.

5. Castillo de Alcalá

Castillo de Alcalá, es un toque por soleá enclavado en el punto de inflexión entre los aires antiguos de la guitarra en el pasado siglo, y el toque contemporáneo, el mismo Cepero me dijo: «hoy no se toca así por soleá». ¿Por qué no maestro? La soleá esa es magistralmente soberbia, tiene un comienzo progresivo utilizando el picado lo justo y lo necesario, su remate es como una verónica magistral con arpegios en las tres primeras cuerdas y el ya clásico ligado en la tercera que lo convierte en un cierre elegantísimo. Le viene al buen cante como guante a su mano. Aunque algunas falsetas están salpicadas de cortos y rápidos picados, el tocaor no abusa de esta técnica tan dominada por él y, le da más bien paso a unos punteos entre fa y mi mayor, pero hechos cerca de la boca de la guitarra para exhibirlos con la dulzura de las notas agudas con cejilla del índice en medio del diapasón. No falta la escala progresiva cromática y los alza púas. Todas las técnicas anteriores se combinan para ofrecer al oyente una pieza digna de escucharse una y otra vez, y al cantaor un sustento sin parangón donde recrear a Joaquín, Paquirri o El Mellizo, por no decir cualquier soleá, tampoco falta el trémolo tradicional con una armonía adecuadamente modificada por el tocaor para no hacer lo de siempre. Tiene preponderancia, como no podría ser de otra manera, el fuerte pulgar que acentúa los tiempos en los momentos correctos y el rasgueo, que es una invitación al cantaor para la salida de la soleá. En la de la obra de Paco Cepero, es uno de los temas que más gustan al aficionado al flamenco

6. Arco Iris

Pieza también comercial, nos recuerda en algunos compases a la famosa, *Entre dos aguas*, aunque esas notas la hacen la orquesta. Su técnica se basa, fundamentalmente, en el picado al igual que *Rompeola,* aunque con menor predominio. Cuando se preguntó a Paco Cepero, por qué uno de sus temas de este LP se llamaba Ibiza, dijo que era para darle mayor difusión internacional, ya que la isla española era un importante centro de turismo, pues este tema sigue la misma línea, aunque con mucha menos fuerza. Los ligados son muy frecuentes, la melodía es también más simple que Ibiza, aunque no menos hermosa.

7. Ibiza

Su tema *Ibiza* es sencillamente arrollador, con picados exuberantes, la guitarra de Paco Cepero se mueve por latitudes de una sensualidad exquisita. Es una música renovadora, virtuosa, alegre, donde la guitarra se vuelve a coronar como reina majestad de los instrumentos. Una pieza única e inimitable de ejecución superlativa, inaccesible, por la velocidad de sus picados, con un estribillo que invita a la vida y a la noche, a la fiesta joven, a seguir disfrutando de la música española como ninguna otra. La composición salió con fines comerciales, hasta con su título, para que fuera internacional —le declaraba en TVE a Fernando Quiñones—, pero basta escucharla con la sensibilidad propia del andaluz, para darse cuenta de que no es así, que suena a Andalucía más que a cualquier otra cosa.

8. Azabache

Su propio nombre, al igual que la mayoría de temas de Cepero, evoca el exotismo. El ritmo de la pieza se mece, siguiendo la misma línea por la que fue creado el disco. La nota tónica es fa sostenido, la misma que se usa en los cantes levantinos. Con excelentes arreglos musicales, el resto de los instrumentos cobijan a la guitarra, que resulta exuberante en el estribillo. La guitarra mantiene un ritmo de mecido que parece irse de las manos, pero que se centra, perfectamente en el conjunto de los arreglos. La guitarra se dobla para dar la impresión de ser acompañada al unísono. Tras la salida de un arpegio, que obtiene otro como respuesta y repetición, es una percusión manual en timbales o similar, la que da paso a toda la vorágine que constituye la pieza. Formó con *Ibiza* un single en la época en la que fue lanzado el tema.

REEDICIÓN DE AGUA MARINA

1. Agua Marina (Rumba)

Fue el éxito que hizo resurgir a Paco Cepero en la guitarra tras veintitrés años es un tema comercial que metió en este disco flamenco para darle más impulso en el mercado. La nota tónica del tema es si, la misma tonalidad de *Entre dos Aguas.* El tema está dividido en tres partes distintas. La primera parte comienza con el inicio de la pieza y es de ejecución sencilla, con ligados en la segunda, tercera y cuarta cuerda que va introduciendo al oyente en el cuerpo central del tema. Le sucede después una cadencia melódica nostálgica y bella con tonos agudos, también de ejecución sencilla, hasta llegar al estribillo casi al minuto del inicio, un estribillo bastante pegadizo donde la prima adopta un importante protagonismo. La segunda parte tiene tonos algo más graves que la primera, se esbozan unos picados moderados y, también se reviste de cierta melancolía hasta alcanzar pasados los dos minutos, nuevamente el estribillo. La tercera parte, también hace hablar y llorar a la guitarra con el concurso tanto de las cadencias agudas, como de las graves, con algún esbozo de picados para terminar la pieza pasados los cuatro minutos, tal y como empezó.

2. Noche Andalusí (La llamada del Sur)

Es una composición acompañada de tonos orquestales que recuerda a determinadas composiciones clásicas. Más que una obra para guitarra, es una obra clásica, puesto que la orquesta, más que dar un contrapunto, sigue la misma línea melódica de la guitarra. En toda la pieza, la guitarra flota junto con la orquesta, ejecutando una música que parece ser sostenida por aquella. A pesar del carácter medio clásico de la composición, no está desprovisto de estribillo que se repite a lo largo del tema en tres ocasiones, dividiendo la pieza también en tres partes, que finaliza con ese segmento melódico de repetición. Contiene algunos picados veloces de ejecución compleja en las distintas partes.

DE PURA CEPA (2000)

1. De pura cepa (Bulerías)

Se trata de una bulería con las características específicas del toque de Paco Cepero, como es el uso del pulgar, los ligados, los tirones, los silencios, el alza púa, en definitiva, los pellizcos. Nos recuerda a *Sueños en Jerez,* del que toma un fragmento, pero con mucha más madurez musical y sonora. En un momento mete un esbozo de *Sevilla* de Albéniz, y en otro trocito, la melodía de *Amor de hombre,* del grupo Mocedades. Quién haya escuchado a Cepero tocar en directo bulerías para acompañar, lo reconocerá perfectamente en esta bulería.

2. Amanecer en la Caleta

De forma similar a *Noche Andalusí,* la guitarra hace toda una melodía, más clásica que flamenca. Comienza con un arpegio que parece más que vamos a escuchar *Sevilla* de Albéniz que a Cepero, lo que nos recuerda al nacionalismo musical de la primera mitad del siglo XX. Como en todos los toques de Paco Cepero, la línea es sencilla excepto cuando mete los picados, lo que dificulta la ejecución. Es un paradigma de música instrumental ambiental. La composición está algo alejada del flamenco porque no se puede encuadrar en ningún palo de este género. Termina con una exuberante alza púa a gran velocidad para poner el punto final.

3. Arco de Piedra (Rondeña)

Posee el especial éxtasis y relax de las rondeñas, con sus tranquilos ligados de inicio, pero también con dificilísimos picados y ¿cómo no?, el obligado trémolo de todas las rondeñas, donde la guitarra de Cepero se expresa por sí misma. Es una de las rondeñas grabadas de mayor belleza. En su estructura nos recuerda a *Cueva del Gato,* de Paco de Lucía, porque después de la pausada introducción, tiene lugar una parte más rítmica con la misma secuencia de acordes, pero incluso supera la obra de Paco por sus melismas dulces. A pesar de eso está impregnada de la impronta específica y jerezana de nuestro guitarrista.

4. Me gusta la noche (Tanguillos)

En su estructura rítmica es un tanguillo revestido de hermosura sin par, marchoso como no hay otro. Los que lo hemos escuchado en la voz de Rancapino, nos encanta la instrumentalización del mismo. El origen de este tema está en que, tras amanecer de fiestas, estaba Paco Cepero sentado en una cafetería madrileña cuando le estaba dando el sol en toda la cara, y dice Cepero: «A mí no me gusta el sol», lo que dio origen al tanguillo en la voz de Rancapino. Aquí, en este tema el final lo canta Paco Cepero, impregnándolo de una voz flamenquísima. Contiene como es habitual en los instrumentales de Cepero unos picados virtuosos, pero lo que más encanto tiene son los ligados, que emulan la voz del cantaor de Chiclana.

5. Arena blanca (Colombiana)

Como buena colombiana predominan los tonos mayores, en este caso está hecha sin cejilla, al natural. En unos intervalos cambia de tonalidad y deja de transmitir la alegría y la marcha de los cantes de ida y vuelta, como pueden ser también la guajira y la colombiana. Probablemente sería una pieza similar a esta la que le tocó a Gabriel García Márquez en la venta El Chato, que tanto embelesó al Premio Nóbel, el cual, le pidió a Cepero si estaba dispuesto a tocarle una pieza así en su tierra. Como casi todos los toques de ida y vuelta, muestra coquetería y desenfado, alternando con los pincelazos melódicos a que ya hemos aludidos. Es una pieza que se deja llevar por sí misma sin gran dificultad técnica, si exceptuamos como siempre los picados, el arma de doble filo de Paco Cepero, técnica que hace que sus toques pasen de la sencillez al virtuosismo en mayúsculas.

8. Taberna del puerto (Tangos)

Taberna del puerto es la esencia por tangos elevada a la potencia de un coraje marinero, evoca la sencillez del diálogo cotidiano en un ritmo básico y desprovisto de enredos que es el toque por tangos. Como es habitual en la temática de Cepero, se combinan los graves con notas agudas dulcísimas que hacen la canción muy propicia como música para escuchar, que en absoluto interfiere en nada, ni requiere una concentración absoluta, sino que se convierte en compañera de cualquier menester de la vida. El toque de Cepero siempre nos viene revestido de un lirismo especial, y de un sentimiento de nostalgia y añoranza que tiene su mayor exponente en *Agua Marina*. También en este caso, hay que escuchar *Taberna del Puerto* cuando el oyente esté en un estado emotivo neutral, porque acicala la tristeza y redunda en torno a la misma, de la misma forma que es pábulo para el júbilo y el deseo. Escuchar a Cepero es un ejercicio progresivo, el oído se va adaptando poco a poco, a los tonos del guitarrista hasta crear una simbiosis de los espíritus y un acercamiento a su marcada sensibilidad, es difícil describir lo que se siente escuchando tema por tema de una vez, pues es precisa una adaptación progresiva del oído y la ingesta lenta de cada una de sus notas. Cuando ha tenido lugar ese proceso se elabora una vivencia que equivale a la más potente de las drogas para sentirse diferente.

9. Torre de marfil (Rumba)

Reúne las características propias de las rumbas de Cepero, la guitarra en determinado intervalo se dobla para cobrar más fuerzas. La pieza en sí es sencilla excepto el final donde entran ya los habituales picados que este autor suele hacer.

10. Fuente de cristal (Trémolo)

Como indica su apunte en paréntesis se trata de una pieza toda en trémolo que nos recuerda a Francisco Tárrega en sus composiciones como *Recuerdos de La Alhambra,* con trémolos en la primera y segunda cuerda. En esta pieza la guitarra establece un diálogo de trémolos consigo misma, siendo algunos más graves que otros.

CORAZÓN Y BORDÓN (2004)

1. Corazón y bordón

Corazón y Bordón es una bulería distinta con predominio de notas graves, porque entre otras cosas tiene el bordón transportado a re. Comienza con alza púa que nos recuerda a otras composiciones, y después hay un intervalo que suena a Diego el del Gastor por sus tirones, tocaor que Paco Cepero admiró desde niño. El maestro hace un verdadero malabarismo con las paradas y los silencios, los cuales hacen inconfundible su toque, la técnica predominante en todo el tema es el alza púa, por ese motivo predominan las notas graves, aunque Cepero hace alza púa y tiene holgura para combinar cualquiera de las seis cuerdas en esta técnica. Es una auténtica experiencia escuchar esta bulería, la cual, nos transporta a una época de la guitarra remota y gloriosa.

2. Estrella de mar

La pieza se estructura en dos bloques fundamentales. Tras un pequeño intervalo, entra de lleno el primer estribillo, seguido de una melodía triste en la cual se emula la cadencia del estribillo, pero con notas más agudas, participando después todas las cuerdas del instrumento con bucles y picados distintos, cerrando así una parte entre dos estribillos, tras el segundo de los cuales, la melodía cambia, cursando con armonía natural, es decir, el oyente es capaz de anticiparse con su oído a la cadencia, aunque a veces Cepero nos sorprende con juegos de ligados que no se esperan. Después viene el tercer estribillo, y tras él, unas cuantas notas a volumen decreciente hasta cerrar la pieza. Es una hermosa rumba donde Cepero no toca con la impetuosidad habitual, sino como mucha mayor madurez y nostalgia. Al principio, las notas de la guitarra producen resonancia en segundas guitarras de acompañamiento. El estribillo no es para nada comercial, antes bien, es melancólico y sentimental, como toda la pieza, muy asequible con excepción de esas escalas veloces que Paco Cepero ejecuta en cada una de sus rumbas.

3. Despertar en Jerez

Es una larga bulería que comienza con palmas, seguida de alza púa y, en los primeros minutos, hay unos ligados en la prima; nos recuerda de forma remota al tema *Almoraíma* del maestro Paco de Lucía. En esta pieza, tiene lugar el sello inconfundible del maestro Cepero con la intervención en unas cuantas notas de piano como refuerzos. Es a partir de casi los dos minutos cuando muestra un matiz muy singular, con melodía ascendente hasta un cenit, donde se para unos segundos para decrecer hasta la tónica. Después embiste con potentes rajeos y picados virtuosísimos en la segunda mitad de la pieza, donde también se mecen los ligados para abocar al final de forma progresiva apagándose el volumen.

4. Mi Andalucía

Es una pieza en ritmo de tanguillos tocada en mi mayor como tónica sin cejilla, y con cadencias melódicas en do, fa y sol. Su melodía es nostálgica, con notas agudas acompañada de violas y violonchelos al principio. Pasado el primer minuto, la pieza se ornamenta con los habituales picados que, en la presente pieza los lleva a cabo hasta el bajo, y entre ellos se desarrolla las cadencias armónicas sentimentales. Del medio en adelante, adoptan un protagonismo esencial los tonos graves con atenuación de los agudos, con un juego de alza púa específico y creado por Paco Cepero. En el último minuto surgen las voces corales, ensalzando el título de la composición: *Andalucía*, vocablo que repiten progresivamente con menor volumen hasta apagarse.

5. Cartuja

La composición tiene como nota tónica si con cejilla en el primer espacio. El ritmo es de rumba, se reproducen melodías de canciones compuestas por Cepero sobre todo a Antonio Cortés Pantoja *Chiquetete*, siendo la música muy conocida por este motivo. La pieza viene adornada por la incrustación de picados, como suele ser habitual en todos los temas del maestro.

6. Calle Encaramá

Se trata de una composición por sevillanas, cada una de las cuatro en una tonalidad diferente. La primera sevillana, si asumimos que está tocada sin cejilla, tiene su nota tónica do, y combinada con do sostenido, no es una sevillana en tonos mayores, es decir, no es alegre. La segunda es del mismo perfil con nota tónica en la mayor, es decir, por los medios —se dice en argot flamenco—, combinada con si, se diferencia de la primera por el difícil y veloz picado con que cierra. La tercera, tiene la misma tonalidad que la segunda, ya comienza con picado y este reviste su técnica esencial, excepto en su parte final donde predominan los tonos graves con un pulgar sencillo. La cuarta, nos sorprende porque da un salto a mi mayor y fa, es decir, está tocada «por arriba», el rajeo es atípico pero no por ello menos bello, de las cuatro, es la que menor dificultad encierra.

7. Noche de Caribe

Es un tema comercial por rumba tocado en tonos mayores para evocar las marchas caribeñas, con tonalidades que recuerdan a Latinoamérica. En medio de la melodía se incrusta el estribillo en dos ocasiones, y no se abusa mucho del picado, salvo casi llegando al final. Es una pieza instrumental muy propicia para música ambiental.

8. Barrio San Miguel

Es una pieza musical por soleá tradicional. Está tocada como es natural «por arriba», con cejilla en el tercer espacio. Al principio, esboza una falseta que nos recuerda a *Castillo de Alcalá*. El tema está adornado con bellos arpegios, a veces con remates clásicos, como en otras composiciones específicas del maestro Cepero, quien con el pulgar dota los tonos graves de una fuerza extraordinaria. No tiene lugar ningún rajeo en esta soleá, salvo un esbozo del mismo en forma de alza púa sobre el segundo minuto y medio. Su música reviste una total naturalidad avalada por ligados y cadencias que son armonizaciones lógicas y previsibles. El final es tajante como corresponde al flamenco tradicional en el toque por soleá de siempre.

9. Ron de Caña

Es una composición en tonos de «la mayor» y «mi», concretamente una guajira, y como tal no falta el carácter de desenfado, coquetería y gracia que revisten estos cantes y toques de ida y vuelta, más bien ubicados en Cuba. No siempre la tonalidad es la antedicha sino que juega con distintas armonizaciones. Es de corta duración y termina como el tema anterior, con golpe y silencio. También tiene picados, pero no tan rápidos y exuberantes como en otras piezas, por eso quizá esté dotada de mayor encanto.

10. Ermita de Santelmo

Es una seguiriya clásica tradicional tocada «por los medios», como es natural, con cejilla en el tercer espacio. Presenta unos remates dotados de una flamenquería inigualables. Las falsetas son contumaces al igual que los rajeos, con lo que se marca el compás a la perfección. Los ligados son también múltiples y virtuosos. En la mitad de la pieza las notas evocan la canción de Manolo Caracol, *La Niña de fuego*, algo que Cepero mete a compás de seguiriya sin fallar un tiempo. Como propio de una seguiriya, el toque no puede revestir ninguna dificultad técnica excesiva.

ABOLENGO (2007)

1. Plazuela (Bulería)

La pieza por bulerías está hecha por los medios (la mayor) con cejilla en el segundo espacio. El inicio de la bulería es compás en seco, seguido de un fuerte e impetuoso rajeo que para de forma súbita, le siguen la primera falseta con ligados vehementes que tienen lugar en las tres últimas cuerdas. Es una pieza totalmente representativa de Cepero, con un pulgar fuerte que embiste. Existe todo un malabarismo de ligados, silencios, paradas, y cierres con rajeo. Todo ello acompañado por un compás en seco. Es una pieza musical asequible a la persona iniciada en la guitarra.

2. Pueblo Blanco (Rondeña)

Rondeña que se inicia en el tono específico de la misma con cejilla en primer espacio. Su inicio tiene lugar con un bucle de virtuosos ligados, para meterse de lleno en un ritmo rápido, sin pararse en el compás más reposado de la mayoría de las rondeñas. A pesar de ello, como no podía ser de otra forma, cuenta con su trémolo triste, como buena rondeña. Es un tema carente de dificultad técnica, lo cual la dota de mayor pureza melódica.

3. Varadero (Rumba)

Se trata de un ritmo de rumba de carácter vitalista, revestida de picados rápidos que la convierten en una pieza muy difícil. Los tonos son totalmente atípicos y juega en dos cadencias en tonos mayores (la mayor, re mayor y mi mayor) que se desvían a «do sostenido», siempre con cejilla en segundo espacio. De esta forma la pieza reviste vitalidad y sentimiento, simultáneamente, y cambia de una cadencia a otra a lo largo de su duración. Predominan las notas agudas.

4. Cruz Vieja (Bulería por soleá)

Es una magnífica bulería por soleá tocada «por los medios», con un sabor flamenco indiscutible. Sus falsetas son cadencias melódicas donde el pulgar adopta el protagonismo, como suele pasar en todos los temas de Cepero. Dichas falsetas están separadas por el obligado toque central de la bulería por soleá en «la mayor». Casi al final, se nos complica las cosas por el uso de picados veloces, no obstante, es una pieza que se puede tocar, falseta a falseta, por lo cual, el aficionado puede escoger cuantas quiera y ejecutarlas, pues la mayoría no revisten dificultad.

5. Abolengo (Bulería)

Es una fantástica bulería tocada como es natural «por los medios», con cejilla en tres, en tonalidad la mayor. En la primera falseta, juegan un papel esencial los famosos silencios de Paco Cepero y es cerrada con un rajeo contumaz y fuerte, totalmente redondo, como afirmaba Juan Manuel Cañizares de este guitarrista. La segunda falseta es bella y asequible, dotada de un arpegio, su cadencia es estable, enlentecida como casi todas las piezas por bulería de Cepero desde que grabó *Olivaritos del Campo* con Turronero. Es a partir de los dos minutos cuando comienza a meter los picados que dificultan la ejecución. Cierra la pieza nuevamente con arpegios sencillos, y una cadencia que evoca lejanía y pureza. Una vez más con este tema, Cepero se erige en el indiscutible maestro de la bulería.

6. Capricho (a Chari, mi mujer)

Es una composición lenta, casi un adagio, donde se advierte claramente la influencia de la pulcritud y limpieza de la guitarra clásica, que formó parte de la formación de Cepero como guitarrista. Es una pieza lenta, desprovista de virtuosismo pero con una gran riqueza melódica. Su nota tónica es el acorde «si», con cejilla en cuarto espacio. Cepero juega con las cadencias propias de este acorde (mi menor, re mayor, do y si), pero acopla un semitono que hace peculiar esta composición, de un reposo y una solemnidad extraordinaria. Se nota que está dedicada a su compañera, porque le ha puesto todo el cariño y sentimiento posible al componerla.

8. Caireles (Zapateado)

Se trata de un hermoso zapateado en tonos menores, teniendo la tónica en «la menor», con cejilla en segundo espacio, de esta manera juega con acordes de «la menor», «sol», «fa» y «mi», estableciendo unos diálogos de notas graves en las cuerdas superiores de la guitarra. Es una composición muy propicia para el ejercicio de las manos.

9. Serenata Andaluza (Balada)

Consiste en una música melancólica, tocada sin cejilla en torno a «si», durante la casi totalidad de la melodía se suceden las notas agudas con orquesta de contrapunto. No reviste en absoluto virtuosismo.

10. Castillete Minero (Taranta)

Es una taranta, y como tal, tocada en «fa sostenido» con cejilla en el segundo espacio. Su ritmo es sensual y pausado, reviste la profundidad propia de los toques de levante con la impronta de Paco Cepero. Como en la mayoría de sus temas, su dificultad radica en los picados, por lo demás está llena de parsimonia y dulzura.

SUITE GADES (2012), en conmemoración del bicentenario del doce de marzo

No se comenta al tratarse de composiciones que pertenecen al mundo de la música clásica y donde la orquesta adopta un protagonismo esencial. Está dividida en los siguientes temas:

1. Romance del Mar
2. Puerta Tierra
3. Plaza de la Catedral
4. Sueños de Cádiz
5. Recordando a Cuba
6. Barrio de la Viña
7. Fenicia
8. Sueño de libertad
9. Barrio de Santa María
10. Atardecer en la Caleta
11. Domingo de carnaval

SUEÑO LATINO (2017)

1. Sueño Latino

Sueño Latino, es música de otras tierras, es un tema sudamericano, no te crees que lo ha compuesto un jerezano, suena a otra gente: Atahualpa Yupanqui, Chabuca Granda, y otros, y resulta que es sencillamente Cepero, sin perder en ningún momento ni un ápice de la brisa andina, tan dinámica y estimulante siempre. El cierre por bulerías no admite críticas, porque en el flamenco y en la música en general, hay autores en los que no cabe discusión alguna, podrán gustar más o menos, pero son un referente y Cepero lo es en la bulería y punto.

2. Barrio Santa María

Barrio de Santa María, por una vez, no nos trae lamentos ni nostalgias tristes, aunque no se puede llevar a cabo esa aseveración tampoco al cien por cien. Es un toque por alegrías y, como su propio nombre dice ha de ser alegre, es un homenaje absoluto a Cádiz, una tierra a la que el maestro debe muchísimo. Es curioso que los rasgueos de esta alegría sean breves, llevando el peso del compás de la pieza notas tanto agudas como graves, en forma de jaculatorias de picados.

3. Alcazaba

Alcazaba no la podemos clasificar en ningún palo del flamenco, se toca por tono de malagueñas. Comienza con un bello diálogo de trémolos, siempre evocando lamentos, tras ellos la guitarra establece un diálogo con ella misma, con técnicas exclusivamente de Cepero, como le ocurre al horquillado aprendido de Rafael del Águila, que consiste en alternar graves y agudos uno a uno, hasta finalizar con la dulzura de las piezas clásicas.

4. Onuba

Onuba suena a fandangos de Huelva purísimos, recuerda a la época de Los Gachós y El Niño Miguel, salvo por alguna variación orquestal que se aleja de la brisa onubense, el resto de la pieza es un reclamo a la provincia occidental con todos sus aditamentos. Su ejecución se lleva a cabo casi de forma exclusiva en los bajos, pero no por ello queda sin el encanto de Huelva. Obtiene una buena nota para no ser de esta tierra, puesto que sabemos de sobra que las cosas de Huelva, son punto y aparte, por sencillas que parezcan, pertenecen en propiedad a los nacidos en ese rincón de Andalucía.

5. Fenicia

Con *Fenicia* nos adentramos en la especialidad de la guitarra de Cepero, la bulería, una bulería no desprovista de belleza, pero rara, como casi todas las piezas del disco. Tiene su pellizco de añoranza, en una técnica depuradísima, rasgueos, arrastres por el diapasón y una quietud prodigiosa. Se podría definir como una bulería homenaje a la misma bulería, porque se superpone por encima del habitual toque en «la mayor» para acompañar, puesto que nos da otro tipo de tonalidades que no son en absoluto aptas para el acompañamiento.

6. A Paco y Camarón

A *Paco y Camarón* es una canción triste, como no podía ser de otra forma, porque es un recuerdo a dos artistas inseparables y únicos en la historia de la música española que desaparecieron, uno a una edad tempranísima, y el otro, si bien años más tarde también sin haber llegado al culmen de su carrera. De ejecución sencilla sobre todo en los agudos, está revestida de una limpieza y un gusto exquisito. Como en muchas melodías del maestro Cepero, se saltan las lágrimas escuchándola, sobre todo, porque él los amó y los sobrevivió, y ahora los reclama en su alma, en su recuerdo, dedicándole esta preciosidad de pieza.

7. Albariz

Albariz es un toque por tientos, donde intervienen, en exclusiva los tonos graves, a veces impregnados de una extraordinaria fuerza, porque a la guitarra cuando no había micrófono había que darle, y esa costumbre ha persistido en el maestro jerezano. Tiene una segunda parte de notas más altas y picados cortos. Es una pieza clásica por tientos, ideal para extraer de ellas falsetas y acompañar al cante, como todo lo que hace Paco Cepero. Al final de la melodía, como se suele hacer casi siempre, aumenta la velocidad del ritmo y se acaba tocando por tangos, donde los picados adoptan más velocidad para cerrar de forma contundente.

8. Topacio

Topacio es una pieza de relleno, es una rumba romántica que sigue en la línea de las músicas anteriores, se pueden advertir paradas en seco, que dotan la música de cierto dinamismo. Dentro de las piezas del trabajo, la música es inusual y quizá no apta para oídos flamencos, pero es una composición añadida que no desmerece nada.

9. Gaditana

Gaditana, en contra de lo que se podría pensar por su título, no son alegrías de Cádiz sino que se aproxima más a fandangos de Huelva, aunque tampoco se pueda encuadrar en este último palo. Se trata de melodía fluida de corrido, con un diálogo armónico entre picados y bajos de corta duración, pero no por ella revestida de menos encanto.

10. Para Chari

Para Chari, es una balada íntima dedicada a la mujer que le ha acompañado toda su vida, por lo cual, no admite críticas ningunas, puesto que es un tema muy personal. Es una dedicatoria y no tiene como objetivo revestirse de aires flamencos ni de otro tipo de músicas, sino que es un ejercicio puramente inspiratorio con algún cambio de tonalidad que se puede advertir fácilmente.

11. Alameda Vieja

Alameda Vieja quizá sea la reina de este disco, una bulería distinta, muy lenta, si la comparamos con *Sueños en Jerez* con las que comparte algunas notas. Vemos como el maestro jerezano se mueve con el pulgar como pez en el agua, igual con el alza púa, con los picados, y sobre todo, con ese rasgueado tan redondo que lo caracteriza el cual, no lo ha conseguido hacer nadie todavía en la guitarra flamenca.

12. Puerta de la Alhambra

Puerta de la Alhambra es una hermosa granaína compuesta con mucha influencia del clasicismo y, por tanto, revestida de una gran pulcritud, como casi todas las piezas de la última generación de Paco Cepero. Contiene una escala descendente que evoca un ejercicio de estudio, el resto son pinceladas de picados que siempre enlazan de forma elegante con la nota tónica, tras el clásico ligado reiterativo, que se suele hacer en el bordón para terminar la granaína. Es una música relajante, tanto para escuchar como para acompañar.

13. Habanera de Amor

Habanera de Amor, es una música totalmente atípica en nuestro medio, a la que no estamos acostumbrados en el flamenco, pero eso dice mucho del maestro Cepero como músico. Al parecer, fue una música por encargo, y sin haber pisado La Habana, supo componer la habanera como si se estuviese paseando con dos cubanas del brazo junto al malecón de La

Habana. También tiene un cambio flamenco hermoso en un momento en que entran los bordones. En la canción la letra se fortalece con la melodía y la poesía siempre sale ganando con la propiedad de los tonos.

VIVENCIAS (2021) (No se comenta)

01. Hechizo Andaluz
02. A mi aire
03. Para que voy a soñar
04. A mis dos Rocíos
05. Sinfonía Andaluza
06. Paisaje Andino
07. Esta cobardía
08. Añoranza
09. Mon-Amour
10. Mi Habana soñada
11. Volveré
12. Recuerdos de ti
13. Mi homenaje a la Perla

MADE IN CEPERO (2023).

1. Chiclana

Es una rumba revestida de una madurez en grado superlativo. La melodía es sentimental, algo habitual en todas las rumbas de Paco Cepero. Aquí ya no nos encontramos con los virtuosos picados de su trabajo *Corazón y Bordón*, puesto que se prescinde totalmente de la técnica, en concordancia con la sentencia de que la técnica es una señal de impotencia.

2. Recuerdos de Sevilla

Aunque se pueda acompañar con ritmo de rumba, no parece una rumba, siendo su melodía reposada y sencilla, los picados son mucho más lentos que en discos grabados una década atrás. Aquí se impone la música, revestida de vitalidad por su patrón y sus cadencias, no por la dificultad que haya que tener para ejecutarla, lo cual es un signo claro de madurez. Está tocada en tono de taranto.

3. Made in Cepero

Es una bulería, que recibe ese nombre porque no puede ser más de Cepero. Al principio, da la impresión de tener un estribillo, pero no, se suceden una falseta a otra hasta concluir. Nuevamente, Cepero juega con su pulgar, sus silencios y sus ligados, pero muy reposadamente. Es una bulería mucho más lenta del aire jerezano con que otras están impregnadas.

4. Talismán

Es una composición que se podría acompañar por ritmo de tangos, aunque no lo sea. Su melodía es nostálgica en máximo extremo. Predominan los tonos agudos y carece de forma absoluta de dificultad técnica, pues ni siquiera los picados finales son de gran virtuosismo.

5. Saboreando Cádiz

Como el título ya sugiere, es un toque clásico por alegrías, revestido de una flamenquería especial, perfectamente válido en cualquiera de sus falsetas para acompañar al cante por alegrías. Se ejecuta en tono de «mi mayor» y «si», como, tradicionalmente, se hace con las alegrías, a los que el maestro embiste con unos rajeos potentes y unos ligados de pellizco, siendo contumaz en los cierres. Las cadencias melódicas son lógicas y el oyente experto se anticipa a ellas salvo en un par de falsetas.

6. Terciopelo

Es otra rumbita de relleno, suave como el terciopelo, sin dificultad técnica, muy propicia para música ambiental

7. En mi patio

De forma atípica, es una bulería tocada por arriba, con la cejilla en el segundo espacio. Es lenta apacible, con tonos agradables y una hermosa cadencia armónica.

8. Adaggio flamenco

Es una melodía lenta, como su nombre indica tocada en «si» y acompañada de orquesta. Si los toques de Cepero se caracterizan porque son sentimentales, en esta composición, alcanzan su máximo grado. Casi al final de la composición hay un cambio de tonos menores a tonos mayores, lo que le da una pincelada distinta de lo habitual. La pieza está desprovista de toda floritura y virtuosismo.

ANEXO III
PREMIOS OTORGADOS Y FOTOS DE ALGUNOS PREMIOS OTORGADOS

—Premio Nacional de la Cátedra de Flamencología de Jerez, 1975.

—Premio Nacional de Córdoba de Acompañamiento Manolo de Huelva, en el 1977.

—Castillete de oro de La Unión.

—Yunque de oro de Ceuta.

—Premio Rafael Romero «El Gallina», en Andújar.

—Premio Melchor de Marchena de Acompañamiento, 1984.

—Cabal de Plata del Círculo de Bellas Artes, del año 1999.

—Medalla de Oro al Mérito en las Bellas Artes, en el 2003.

—Placa de Oro de la Diputación de Cádiz, en 2006.

—VIII Premio Demófilo, 2008.

—Académico de la Real Academia de Ciencias, Artes y Letras de San Dionisio, en el 2012.

—Camarón de Oro.

—Premio Compás del Cante, 2014.

—Cordobán de Oro, en Palma del Río, en 2014.

—Ateneísta de Honor 2014, de Andalucía, en Jerez.

—Leyenda del flamenco y Gaditano del año'.

—Medalla de Andalucía 2017, en el ámbito de las artes[42].

—Homenaje «Yerbabuena de Plata» en el Festival Flamenco de la Yerbabuena, en Las Cabezas de San Juan.

—Medalla de Oro 2016, del festival de cante flamenco de Lo Ferro.

—Galardones en 2017: reconocimientos de Rafael Romero *El Gallina*, en Andújar; dedicatoria en el Festival de Brenes, así como la Palma de Plata en El Rubio.

—Medalla al Mérito del Trabajo en 2018[43].

—En enero de 2019, fue propuesto para ser nombrado Hijo Predilecto de Jerez, obteniendo el nombramiento en febrero.

—Premio Manolo Sanlúcar.

—Bordón honorífico de La Unión (julio de 2022).

—Premio Sebastián Escudero a la «Excelencia Flamenca», del festival de Lo Ferro.

42 Es un premio que yo siempre lo esperaba y tardaba en llegar, me hizo mucha ilusión porque por fin llegó en 2017, en plena vida, para ser disfrutado por mí y mi familia, fue un sueño cumplido.

43 Es el premio más importante que he recibido, me le entregó en Cáceres, el rey y la reina, y le guardo el más especial cariño.

JUAN CARLOS I
REY DE ESPAÑA

PREVIA DELIBERACIÓN DEL CONSEJO DE MINISTROS
Y EN CONSIDERACIÓN A LOS MÉRITOS QUE CONCURREN
EN V. E. TUVO A BIEN CONCEDERLE
POR REAL DECRETO NÚMERO 1777/2003,
DE 19 DE DICIEMBRE,

LA MEDALLA DE ORO
AL MÉRITO EN LAS BELLAS ARTES

LA MINISTRA DE CULTURA
Carmen Calvo

Excmo. Sr. D. Francisco López-Cepero García (Paco Cepero)

Medalla de Oro al mérito de Las Bellas Artes

JUNTA DE ANDALUCIA
PREVIA DELIBERACIÓN DEL CONSEJO
DE LA
JUNTA DE ANDALUCÍA Y EN CONSIDERACIÓN
A LOS
MÉRITOS QUE CONCURREN
TUVO A BIEN CONCEDERLE LA
MEDALLA DE ORO DE ANDALUCIA
EN SEVILLA EL DIA 28 DE FEBRERO DE 2017

ILMO. SR. D. FRA... CEPERO GARCÍA
"PACO ..."

Medalla de Oro de Andalucía

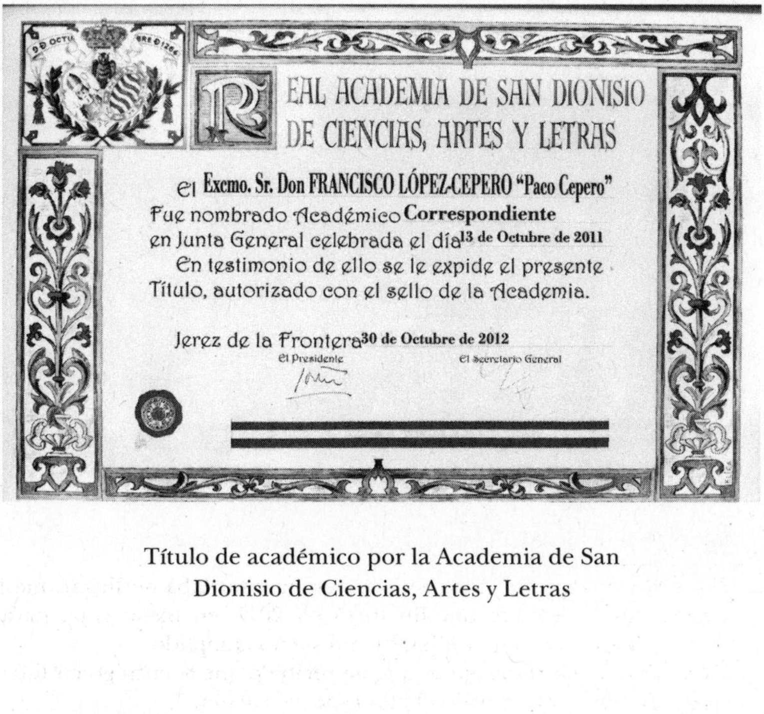
REAL ACADEMIA DE SAN DIONISIO
DE CIENCIAS, ARTES Y LETRAS

El Excmo. Sr. Don FRANCISCO LÓPEZ-CEPERO "Paco Cepero"
Fue nombrado Académico Correspondiente
en Junta General celebrada el día 13 de Octubre de 2011
En testimonio de ello se le expide el presente
Título, autorizado con el sello de la Academia.

Jerez de la Frontera 30 de Octubre de 2012
El Presidente
El Secretario General

Título de académico por la Academia de San Dionisio de Ciencias, Artes y Letras

Mención de La Peña cultural
de Palma del Río

Título de Hijo predilecto
de Jerez de La Frontera

Bordón honorífico del Festival Internacional del Cante de las Minas

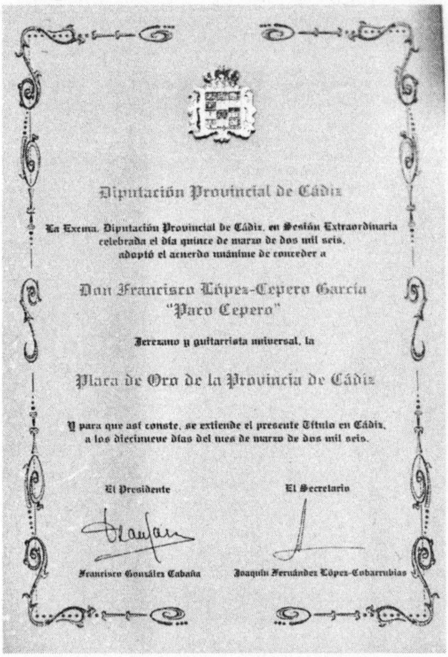

Diputación Provincial de Cádiz

La Excma. Diputación Provincial de Cádiz, en Sesión Extraordinaria
celebrada el día quince de marzo de dos mil seis,
adoptó el acuerdo unánime de conceder a

Don Francisco López-Cepero García
"Paco Cepero"

Jerezano y guitarrista universal, la

Placa de Oro de la Provincia de Cádiz

Y para que así conste, se extiende el presente Título en Cádiz,
a los diecinueve días del mes de marzo de dos mil seis.

El Presidente

Francisco González Cabaña

El Secretario

Joaquín Fernández López-Cobarrubias

Premio por la Diputación de Cádiz

Entrega de la llave a seis socios de la SGAE 1984

IUBILAEUM MISERICORDIAE

Su Santidad Francisco

otorga de corazón la implorada
Bendición Apostólica a

Jerezano, Paco Cepero y familia

invocando abundantes gracias divinas
y la materna protección de la Santa Virgen María

Bendición papal a Paco Cepero y familia

Medalla de oro del Festival Internacional de
cante flamenco de Lo Ferro (2016)

Premio Sebastián Escudero a La Excelencia Flamenca.
Festival Internacional de Lo Ferro

EPÍLOGO

El abordaje a la figura de Paco Cepero es algo que siempre te desborda, es un viejo legado, rico en musicalidad y vivencias que trasciende todo lo imaginable en el flamenco y fuera del flamenco. Eliges una canción, una rumba, Amina, Los Marismeños, María Jiménez, Lolita Flores, y enseguida oyes lo jaleos —¡Olé Cepero, vamos!— por muy remota que sea la música, por muy añejo que sea el cante, el sabor de los setenta y los ochenta en el flamenco era el sabor a Cepero. Ha sido una vida muy intensa, llena de éxtasis y sufrimiento, con metamorfosis incluida, pues el tocaba rápido y hermético, como es todo en jerez, así también el toque. Pero después tuvo lugar un desplazamiento de los tres ejes que convergen en Cepero: la composición, el acompañamiento y la guitarra solista; sí, él se ha desplazado de una a otra parte en múltiples combinaciones con estos tres elementos. Cepero es un pilar fundamental en el flamenco y un resorte del mismo, que sostiene una traviesa que va desde la ópera flamenca al flamenco actual. Antes de Cepero podíamos ignorar al Turronero, Juanito Villar, Pansequito, Chiquetete, Rancapino, después de Cepero no. Antes de él no se escuchaba *Amor, amor,* ni *Qué cara más bonita tiene esa niña,* después de Cepero sí; tampoco existía ese himno que ensalzó nuestra amada tierra, *Entrañas mías, las entrañas mías…* Eso es Cepero.

Es un hombre al que le ha sonreído la vida. Procedente de un Jerez lleno de miseria, donde los gitanos del barrio de Santiago se ganaban la vida con las fiestas financiadas por los señoritos. Allí estuvieron esos gitanos, recogiendo a Ceperito, el hijo de Cepero «El Chófer», para adentrarlo en el compás. Ese fue el crisol del mejor guitarrista de acompañamiento de la historia. Qué recorrido más amplio, desde Manolo Caracol hasta Samuel Serrano, ya en la segunda década del siglo XXI. En el pasado siglo XX solo compuso un disco de guitarra en solitario, *Amuleto*; en el siglo XXI compuso casi una decena, ¿por qué ese gran intervalo en su creatividad?, ¿dónde estuvo la guitarra de Paco Cepero en la década de los ochenta y noventa del siglo pasado? Lo vimos en los festivales sí, pero, ¿por qué no tocaba en solitario? ¿por qué su obra ha sido más fértil en los últimos veinte años que en los cuarenta precedentes? Él nos desvela alguno de esos misterios. La composición lo tenía abstraído en la canción, fuera del flamenco, pero ¿por qué Paco? Ganaste mucho más dinero con la composición, ¿verdad?, ¿mereció la pena abandonar el flamenco? No, no lo abandonó, durante esos años tan paupérrimos en creatividad solista, se dedicó a tocarle a los principales cantaores en los festivales y recitales, quizá a todos, pues cuando él estaba en un festival, todos ellos querían que Cepero fuera su acompañante, debido al gusto, a la sensibilidad y la elegancia en el acompañamiento. ¡Olé, Paco, por esa gracia que Dios te ha dado! Pero…, ¿no te hubiera bastado con grabar tantos discos en solitario como después de tus sesenta años? No, porque el flamenco es para minoría, y la guitarra flamenca más aún. Lo que deja dinero son canciones como: *Esta Cobardía, Corazón de Acero* y todas esas, sí, por eso pudo tener una vivienda digna, una vida sin precariedades, además de estar elaborando una gran inversión, la cual sería rentable cuando ya se retirara. La composición de cada canción fue como una cuota que liquidaba a la Seguridad Social para tener un digno retiro, y así ha sido.

Él recuerda los viajes en autobús cuando iba en la *tournée* de *España por bulerías* con La Paquera, los días de frío y temporales, los extenuantes itinerarios por toda la piel de toro, después, la gira con Caracol, Los Canasteros, Torres

Bermejas, El Duende, las pensiones donde la comida era tan escasa que los huéspedes tenían que asaltar las despensas para sustraer alimentos, la expulsión de algunas de ellas por causas naturales de la vida. Semejantes humillaciones no pasaron en balde, porque le dejaron la docencia de la escuela de la vida, la que le permitió rodearse de las personas de egregia importancia, que supieron tratarlos como uno más de ellos. Es que es mejor caer en gracia que ser gracioso, y más vale la suerte que el talento, sin embargo, para ello se necesitan tres cosas: trabajo, trabajo y trabajo. Como el mismo dice:

«Yo nunca he sido pedigüeño, ni mangón, ni he ido por el interés, y eso las personas importantes lo notan, y si encima tienes gracia, pues te acogen y te consideran como uno de ellos».

Después mandaste tú, Paco, te desplazabas en aviones privados, te diste el gusto de comprarte unos zapatos de Guy Laroche con piel de cocodrilo, de tomar vinos del Rin con pescado en los suntuosos palacios de Marruecos, Champan de Dom Pérignon rosado para saborear los entremeses, de estar en hoteles de lujos que no te costaron ni un peso en el Distrito Federal, en el hotel Tamanaco de Caracas, reposar en tu vivienda con extenso jardín, tus negocios en la noche madrileña, tus casas en el Rocío, ¿hasta dónde llegaste Paco? Nada, porque todo eso es ya pasado, ahora estás viviendo en una casita, en la calle donde naciste, Encaramada, en el barrio de San Miguel, donde has compuesto casi todos los temas en solitario, o todos menos el primero, *Amuleto*. Hoy, todavía te encuentras con vida, quizá no para tocar ya conciertos en solitario, pero sí para acompañar, y para cantar. Él está deseando hacer un álbum recopilatorio de todas sus canciones, quizá con un pseudónimo para no molestar al Paco Cepero de siempre, el cual siente que va siendo hora de poner punto y final, y si el último trabajo no saliera bien, no habría un colofón elegante en su carrera, como ha sido su disco *Made in Cepero*. Bueno hombre, no creo que te vayas a cargar una carrera como la tuya, porque el culmen no estuviera bien, fueron muy buenos tus cimientos y muy robustos los muros que te protegieron.

Te educaste como cantor solito, diste tus primeras notas aporreando una guitarra en una rondalla del colegio, estuviste con Javier Molina y Rafael del Águila, pero sobre todo, estuviste con la crema de Jerez, la flor y nata del flamenco en la segunda mitad del siglo XX, Tío Borrico, Terremoto, El Sordera, El Sernita... ¡Olé!, lo demás, ya se sabe, o al menos es lo que he intentado plasmar en estas páginas, he pretendido contar aspectos de tu vida con mayor o menor acierto, tú has narrado vivencias, yo te he cogido en volandas para que no perdieras el hilo, tienes ochenta y dos años, y eres toda una institución no solo en el flamenco, sino en la música popular española de una época, ya era hora de que contaras tu vida y se divulgara, hubo tentativas, pero ninguna prosperó, tal vez porque no hubo dinero de por medio, no te preocupes, yo no quiero que ni tú ni yo, pongamos un duro sobre esta obra, pero también me conformo con muy poco, mi mayor ilusión es que la gente la lea y sepa quién eres tú, y de postre, que Jerez te reconozca y te dé el sitio que mereces en tu tierra. Ojalá de aquí en adelante sepan reconocer que en su núcleo urbano nació, al igual que Manuel Torre, don Antonio Chacón, Lola Flores, y tantísimos artistas, otro inconmensurable, como la copa de un pino, que se llama Paco Cepero.